ilustraciones
selectas

Compiladas por
José Luis Martínez

CASA BAUTISTA DE PUBLICACIONES

CASA BAUTISTA DE PUBLICACIONES
Apartado Postal 4255, El Paso, TX 79914 EE. UU. de A.

Agencias de Distribución
ARGENTINA: C.S. Lamas 2757, 1856 Glew
BOLIVIA: Casilla 2516, Santa Cruz
COLOMBIA: Apartado Aéreo 55294, Bogotá 2 D. E.
COSTA RICA: Apartado 285, San Pedro Montes de Oca
CHILE: Casilla 1253, Santiago
ECUADOR: Casilla 3236, Guayaquil
EL SALVADOR: Apartado 2506, San Salvador
ESPAÑA: Padre Méndez #142-B, 46900 - Torrente, Valencia
ESTADOS UNIDOS: 7000 Alabama; El Paso, TX 79904
Teléfono (915) 566-9656
PEDIDOS; 1 (800) 755-5958
Fax: (915) 562-6502
960 Chelsea Street, El Paso, TX 79903
312 N. Azusa Ave., Azusa, CA 91702
1360 N.W. 88th Ave., Miami, FL 33172
GUATEMALA: Apartado 1135, 01901 Guatemala
HONDURAS: Apartado 279, Tegucigalpa
MEXICO: Apartado 113-182, 03300 México, D. F.
Madero 62, Col. Centro, 06000 México, D. F.
Independencia 36-B, Col. Centro, Deleg. Cuahutémoc, 06050 México, D. F.
Matamoros 344 Pte. Torreón, Coahuila, México
Hidalgo 713, 44290 Guadalajara, Jalisco
16 de Septiembre 703 Ote., Cd. Juárez, Chih.
NICARAGUA: Apartado 2340, Managua
PANAMA: Apartado 87-1024, Panamá 5
PARAGUAY: Casilla 1415, Asunción
PERU: Apartado 3177, Lima
PUERTO RICO: Calle 13 S.O. #824, Capparra Terrace
Calle San Alejandro 1825, Urb. San Ignacio, Río Piedras
REPUBLICA DOMINICANA: Apartado 880, Santo Domingo
URUGUAY: Casilla 14052, Montevideo
VENEZUELA: Apartado 3653, El Trigal 2002 A, Valencia, Ed. Carabobo

Clasificación Decimal Dewey: 251.082

Temas: 1. Ilustraciones
       2. Sermones, Ilustraciones

Primera edición: 1994

ISBN: 0-311-42097-4
C.B.P. ART. NO. 42097

3.5 M 4 94

Printed in U.S.A.

INTRODUCCION

No decimos nada nuevo al afirmar que los llamados a hablar en público tienen la obligación de expresarse con claridad, amenidad y sentido de la actualidad.

Las ilustraciones ayudan eficazmente al orador a lograr que los oyentes le entiendan correctamente, que queden mejor impresionados y convencidos y disfruten escuchando. Si los oyentes no entienden bien al que habla o se distraen porque el discurso es seco, abstracto, carente de esa jugosidad y chispa que ayuda a la gente a asimilar lo expuesto y disfrutarlo, todo se ha perdido.

Las ideas abstractas pasan normalmente por encima de las cabezas de las personas o, lo que es peor aún, con frecuencia las personas se resisten a aceptar las ideas abstractas porque no están dispuestas a creer algo a menos que se les presente alguna prueba. Las ilustraciones, cuando son apropiadas y están bien aplicadas, aportan esa prueba en la mayoría de la veces.

Dicho de otra manera, nadie que habla en público puede darse el lujo de prescindir de las ilustraciones. El que lo intenta, pronto se da cuenta de que sus oyentes se distraen con más facilidad, tienen más dificultades para entender lo que se les quiere decir, asimilan menos del contenido del discurso y se muestran menos estimulados a poner en práctica las ideas y pensamientos impartidos. Es bien cierto que una audiencia culta tiene más capacidad que otra menos culta para asimilar el pensamiento abstracto. Pero, en cualquier caso y circunstancia, la anécdota apropiada y oportuna proporciona una comprensión, una amenidad y un estímulo a la acción que de otra manera se hace mucho más difícil. ¿Por qué batallar dándole mil vueltas a un concepto, intentando que la gente lo entienda, cuando se hace todo más claro, agradable y breve con una ilustración adecuada?

Está también la verdad, en relación con las ilustraciones y con cualquier otra faceta de la vida, que hay que renovarse continuamente o, de lo contrario, perecer. No queremos decir que hay que deshacerse de otros materiales de ilustraciones que poseamos. En absoluto. Sí queremos decir que un predicador que lleva varios años dirigiéndose a una misma congregación, precisa renovar su archivo de ilustraciones a fin de ser más efectivo en su ministerio. Frecuentemente sucede que los oyentes no recuerdan haber oído las ideas que les fueron expuestas hace un par de años, pero sí recuerdan muy bien las anécdotas, y por ahí sacan la conclusión, acertada o no, de que el predicador se repite. Se impone, pues, la renovación continua.

Aparece también en la experiencia del orador, con más frecuencia de la que quisiera, el factor tiempo. Después de muchos años de tener que hablar en público semanalmente, conozco en propia carne lo angustiosa que puede ser la búsqueda de una anécdota apropiada para ese estudio o plática que tenemos que presentar en pocas horas. Es verdad que las ilustraciones están ahí, a nuestra disposición, en todas partes: La Biblia, la vida, la historia, la literatura, la prensa diaria, etc.; que sólo es cuestión de tener la antena bien desplegada y orientada. También es cierto que el trabajo propio de búsqueda, clasificación y archivo de ilustraciones obra maravillas a favor de todo orador. Pero no es menos cierto que cuando se está apurado de tiempo parece como si todo hubiera desaparecido. Queremos aquí ofrecer ayuda práctica y estimulante a todo colega que esté en necesidad y puede beneficiarse en un momento dado de los recursos y experiencias de otros. Sé que lo agradecerá. Como yo lo he apreciado siempre muy sinceramente a lo largo de los años.

Hemos procurado clasificar las anécdotas por temas para que le sea al lector más fácil el encontrarlas y utilizarlas. Pero no se nos escapa que muchas ilustraciones pueden caber perfectamente en varios temas distintos. Dejamos al discernimiento y necesidad del orador la utilización más adecuada de cada ilustración.

Las ilustraciones que aparecen en este tomo de *Ilustraciones Selectas* no son originales del recopilador. No lo pretende ni tiene derecho a ello. En realidad, en muchos casos, es difícil precisar quién fue el originador de una anécdota o en qué escrito apareció primero. Excepto aquellas que son fruto de la experiencia personal o de la de alguien bien conocido e identificado, y que constituye así la fuente primera, se puede decir que las ilustraciones, en general, son de dominio público. No queremos con esto legitimar ninguna patente de corso que permita a los atrevidos la piratería intelectual. Simplemente estamos reconociendo que no somos los originadores intelectuales del material que aquí aparece. Nuestro único mérito como recopiladores ha sido el de una curiosidad insaciable y el de una tarea paciente en seleccionar, probar y adaptar el material para el mejor uso del predicador hispano.

Queremos dejar constancia aquí de la gran estima y gratitud que sentimos por todos aquellos autores, muchos de ellos ahora desconocidos para nosotros, que con mente creativa originaron y relataron por primera vez las ilustraciones que componen este volumen. No tenemos intención ninguna de restarles méritos o privarles del crédito que merecen. Aunque nosotros, por nuestras limitaciones o descuido, no sepamos ahora quiénes son, el Señor nuestro Dios sí que los recuerda y conforme a las riquezas de su gracia los compensará.

Si alguno de nuestros distinguidos lectores conoce a ciencia cierta quién fue el autor u originador de alguna de estas ilustraciones, le agradeceremos nos informe para dar debido crédito en posteriores ediciones.

Queremos que este tomo de *Ilustraciones Selectas* sirva para que los predicadores, los maestros y los oradores en general puedan cautivar y retener mejor la atención de sus oyentes; y puedan también presentarles las verdades y principios bíblicos en la forma más interesante, clara, persuasiva e inspiradora posible. Lo ponemos en sus manos con la esperanza de que su ministerio sea más efectivo y gratificante. Para nuestro Dios y Salvador sea siempre la honra y la gloria. Amén.

José Luis Martínez

INDICE DE ASUNTOS

1. FORMA DE COMBATIR EL ERROR

Cuando tengamos la tentación de atacar las supersticiones de la gente y las costumbres religiosas tan inútiles de muchos, recordemos lo siguiente:

Si vemos por la calle a un perro hambriento y enflaquecido, pero que lleva en su boca un hueso sucio y viejo que encontró en un vertedero, no podremos convencerle de que lo suelte regañándole por buscar huesos entre la basura o razonándole que aquel hueso sucio y viejo no tiene alimento que satisfaga su hambre. Si lo intentamos, y aún más pretendemos quitárselo por la fuerza, lo único que conseguiremos es que nos ladre y nos muerda.

No puede desechar aquel hueso, aunque sea viejo y sucio, porque es lo único que tiene. La única manera de quitárselo es echándole una chuleta fresca y apetitosa. El perro notará la diferencia y él sólo abandonará el hueso.

Así ocurre con las supersticiones y costumbres religiosas equivocadas de los hombes. No les regañemos, ni les razonemos, ni intentemos quitárselas por la fuerza. Echémosles una buena chuleta del evangelio de Jesucristo, demostrémosles que a nosotros nos alimenta y sostiene y ellos solos abandonarán sus huesos sucios y viejos.

2. CRISTO REFLEJADO EN NOSOTROS
Romanos 8:28, 29

El mercurio es un mineral que se usa para la fabricación de termómetros y espejos. Se cuenta que en la China tenían, hace años, un método bien simple para preparar el mercurio para los espejos. En la fundición donde lo trabajaban, un obrero con un cucharón especial iba sacando del caldero en el que hervía la materia prima, toda la espuma que flotaba en la superficie hasta que eliminaba toda la escoria que salía a flote. Si su imagen se reflejaba nítida como en un espejo, sabía entonces que el mercurio estaba listo para ser usado. Ahí apagaba el fuego.

Parece que Dios usa también este método al mirarnos desde

arriba. Después de que hemos pasado por diversas pruebas y tribulaciones en el crisol de la vida, mira si la imagen de su Hijo se refleja nítida en nosotros. Si es así, es indicación de que "su tarea" se está completando en nuestras vidas.

3. EL AMOR QUE LE TENEMOS A LA VIDA

Un hombre de avanzada edad, estaba ya un poco cansado de tanto trabajar y de las limitaciones de la vejez. Un día tuvo que ir al bosque a buscar leña para su hogar; al regresar con un pesado haz de leña a las espaldas, tan fastidiado estaba que tiró la leña al suelo, se tumbó cuan largo era a la vera del camino, y en alta voz dijo:

—¡Ya estoy harto! ¡Quiero que venga la muerte y me lleve!

Para su sorpresa, la muerte apareció con su aspecto siniestro y con su terrible guadaña, y le dijo:

—¡Aquí estoy! ¿Qué quieres?

El anciano se levantó presuroso y, ni corto ni perezoso, le respondió a la muerte:

—¡Que me ayudes a cargar la leña, pues me voy a mi casa!

4. ¿SE NOTA NUESTRO CRISTIANISMO DESDE LEJOS?

Un hombre abrió un establecimiento de venta de pescado y puso un rótulo en la puerta que decía: "AQUI SE VENDE PESCADO FRESCO."

Un amigo le hizo la indicación de que bien podía suprimir la palabra "aquí", pues estaba sobreentendido que si se vendía pescado era "aquí". El buen hombre siguió el consejo y eliminó el adverbio de lugar.

Otro llegó después que le hizo la observación de que sobraba el adjetivo "fresco", de otra manera no habría razón para venderlo. El hombre aceptó también esta sugerencia y lo quitó.

Más tarde vino otro que le dijo que no había razón para indicar que "se vende", pues si es un establecimiento abierto al público y hay pescado, esta claro que es para venderlo. Y también lo eliminó.

Por último, llegó otro que le preguntó por qué anunciaba que

allí había pescado. "¡Quítalo! ¡No hace falta! ¡Si huele a pescado desde dos cuadras más atrás!"
¿Huele la gente dónde hay cristianos?

Leobardo Estrada
(Constancio C. Vigil en su libro *El Erial.*)

5. ¿CONTRIBUCION O CONSAGRACION?

Una vez estaban discutiendo una gallina y un cerdo acerca de cómo organizar una campaña contra la pobreza. Consideraban qué parte podía tener cada uno en el alivio del hambre y del sufrimiento. Cada uno ofrecía ideas y sugerencias que eran rechazadas por el otro. Finalmente, la gallina salió con una idea que le pareció brillante. Decía:

—Nosotros podemos proveer a los hambrientos de la tierra con huevos y jamón.

El cerdo consideró brevemente la propuesta y al fin dijo:

—Tú bien puedes hacerlo. Para ti eso sería una *contribución*, pero para mí sería una *consagración* total.

En nuestra dedicación a Dios, ¿Qué ofrecemos: Una simple *contribución* o una *consagración* total?

6. LA ENCARNACION DEL HIJO DE DIOS
Filipenses 2:5-11

Un misionero cristiano estaba tratando de explicar a un hindú el hecho y la necesidad de la encarnación de Cristo Jesús.

El hindú no entendía cómo Dios quiso y pudo hacerse hombre por más que el misionero se lo explicaba.

Al ir caminando, distraídos, no se dieron cuenta de la proximidad de un hormiguero. El hindú, sin querer, tropezó con el hormiguero y lo desbarató. Las hormigas, como suele acontecer en estos casos, corrieron como locas y aturdidas de acá para allá.

El pobre hindú quedó consternado por lo sucedido y exclamó:

—¿Cómo podría decir yo a estas hormigas que no he querido

hacerles este daño, que ha sido impremeditado y que deseo hacer algo para ayudarles?

Aquí aprovechó el misionero cristiano para decirle:

—Amigo, sólo hay una manera, y es que usted tenga el deseo y el poder de hacerse hormiga como una de ellas y estando en esa condición, les hable como ellas hablan y les explique que usted las ama y quiere ayudarlas.

Al hindú se le iluminó el rostro en este momento, pues empezaba a comprender el hecho de que Dios se hizo hombre para comunicarse y relacionarse con nosotros y enseñarnos el camino de la vida eterna.

7. LA IMPORTANCIA DE LAS COSAS PEQUEÑAS

Sucedió en México que un equipo de obreros estaba trabajando en el tendido del tramo asignado de la línea del ferrocarril. Estaban lejos de sus respectivos hogares y querían terminar cuanto antes para disfrutar del fin de semana con los suyos. Esto se unió al deseo de la empresa de ahorrar pesos en horas de trabajo y materiales.

Para acelerar, pues, y completar cuanto antes la tarea, decidieron no poner todos los pernos en las pletinas que unían los rieles. "¡Qué más da! ¡Una más o una menos no afecta para nada!", se dijeron entre sí. Y así lo hicieron. "Y, además", comentaron entre ellos para tranquilizar su conciencia, "cuando se haga la revisión final se pueden poner estos pocos pernos si se ve necesario." Terminaron y se marcharon.

Pero como frecuentemente pasa, nadie se acordó ni notó la falta de aquellos pocos tornillos.

Llegó el día de inaugurar aquel tramo de ferrocarril y el ligero tren inaugural hizo el recorrido sin dificultad. La tragedia sucedió cuando el largo y pesado tren de viajeros, con cientos de pasajeros y miles de kilos de carga, pasó a toda velocidad por aquel lugar. Descarriló porque aquellos puntos debilitados no pudieron soportar la enorme presión. La pérdida de vidas y bienes fue cuantiosa y todo por unos pocos pernos que sólo valían unos pocos pesos.

James Crane

8. NUESTRAS HUELLAS EN EL BARRO BLANDO

Se cuenta que el rey Jorge V de Inglaterra, fue un día a visitar una fábrica de cerámica. El propietario le mostraba todo el proceso de fabricación que se hacía partiendo de la materia prima que es el barro. Había gran variedad de vasijas de todo tipo. En un lugar donde tenían ya las piezas preparadas para ser metidas y cocidas en los hornos, el rey tocó con sus dedos un plato y lo hizo con la suficiente fuerza como para dejar, sin darse cuenta, sus huellas en el barro todavía blando. El dueño de la fábrica se dio cuenta del hecho pero no dijo nada. Nada más marcharse el rey, aquel hombre fue corriendo a recoger la pieza de barro donde estaban las huellas de los dedos del rey y la coció con un interés especial. Una vez terminada la pieza, la exhibió, informando que aquel plato tenía un valor excepcional porque tenía las huellas del rey. Por cierto que lo vendió a buen precio.

Nosotros vamos por la vida tocando personas. Cuando nosotros tocamos, ¿se revaloriza o se devalúa lo que tocamos?

Tocamos niños que son como barro blando y dejamos en ellos nuestras huellas. También tocamos nuevos creyentes, que son también barro blando, ¿adquieren más valor o pierden cuando nosotros les tocamos?

9. ANIMO
1 Tesalonicenses 5:11

Un padre y un hijo estaban escalando una montaña. Era la primera vez que lo hacían. Estaban empezando a sentirse cansados, no sabían cuánto les quedaba y no estaban seguros de si el camino que seguían era el mejor. Pararon a descansar y hablaban de abandonar la escalada, cuando vieron bajar a otra pareja que se detuvo a hablar con ellos. Les preguntaron si quedaba mucho para llegar a la cumbre. La pareja respondió, con una nota de entusiasmo y de triunfo en sus voces: "Queda poco, sólo unos doscientos metros y después una corta aunque muy empinada cuesta. Ustedes pueden lograrlo. El panorama que se divisa desde la cumbre merece el esfuerzo."

Muchos están cansados de la lucha por la vida y están

pensando en abandonarla. Necesitan oír que alguien les diga: "Pueden hacerlo. El panorama que se ve desde la cumbre merece la pena."

Por esto Pablo nos exhorta a que nos "animemos unos a otros".

10. CRISTO-MAESTRO

Diógenes fue el filósofo griego que con una lámpara en la mano y a pleno día andaba por las calles de la ciudad buscando un hombre honrado. Nunca lo encontró.

Una vez Diógenes iba en un barco que fue capturado por piratas que hicieron esclavos a los pasajeros sobrevivientes. Un traficante de esclavos pensó correctamente que Diógenes no era hombre para trabajos manuales. "¿Podré sacar algún beneficio de este hombre?", pensó su dueño en voz alta

Diógenes respondió que él no era un hábil trabajador del campo o de la ciudad, su único talento era educar y dirigir a los hombres. Y agregó: "Me gustaría que me vendieran a alguien que necesite un maestro."

Y así sucedió. Un hombre que necesitaba un maestro para sus hijos y un mayordomo para su casa compró a Diógenes. El nuevo esclavo se convirtió de esta manera en el amo de sus propietarios.

Diógenes era un observador perspicaz de la naturaleza humana. El sabía que era más fácil encontrar un hombre necesitado de maestro que hallar a un hombre honrado.

Los hombres estamos necesitados de un maestro, pero no otro maestro humano. Diógenes estaba tan necesitado como nosotros mismos.

Sólo Jesucristo puede satisfacer nuestra necesidad y búsqueda de un Salvador suficiente y un Señor viviente. ¡El es mi Maestro! Muriendo en la cruz me demostró su amor y levantándose de la tumba me demostró su poder. Este es el significado de la Semana Santa.

11. LA OBEDIENCIA A LAS NORMAS DIVINAS

Un piloto de una importante línea aérea de los Estados Unidos fue enviado otra vez a la escuela de pilotos para que "refrescara su memoria" sobre cómo acercarse a un aeropuerto y aterrizar. Además de que temporalmente le retiraron su clasificación de capitán.

Aunque tenía doce años de experiencia como piloto comercial, había ignorado las ayudas de navegación que tienen los aviones a bordo a la hora de aterrizar. En su lugar se había dejado guiar por la vista. Se equivocó y en vez de aterrizar donde debía, lo hizo en un pequeño aeropuerto a cincuenta kilómetros de distancia.

La gente del pueblo aplaudió y le tuvo como un héroe por haber logrado que aquel gigantesco avión pudiera aterrizar en una pista corta y estrecha destinada a avionetas. Dieron su nombre a una calle y los jóvenes llevaban su fotografía en las camisetas.

La compañía aérea pensó de otra manera y castigó apropiadamente al piloto por desobedecer las normas de navegación y poner en peligro a los viajeros y al avión. Los 300 habitantes del pueblo firmaron y enviaron una petición de perdón alegando que un error lo tiene cualquiera. La compañía aérea no tuvo en cuenta esta solicitud.

Dios ha establecido en su Palabra las normas de navegación apropiadas para que podamos caminar con seguridad y felicidad por la tierra. Hay momentos en que deseamos navegar por vista y no por la fe puesta en el código de navegación que Dios nos ha dejado. Las consecuencias son que aterrizamos donde no debemos y ponemos en peligro la vida de los demás. Tenemos que volver a la Escuela de la Biblia para aprender de nuevo la lección de la obediencia a las instrucciones divinas.

12. QUIZA EL DEFECTO ESTE EN NOSOTROS
Mateo 7:16

Una vez una mujer comentaba con otra acerca de la manera en que una vecina lavaba la ropa.

—Es una mujer muy descuidada —decía—. No lava bien la ropa, pues la tiende a secar tan sucia como antes de lavarla.

Al decir esto, señalaba a unas prendas de ropa que se podían ver tendidas a través de su ventana. Al fijarse bien la amiga, se acercó a la ventana y miró bien los cristales. Entonces se dio cuenta de que el problema no estaba en la ropa de la vecina. Se dirigió a su amiga y le dijo:

—Limpia los cristales de tu ventana y verás que la ropa de la vecina sí que está limpia.

Frecuentemente nos pasa que los que están sucios son nuestros ojos y cristales. Y proyectamos sobre los demás, atribuyéndoles nuestra propia suciedad. Antes de señalar los pretendidos defectos de los demás, veamos si nuestros cristales no son los defectuosos.

13. SOLO TENIA OJOS PARA VER EL DEFECTO
Marcos 3:2

Se cuenta que cuando la princesa Isabel de Inglaterra fue coronada como reina, entre los distinguidos invitados a tan gran suceso, se hallaba un gato. ¿Qué puede hacer un gato en una ceremonia de coronación tan brillante y solemne? Los participantes disfrutaban mucho con tan grandioso evento, pero el pobre gato se aburría enormemente. Sólo se animó cuando vio cruzar un ratoncito por delante del trono, aquello sí que le llamó la atención.

Cuando más tarde él presumía de dónde había estado, le preguntaron qué había visto en la coronación, a lo que respondió que un "ratón". Le insistieron que si aquello era todo, y volvió a responder que sí, que sólo había visto el ratón.

Su pobre mentalidad de "gato" no fue capaz de percibir la grandeza, valor y simbolismo de tan estupenda ceremonia; sólo vio el defecto, el ratón. Sólo tenía cabeza, ojos y olfato para los ratones. Así también nosotros, en ocasiones, sólo vemos los defectos; nos pasa desapercibido todo lo grande, noble y bueno que sucede a nuestro alrededor.

14. LOS RESULTADOS DE LA TERQUEDAD HUMANA

León Jaworski, quien fue fiscal especial en el escándalo del caso Watergate que llevó al presidente Nixon a abandonar la presidencia, dijo que él creía que el pueblo norteamericano habría perdonado a Nixon si éste hubiera sido capaz de admitir sus errores.

"Si Richard Nixon hubiera manifestado señales de

remordimiento y de dolor por lo sucedido y se hubiera acercado a su pueblo con arrepentimiento y con sencillez de corazón, otro hubiera sido su destino final. Pero jamás quiso hacerlo."

No sólo Nixon rehusó admitir sus errores sino que procuró por todos los medios el obstruir la justicia y ocultar los hechos. La naturaleza humana se resiste a confesar el pecado, a arrepentirse y a buscar el perdón de Dios y de los hombres. El hijo pródigo también pecó, pero "volvió en sí" y otro fue el final de su vida (Luc. 15:17, 18).

15. HACEOS TESOROS EN LOS CIELOS
Mateo 6:19-21

En 1982 un reactor de la compañía aérea Pan-American se estrelló contra el suelo a los pocos minutos de levantar el vuelo en el aeropuerto internacional de Nueva Orleans, en el estado de Louisiana. Los equipos de rescate encontraron en la cartera de mano de uno de los viajeros 15.000 dólares en billetes de banco y otros 21.000 en cheques. El destino del viajero era la famosa ciudad de Las Vegas, centro de juego y diversión donde muchos van a pasar sus fines de semana.

El propósito de aquel viajero era pasarse unas vacaciones en la ciudad del juego, comiendo, bebiendo y divirtiéndose. Dios tenía otros planes y le llamó a su presencia.

"Está establecido para los hombres que mueran una sola vez, y después de esto el juicio." También nos enseña que ninguna cantidad de dinero puede comprar la vida del hombre en los momentos cruciales.

"¿Qué recompensa dará el hombre por su alma?"

16. DANDO LO MEJOR A DIOS

Una misionera se encontró una mañana con una mujer hindú a la que había hablado de Cristo varias veces. La mujer hindú llevaba a sus niños en brazos. Uno de ellos era muy lindo, inteligente, lleno de salud y prometedor. El otro, por el contrario, era deficiente en cuerpo y mente, retardado física y mentalmente. La misionera le preguntó adónde iba, y para su asombro la hindú le respondió:

—Voy al río a ofrecer a uno de mis hijos a los dioses en sacrificio por mis pecados.

La misionera insistió acerca de su testimonio de Cristo y de la manera verdadera de agradar a Dios y obtener el perdón de nuestros pecados.

Pocos días después, la misionera se encontró otra vez con la mujer. Esta vez sólo llevaba al niño deformado y retrasado. La misionera preguntó con ansiedad acerca del otro niño, para oír a la madre decir:

—¿No recuerda? Cuando nos vimos el otro día iba al río para ofrecer a los dioses a uno de mis hijos.

—Oh, amiga mía —lloró la misionera. Si usted tenía que hacer eso, ¿por qué no ofreció y arrojó al río al que nunca estaría bien?

Para su mayor asombro, la mujer hindú replicó:

—Quizá esa sea la manera en que ustedes viven su religión, pero en la nuestra nosotros siempre ofrecemos lo mejor a los dioses.

James E. Carter

17. SALIMOS DE ESTE MUNDO CON LAS MANOS VACIAS

Hay una leyenda sobre Alejandro Magno, el gran general y conquistador griego, que cuenta que Alejandro había dado instrucciones de que cuando él muriera quería que su cadáver fuera colocado en un féretro de tal manera que sus manos fueran visibles y todos pudieran ver que estaban abiertas y… vacías.

Este conquistador del mundo antiguo era bien consciente de que nada material que conquistara en este mundo: reinos, coronas, riquezas, se lo podría llevar. Esto nos enseña que la meta suprema de la vida no debe ser la adquisición de bienes meramente temporales, sino la formación de una personalidad, una manera de ser, que sea sin reproche delante de Dios.

18. EL VALOR DE LA ESPERANZA

La esperanza es la mejor medicina que tenemos para nuestra existencia. Eso dice el siquiatra austriaco Víctor Frankl y la Biblia lo confirma también.

Víctor Frankl confirmó su opinión con la experiencia cuando estuvo en un campo de concentración en Alemania durante la Segunda Guerra Mundial. Todos estaban sometidos a las mismas terribles condiciones de trato, trabajo y alimentación. Sin embargo, personas de características físicas similares y bajo condiciones iguales, unos morían y otros sobrevivían. "¿Por qué?", se preguntaba Frankl. Sus investigaciones le ayudaron a determinar que aquellos prisioneros que vivían alimentados por una esperanza lograban sobrevivir; por el contrario, aquellos que habían perdido toda esperanza, morían.

Quizá la esperanza consistía en el recuerdo de aquella novia que esperaba en el pueblo para casarse con ella. Aquella carrera que soñaba terminar para ser alguien importante en la sociedad. Aquellos hijos pequeños que le esperaban en el hogar y deseaba con toda su alma verlos para criarlos y educarlos. En fin, mil sueños y esperanzas que pueden alimentar el alma humana y sostenerle en la prueba. Aquellos que las tenían, sobrevivían. Los que las habían perdido, perecían.

Los hijos de Dios vivimos en esperanza y como el apóstol Pablo, decimos: "Yo sé a quién he creído y sé que es poderoso para guardar mi depósito para aquel día."

Paul W. Powell

19. LA SEGURIDAD

Mucho se habla hoy de la inseguridad del mundo en el que vivimos. Nos olvidamos que la seguridad sólo está en Dios.

Los cristianos de todos lo siglos han sabido esto. Los creyentes de los primeros siglos también supieron lo que era la inseguridad del mundo y la seguridad de Dios. Uno de ellos que vivió en el tercer siglo de nuestra era, cuenta que cuando era perseguido por los soldados del emperador romano se fugó a unos escarpados montes donde lo acorralaron. Creyendo que había llegado su fin se metió en una cueva para meditar. Desde dentro miró hacia la pequeña abertura por donde había pasado y vio como unas grandes arañas estaban tejiendo su tela, lo cual hicieron con tan gran habilidad y rapidez que en unos pocos minutos quedó la entrada de la cueva cubierta.

No tardaron los soldados en llegar y cuando uno sacó su

espada para cortar la tela de araña, su capitán le dijo: "Tonto, ¿no ves que por aquí no ha pasado nadie desde hace tiempo? No perdamos el tiempo aquí." Y se fueron.

Años después, este cristiano testificaba acerca de su milagroso escape y escribió: "Donde Dios está, una tela de araña es un muro y donde él no está es como una telaraña."

Aparte de Dios, en último término no existe seguridad en nada. El salmista podía decir: "Dios es nuestro amparo y fortaleza…" (Sal. 46:13).

La seguridad del cristiano no es un simple cliché, sino "la certeza de lo que se espera, la convicción de lo que no se ve" (Heb. 11:1).

20. EL PESIMISTA

Un pesimista es aquel que decide instalar una fábrica de sombreros, pero luego está penando todo el tiempo por la decisión que tomó, porque cree que a partir de ese momento todos los niños van a nacer sin cabeza.

21. LA INDIFERENCIA
Apocalipsis 3:15, 16

La indiferencia mata:
• El amor en el hogar
• El estímulo en el trabajo
• La relación en la amistad
• El entusiasmo en la iglesia
• El nervio en la patria

Los indiferentes nunca ayudan a nada. Los apasionados, sí, aunque estén equivocados; pues a su lado nos podemos sentir vivos y tener motivos para seguir viviendo. Cristo es el ejemplo supremo del hombre apasionado por las grandes tareas y compromisos.

22. LA INFLUENCIA DEL LIDER CRISTIANO

Probablemente ningún extranjero ejerció un mayor liderazgo

sobre las gentes de Shaohsing, en la China, a principios del siglo veinte, que el doctor Claude H. Barlow. Este misionero médico, que fue hombre modesto, fue la personificación del dominio propio.

Una extraña enfermedad, cuya cura desconocía, estaba matando a las gentes y no disponía de un laboratorio en el cual poder realizar investigaciones. El doctor Barlow llenó su cuaderno de notas con observaciones acerca de las peculiaridades de la enfermedad en cientos de casos. Entonces, habiéndose apoderado de una pequeña probeta que contenía los microbios de la enfermedad, navegó hacia los Estados Unidos. Poco antes de llegar, depositó los gérmenes en su propio cuerpo y fue rápidamente al Hospital de la Universidad John Hopkins, donde había estudiado.

Claude Barlow estaba muy enfermo, de manera que se puso en manos de los que habían sido sus maestros, ofreciéndose como conejillo de Indias, para que ellos estudiasen y experimentasen sobre su persona. Encontraron la cura y el joven médico se recuperó. Regresó de nuevo en barco a la China con el tratamiento científico que curaría aquella plaga y logró salvar la vida a multitudes enteras.

Cuando le preguntaron acerca de su experiencia, el doctor Barlow contestó sencillamente: "Cualquiera hubiera hecho lo mismo. Por casualidad me encontré en la situación idónea y tuve oportunidad de ofrecer mi cuerpo." ¡Qué tremenda humildad! ¡Qué gran amor el suyo!

No es de extrañar, por lo tanto, que las multitudes siguiesen el liderazgo de Barlow a su regreso. Demostró el dominio del amor. Arriesgó su vida y no digamos su reputación y su futuro ministerio, intentando lo imposible y motivando a otros gracias a su amor que fue la entrega de todo su ser para beneficio y ayuda de otros. Y la cualidad inigualable de este amor fue su dominio, su control de sí mismo.

Es esta clase de liderazgo el que atrae a los seguidores y hace que deseen ir tras el dirigente.

John Haggai

23. LO QUE LLEVAMOS DENTRO ES LO QUE CUENTA

Un hombre vendía globos de colores en un parque; para llamar la atención de las mamás y de los niños, empezó a inflar con gas unos cuantos globos de distintos colores y los soltaba para que el viento los llevara de un sitio para otro.

Un niño negrito, al ver cómo ascendían los globos blancos, amarillos, rojos, azules, se acercó al hombre y le preguntó:

—Oiga, si suelta un globo negro, ¿también sube?

A lo que el hombre contestó con todo tino y sabiduría:

—Sí, hijo. Los globos no suben por causa del color, sino por lo que llevan dentro. Lo que tienen dentro es lo que les hace subir.

No maldigamos nunca por las circunstancias que podamos tener en nuestra vida de color, categoría social, etc. Lo que tengamos dentro de nosotros mismos es lo que determina nuestro futuro.

Zig Ziglar

24. LA MEDIOCRIDAD O LA IMITACION DE OTROS

En un pueblecito, un hombre al ir todos los días a trabajar a la fábrica, se paraba frente al escaparate de una tienda del pueblo y miraba allí durante unos segundos. Después seguía su camino. Así lo llevaba haciendo por varios años, dos veces cada día.

El dueño del establecimiento estaba intrigado acerca de la conducta de aquel vecino. Siempre miraba en el escaparate pero nunca entraba en la tienda. Un día decidió preguntarle qué era lo que le hacía detenerse y mirar. Le esperó a que pasara y cuando llegó, le llamó.

—Vecino —le dijo—, llevo muchos meses observando que dos veces cada día usted se pone frente a mi escaparate, mira y luego se va. ¿Qué es lo que mira?

—Yo trabajo en la fábrica del pueblo y una de mis responsabilidades es tocar la sirena que indica la hora de entrada y salida del trabajo. Al ir cada día a la fábrica paso por aquí para comprobar con el reloj que usted tiene en la pared que el mío tiene buena hora. Si hay alguna variación pongo mi reloj con el suyo y así toco la sirena.

El comerciante le había estado escuchando primero con curiosidad y luego con gran asombro. Al terminar el hombre, le respondió:

—Pues mire lo que son las cosas de la vida, yo pongo la hora en mi reloj cuando escucho el toque de la sirena de la fábrica. Cada vez que suena la sirena, yo miro mi reloj y si hay variación, lo corrijo poniéndolo en la hora con el toque de la sirena.

Así hay muchas personas en la vida que ponen el reloj de su existencia, según la hora que marquen los demás. No tienen nunca hora propia ni buscan puntos de referencia más altos. Otros también se fijan en ellos y ponen su reloj con el toque de sirena que ellos dan.

Este es el resultado del llamado término medio: La mediocridad. El término medio, dicho en otras palabras, es "el mejor de los peores o el peor de los mejores"; pero nunca es nada especial, sino siempre imitando a los demás.

25. LO QUE MAS IMPORTA ES SABER NADAR

Una vez un filósofo emprendió un viaje y para llegar a su destino tenía que cruzar un río caudaloso. La manera de cruzarlo era mediante una barca que un sencillo y servicial barquero atendía. El filósofo se metió en la barca y durante el trayecto fue hablando con el barquero. Le preguntó:

—Amigo, ¿usted sabe geografía?

—No, señor, —respondió el barquero—, ¿qué es eso?

—Si no sabe geografía ha perdido el diez por ciento de su vida — replicó el filósofo.

El filósofo volvió a preguntar:

—Amigo, ¿usted sabe gramática?

—No, no señor. Yo no sé qué es eso.

Con gran gesto de asombro y preocupación el filósofo respondió:

—Si no sabe gramática ha perdido otro diez por ciento de su vida.

Así fue todo el rato, preguntándole al pobre barquero si sabía aritmética, historia, ciencias, etc.

El sencillo barquero respondía a todo que no, que él no sabía nada de aquello. Y sucesivamente el filósofo le contestaba sentencioso diciéndole que había perdido un diez por ciento de su vida por cada materia que ignoraba. El barquero estaba angustiado porque según la manera de contar del filósofo llevaba ya perdido el 80% de su vida.

Distraídos por la conversación no se acordaron de una gran

piedra que había en medio del río. Allí se estrelló la barca, se abrieron las tablas y empezaba a inundarse.

El barquero le preguntó al filósofo:

—Amigo, ¿sabe usted nadar?

—No, no sé nadar —respondió.

—Pues ha perdido usted el ciento por ciento de su vida, pues nos hundimos y se va a ahogar.

No importa cuánto conocimiento, ciencia y bienes terrenales tengas, si no sabes nadar a la hora de cruzar el río de la eternidad. Sólo Cristo te puede enseñar a nadar para cruzar el río.

26. PROBEMOS CON TODAS NUESTRAS FUERZAS

Un padre andaba construyendo una casa y le pidió a su hijo que le ayudara.

—Hijo, tráeme aquellas piedras grandes para que yo pueda seguir edificando —le dijo.

El hijo fue a cumplir con lo ordenado por su padre. Intentó levantar las piedras pero no pudo con ninguna. Volvió a donde estaba el padre y le informó de que no podía con aquellas piedras. El padre le insistió, diciéndole:

—Hijo, prueba con todas tus fuerzas y verás que sí puedes.

—Padre, ya lo he intentado, lo hice con todas mis ganas y no pude —respondió el muchacho.

—Inténtalo otra vez —insistió el padre—, pero hazlo con todas tus fuerzas.

El hijo, obediente, volvió al lugar donde se hallaban las piedras y probó con una, pero no pudo, Probó con otra, y sucedió lo mismo. Regresó y le dijo al padre lo que había sucedido:

—Padre, —dijo con lágrimas en los ojos—, probé con todas mis fuerzas y no pude levantarlas. ¡Lo siento, pero no puedo!

—Hijo —respondió el padre—, yo te dije que probaras con todas tus fuerzas. Todas tus fuerzas son las tuyas más las mías y todavía no me has pedido que te ayude.

Frecuentemente nos pasa esto con los desafíos de la vida y frente a las tareas que tenemos delante. Decimos que no podemos. El Señor insiste, diciéndonos que probemos con todas nuestras fuerzas, que son las nuestras más las de Dios, pero nunca las solicitamos aunque están a nuestra disposición.

27. SOBRE LA IDOLATRIA

Dicen las leyendas de la antigüedad que Artemisa, reina de Halicarnaso, estaba tan locamente enamorada de su esposo Mausolo, que cuando éste falleció inesperadamente, mandó quemar su cadáver y con las cenizas mezcladas con un licor, compuso un brebaje que ella bebió. Deseaba así conservar a su esposo dentro de ella misma y no perder para siempre a aquel que tanto había amado.

Después ordenó construir un monumento funerario en honor de su fallecido esposo. Resultó una obra de arte tan extraordinaria que se constituyó en una de las Siete Maravillas del mundo antiguo y dio nombre a los monumentos funerarios, pues desde entonces se llaman "mausoleos".

Aquella pobre mujer había hecho de su marido un ídolo sin el cual apenas podía vivir. Otros hacen ídolos de los hijos, el dinero, la fama, la posición social. Estos ídolos sólo traen decepción, pues sólo el Dios vivo puede satisfacer el alma (Sal. 42:1, 2).

28. SIRVAMOS A DIOS CON LO QUE TENEMOS

Tiempo atrás, un famoso saltimbanqui se cansó de la vana y agitada vida del circo y solicitó ser parte de la comunidad de un monasterio. Fue admitido y allí convivió con los monjes. Pronto se sintió triste pues casi no sabía hacer nada que allí se necesitara. Allí unos escribían, otros predicaban, otros estudiaban, otros eran carpinteros, cocineros, fontaneros, etc. Pero él no sabía hacer nada de eso.

Un día, muy frustrado y desilusionado, fue a la capilla a meditar. Allí oraba y lloraba, volcando toda su frustración delante de una imagen de Jesucristo. Le confesaba que él le amaba y quería servirle pero no sabía cómo. De pronto se le iluminó el rostro. Se levantó, se quitó el hábito para tener mayor libertad de movimiento y se puso a saltar como en sus mejores tiempos. Hizo todas las piruetas que tenía en su amplio repertorio de saltimbanqui, hasta que, sudando y exhausto, quedó rendido en el suelo.

Cuenta la leyenda que en ese momento, Cristo descendió y sonriendo le secó el sudor y le dijo: "Bien, buen siervo y fiel, veo que sobre lo que tienes eres fiel." Aprobando de esta manera el acto de adoración y servicio que aquel hombre quiso rendirle utilizando el conocimiento y habilidades que tenía.

29. ¿QUE CLASE DE MATERIALES ENVIAMOS AL CIELO?

Una señora muy rica soñó que el Señor la había llamado al cielo y que estaba paseando por sus calles. De pronto vio una casa muy linda y grande que estaban construyendo. Aquella mujer pensó que quizá aquella casa sería para ella. Quedó muy sorprendida al saber que era para su jardinero. "¡No es posible!" exclamó la buena señora. "Si él en la tierra tiene sólo una casa humilde. Quizá tendría una mejor si no hubiera ayudado tanto a los demás."

El guía no dijo nada y continuaron su recorrido. Poco después llegaron a una casa pequeña y sin mucho valor; en comparación con la anterior era casi ridícula. "Esta es su casa", anunció el guía. La mujer a poco se desmaya y protestó diciendo que ella siempre había vivido en palacios en la tierra. "Sí, ya lo sabemos", dijo el guía, y agregó tristemente: "El Rey de los cielos hizo lo mejor que pudo con los materiales que tú le enviabas."

¿Qué clase de materiales estamos enviando al cielo para la casa que el Señor nos está haciendo allí? Los materiales son las cosas buenas que hacemos a favor de otros y que las hacemos por amor del Señor y de ellos.

Joe E. Trull

30. EL MENSAJE DEL REY HAY QUE TRANSMITIRLO

Una vez leí que allá por el año 1930, cuando la radio estaba todavía en sus comienzos, el rey de Inglaterra tenía que pronunciar un discurso muy importante dirigido a todas las naciones de la Comunidad Británica. Se quería usar la radio para alcanzar a todos los pueblos. Era una de las primeras veces que esto acontecía en el mundo. Podemos imaginar la tensión que había en aquellos que tenían que colaborar, pues era el rey quien iba a hablar. El rey Jorge de Inglaterra tenía ya programada una hora determinada para pronunciar su histórico discurso.

Un hombre que trabajaba en la estación de radio, era muy diligente y había estudiado a fondo todo lo relativo al funcionamiento de la radio, de manera que estaba listo para actuar cuando el rey hablase.

Algo sucedió segundos antes de que el rey comenzara. Aquel hombre descubrió un cable partido en el equipo de transmisión y no había tiempo para repararlo. Agarró los cables con sus manos y durante quince minutos el rey estuvo hablando a través del cuerpo de aquel hombre. Permitió que su cuerpo sirviera de vehículo para aquel discurso, porque él pensó: "El mensaje del rey hay que transmitirlo sin falta." ¿Sirve nuestra mente, cuerpo y espíritu de vehículo transmisor del mensaje del evangelio?

31. ¿QUE SOMOS, MAR DE GALILEA O MAR MUERTO?

En la tierra de Israel hay dos lagos, llamados mar de Galilea y mar Muerto; y un río famoso, el Jordán. Ambos lagos deben su origen al río, pero el de Galilea tiene una cualidad notable, y es que cada gota de agua que recibe es la misma que deja salir para fertilizar otros campos. Sabe que debe su vida al río y que sin él pronto desaparecería, pero también sabe que su máxima gloria está en dejar pasar el agua para que otros se beneficien.

Por el contrario, el mar Muerto, absorbe todo el agua que le llega y no deja salir ni una sola gota. Allí no hay vida, está tan muerto como indica su nombre.

¿Qué nos dice esto sobre la vida cristiana? Cristo dijo: "El que cree en mí, como dice la Escritura, de su interior correrán ríos de agua viva." Cristo es en nosotros como el río Jordán, una corriente de agua vivificante que nos renueva constantemente. Pero al igual que el lago de Galilea, debemos compartir sus beneficios después de habernos saciado.

Nuestro Dios nos concede un río de bendiciones para que tengamos vida abundante. Nos dio a su hijo, nos da su Espíritu, nos hace el regalo de su Palabra y de su iglesia. Pero también nos pone la condición de compartirlo, de lo contrario, nos podemos tranformar en el mar Muerto, que sabe recibir pero nunca ha experimentado el gozo de compartir.

Jack R. Taylor

32. LOS NIÑOS APRENDEN
POR EL AMBIENTE EN QUE VIVEN

Si el niño vive en un ambiente de crítica,
            aprende a condenar.
Si el niño vive en un ambiente de hostilidad,
            aprende a pelear.
Si el niño vive en un ambiente de ridiculez,
            aprende a ser tímido.
Si el niño vive en un ambiente de vergüenza,
            aprende a sentirse culpable.
Si el niño vive en un ambiente de tolerancia,
            aprende a tener paciencia.
Si el niño vive en un ambiente de estímulo,
            aprende a tener confianza.
Si el niño vive en un ambiente de encomio,
            aprende a apreciar.
Si el niño vive en un ambiente de equidad,
            aprende a ser justo.
Si el niño vive en un ambiente de seguridad,
            aprende a tener fe.
Si el niño vive en un ambiente de aprobación,
            aprende a estar en armonía consigo
            mismo.
Si el niño vive en un ambiente de aceptación y afecto,
            aprende a hallar cariño en el mundo.
                                        Dorothy Law Nolte

33. LO QUE PIENSA EL HIJO DEL PADRE

A los siete años: Papá es un sabio que todo lo sabe.
A los catorce años: Me parece que papá se equivoca en algunas
            de las cosas que dice.
A los veinte años: Papá está un poco atrasado en sus teorías;
            no es de esta época.
A los veinticinco años: El "viejo" no sabe nada... está
            chocheando decididamente.
A los treinta y cinco: Con mi experiencia mi padre a esta edad
            hubiera sido millonario.

A los cuarenta y cinco: No sé si ir a consultar con el viejo este
asunto. Tal vez pudiera aconsejarme.
A los cincuenta y cinco: ¡Qué lástima que se haya muerto el
viejo! La verdad es que tenía unas ideas y una
clarividencia notables.
A los sesenta: ¡Pobre papá! ¡Era un sabio! ¡Qué lástima que yo
lo haya comprendido demasiado tarde!

34. ¿COMO CUMPLIMOS NUESTROS COMPROMISOS?

Se cuenta que, en cierta ocasión, un hombre muy rico pidió a
su yerno, arquitecto, que le construyera una casa de primera clase
sin escatimar esfuerzos ni se preocupara por los gastos. Sin
embargo, el joven arquitecto aprovechó la oportunidad para buscar
los materiales más baratos, pero cobrando como si fueran
materiales caros. De esta manera se quedó con algún dinero.
Cuando el proyecto estuvo terminado, recibió una de las más
desagradables sorpresas de su vida. El suegro había tenido la idea de
hacerle un buen regalo de matrimonio y ahora le entregaba las
llaves de la casa, la cual el joven había construido con materiales
malos y sin mucho cuidado. Lo que sembramos recogemos
(Gál.6:7).

35. LA FUERZA DE LA UNION

La experiencia nos demuestra que lo que no podemos hacer
solos, sí podemos hacerlo juntos.
Se cuenta que estando 40.000 personas concentradas en un
estadio donde se pensaba solicitar dinero para una gran obra
benéfica, se produjo una avería que cortó la electricidad, y la gente
se quedó a oscuras en el gigantesco recinto.
A alguien se le ocurrió encender un cerillo, pero aquella
lucecita solitaria no alumbraba mucho. Sin embargo, al ver el cerillo
ardiendo, otros se animaron e hicieron lo mismo. No tardó mucho
en verse el estadio iluminado por 40.000 cerillos que transformaron
la noche en día. Aquello sirvió como ejemplo para demostrar que
una suma limitada de una sola persona no haría casi nada, pero esa

misma cantidad por muchas personas sí que permitiría alcanzar la
meta y cubrir la necesidad.

36. LA INDIFERENCIA

No son los clavos fríos,
ni el cruel madero, ni la punzante espina,
ni la aguda lanza que el soldado impío
hunde en la carne con profunda herida.

No es el sol ardiente
que abrasa el rostro y quema la pupila,
reseca el labio dulce y a la cándida frente
cual tierna flor a su calor marchita.

No es la esponja amarga
que a la boca sedienta se aproxima,
al reclamo angustioso de la sed que le abrasa,
sed que nace del alma y que no es comprendida.

No es tampoco el olvido
en el Padre como parece que el Hijo estima,
dejándole solo sufrir el martirio,
ausente de toda clemencia divina.

No es el clavo frío,
no es el sol ardiente,
ni el terrible olvido.
No es la hiel amarga
ni la espina hiriente.
Es tu indiferencia, es tu cruel desvío
quien le hirió inclemente con su agudo filo.
Y es la sed inmensa de tener tu alma,
la que fiera quema sus tiernas entrañas.

                                        Autor desconocido

37. FIDELIDAD Y PERSEVERANCIA

En 1924 se celebraron los Juegos Olímpicos en París. Fue

durante esta Olimpíada que Eri Liddell, el escocés volador, sorprendió a Inglaterra al negarse a correr la carrera de los 100 metros porque la competencia se realizaba en domingo, el día del Señor.

Liddell, estudiante de la Universidad de Edimburgo, se había distinguido por sus marcas primeramente en 1920, y pronto se convirtió en una superestrella. No era una exageración la descripción que hicieron de él: "El atleta más famoso, popular y amado que Escocia jamás había producido."

La segunda característica que distinguía a Eric Liddell era su interés por los demás. Se cuenta que durante una de las carreras él insistió en hablar con un corredor negro al que nadie dirigía la palabra. Además se había formado el hábito de estrechar la mano de sus oponentes y desearles lo mejor. Todo el mundo lo quería.

Liddell era una pieza importante en el equipo olímpico británico en 1924. Cuando se hizo público el programa de las competencias olímpicas, la carrera de los 100 metros apareció programada para un domingo. Liddell no trató de hacer de su posición una exhibición, sólo explicó con sencillez que él no participaría. Las autoridades británicas se horrorizaron. Le acusaron de traicionar a su país, pero Liddell permaneció firme en su decisión. Para él el respeto por el día del Señor era tan natural como el respirar, de manera que su decisión no fue algo difícil para él. Tenía el poder de perseverar y permaneció fiel a su decisión a pesar de toda oposición y crítica.

En vez de correr los 100 metros, se propuso participar en la carrera de los 400 metros. Por lo general se creía que los atletas especializados en los 100 y 200 metros no destacaban en los 400 y 800 metros y, precisamente, el tiempo de Liddell en los 400 metros no era nada sobresaliente. El viernes 11 de julio de 1924, Liddell ganó y batió también el récord mundial dejándolo en 47,6 segundos.

Cuando Liddell volvió a Edimburgo fue recibido como un héroe. Al año siguiente, 1925, marchó a China donde sirvió como misionero el resto de su vida. En 1942, la provincia china donde él vivía, fue invadida por el ejército japonés. Liddell envió a su esposa y a sus dos hijas al Canadá. Nunca llegó a conocer a su tercera hija que nació poco después en aquel país, porque en 1943 fue internado en un campo de concentración. Allí se dedicó a cuidar de las necesidades físicas y espirituales de sus compañeros de prisión hasta que falleció en 1945.

Cuando vi la película *Carros de Fuego*, que presenta la vida de Eric Liddell, me sentí atraído por el magnetismo de su persistencia. La perseverancia atrae. El punto cumbre de la película es cuando el Príncipe de Gales y las autoridades británicas pusieron en juego todas sus dotes persuasivas para convencerle de que corriera en domingo. Cuando él respondió que no lo haría en el día del Señor, un grupo de adolescentes que estaba viendo la película se puso de pie y aplaudió. Observaban sin respirar la historia de Liddell. Su perseverancia les impactó más que sus récords mundiales.

John Haggai

38. LA IMPORTANCIA DE LA VIDA DE LA IGLESIA PARA LA EVANGELIZACION
Hechos 2:42-47

Hay muchas formas de evangelizar, pero una de las más efectivas es por medio de una vida interior de iglesia genuina y rica. Se puede apreciar esta importancia por el énfasis tan grande que pone el Nuevo Testamento expresado en un sin fin de formas.

El Nuevo Testamento enseña:
1. Amarse unos a otros ....Juan 13:34, 35
2. Edificarse unos a otros ....Romanos 14:19
3. Recibir bien el uno al otro.................... Romanos 15:7
4. Llevar los unos las cargas de los otros......... Gálatas 6:2
5. Sobrellevarse los unos a los otros ....Efesios 4:2
6. Ser bondadosos los unos con los otros....... Efesios 4:32
7. Perdonarse los unos a los otros ....Efesios 4:32
8. Hablar el uno con el otro ....Efesios 5:19
9. Estar sujetos el uno al otro.......................Efesios 5:21
10. Enseñar el uno al otro......................... Colosenses 3:16
11. Amonestarse los unos a los otros .... Colosenses 3:16
12. Confortarse los unos a los otros ....1 Ts. 4:18
13. Exhortarse los unos a los otros ....Hebreos 3:13
14. Estimularse el uno al otro al amor y las
    buenas obras ....Hebreos 10:24

ILUSTRACIONES SELECTAS   37

15. Confesarse los pecados los unos a
    los otros ....Santiago 5:16
16. Orar los unos por los otros ....Santiago 5:16
La práctica de estos deberes cristianos mutuos representa un
ferviente testimonio al mundo que es irresistible. Así es como
sucedía en buena medida la evangelización en el mundo del primer
siglo. Hechos 1:8, dice: "Me seréis testigos..."

39. EL QUE NOS HIZO NOS CONOCE

Se cuenta la historia de un joven que estaba trabajando debajo
del chasis de su "Ford T" tratando en vano de que anduviera.
Después de un largo rato, un elegante automóvil se detuvo junto a
él. Un caballero muy bien vestido bajó, fue hacia el joven y,
observando la dificultad, le dijo que hiciera un pequeño ajuste en la
regulación del motor. Con cierta desgana obedeció el muchacho.
"Ahora", le dijo el caballero, "su automóvil andará."
El "Ford" arrancó inmediatamente. Sorprendido el muchacho
de que el caballero supiera tanto de mecánica le preguntó quién era.
Tranquilamente el hombre le contestó: "Yo soy Henry Ford.
Inventé ese automóvil y conozco a fondo su mecanismo."
Existe Uno que nos conoce perfectamente, ya que él nos hizo.

40. LO QUE NO ES EL AMOR

A veces las personas confunden el sentimentalismo y el
romanticismo con el amor. Estos son meros aderezos que dan un
poco de sabor y color, pero sin valor nutritivo. De estos aderezos,
un poquito gusta, mucho nos fastidia. Sin embargo, el amor es la
tajada, sabrosa y nutritiva que nos sostiene de verdad.

41. EL MILAGRO DEL AMOR Y DEL CONOCIMIENTO

Un antropólogo hizo un experimento en una tribu africana.
Morían allí muchos niños por falta de higiene, enfermedades, etc.
Montó una sala especial en el hospital para recién nacidos. Allí
estaban los niños bien limpios, bien alimentados y con todas las
atenciones de medicinas que necesitaban. Pero descubrieron algo
importante, que a pesar de los cuidados corrían un riesgo mayor de

muerte que cuando les cuidaba una buena madre aunque ésta fuera pobre, ignorante y con poco conocimiento de la higiene. Era la falta de calor materno lo que hacía peligrar más la vida de los niños. Y es que el pecho materno y el calor materno obran maravillas. Pero el mayor milagro se produce cuando, a las dos cualidades citadas, le agregamos también el conocimiento. El amor de una madre y la sabiduría de un padre producen hijos sanos y maduros de cuerpo y alma.

42. DOS FORMAS DE VER A UN HOMBRE

En el libro *Sin novedad en el frente*, de Erich María Remarque, se cuenta que en un ataque un soldado alemán llegó a una zona de trincheras enemigas. Pronto divisó a un soldado contrario. Se disponía a disparar cuando se dio cuenta de que estaba herido. Se aproximó y pudo observar que no ofrecía peligro.

Se acercó al herido y le ayudó a reposar más cómodamente, le desabrochó la guerrera y le dio a beber de su cantimplora. Seguidamente, el soldado inglés, por señas, le indicaba que quería algo de un bolsillo de su guerrera. El soldado alemán le atendió y sacó una fotografía y una carta. El inglés quería verlas de nuevo al sentirse cada vez peor. Con lágrimas en los ojos el alemán ayudó en todo al inglés hasta que éste murió. Después recogió aquellos recuerdos y se las ingenió después de la guerra para que llegaran a los familiares del muerto.

Cuando entró en la trinchera iba dispuesto a matar, le habían dicho que todo hombre que no llevaba su uniforme era enemigo y tenía que liquidarlo. Después, al verlo herido y saber de sus sentimientos humanos de amor a su familia, reconoció en aquel inglés no a un enemigo, sino a un hombre como él que tenía corazón y sentimientos. Al verlo en otra luz, desde otra perspectiva, todo cambió. Se dio cuenta de que hay dos posibles maneras de ver al hombre. Una como antagonista. La otra, a la luz de aquellos sentimientos que nos hacen humanos, criaturas creadas a la imagen y semejanza de Dios.

Así nos pasa frecuentemente con las personas, al verlas desde otras perspectivas descubrimos todo lo bueno que hay en ellas y en nosotros.

43. ANDAR POR FE Y NO POR VISTA

Cuando los aviones tienen que aterrizar en condiciones de escasa visibilidad, los pilotos no pueden confiar en su vista, pues ésta es muy engañosa en las pobres condiciones de visibilidad que produce la niebla. Se produce lo que en su vocabulario ellos llaman "vértigo", que es una desorientación tal que no saben a dónde van con el avión. Deben poner su vista en los instrumentos de navegación que llevan a bordo y prestar toda atención y obediencia a las indicaciones de la torre de control. No hacerlo así provocará, lo más probablemente, un desastre con pérdida de vidas y bienes.

Así los hombres también sufrimos de vértigo espiritual cuando pretendemos guiar nuestra vida por nuestros simples ojos del conocimiento humano, sin prestar atención a las indicaciones de la palabra de Dios. El resultado es desastroso.

44. ¿DE QUE NOS LLENAMOS?

A un borracho le daban un folleto evangélico que hablaba de Cristo Jesús. Y el borracho respondió:

—Yo soy más cristiano que tú.

Al decirlo mostraba un crucifijo que llevaba colgado al cuello. El que le ofrecía el folleto le contestó:

—Si en vez de llevar a Cristo colgado del cuello lo llevara dentro del corazón, otra cosa sería su vida.

Quizá aquel hombre se estaba bebiendo el pan de sus hijos. Estaba lleno de alcohol y vacío de Dios, se iluminaba con el alcohol y se alimentaba con superstición de un crucifijo como si fuera un amuleto.

45. EL VACIO DE LA VIDA

Un aviador, durante la Segunda Guerra Mundial, fue alcanzado por un proyectil enemigo y tuvo que lanzarse en paracaídas, pero éste no se abrió. Afortunadamente cayó en una zona pantanosa y no murió. Después de tres meses de recuperación en el hospital, le preguntaron qué le había causado mayor sensación. El respondió: "El querer agarrarme del vacío." Sí, la sensación más terrible que puede sufrir y experimentar un ser humano es querer agarrarse del vacío.

No podemos vivir en el vacío. Bien nos lo demuestra la parábola de Jesús de aquel hombre que limpió su casa, expulsando el demonio que tenía, pero luego la dejó vacía. Al final su situación fue peor que al principio, porque nadie puede vivir vacío (Mateo 12:43-45).

46. EL ORGULLO DE SABER UN POCO

Se da frecuentemente la circunstancia de que cuanto más estudias y sabes, más humilde te vuelves, porque te das cuenta de que en realidad apenas sabes. Por el contrario, aquellos que saben muy poco, que prácticamente son todavía ignorantes, a veces se creen muy sabios.

Se cuenta que el gran misionero Alberto Schweitzer, que fue un intelectual reconocido y hombre muy culto y polifacético, se hallaba un día arrastrando un tronco de árbol para utilizarlo en la edificación del hospital en Lambarene (Africa), cuando pasó cerca un nativo que acababa de aprender a leer y escribir.

Alberto Schweitzer le pidió ayuda y aquel hombre le respondió:

—Yo no tengo que arrastrar troncos porque soy un intelectual.

A lo que el misionero le respondió:

—Has tenido suerte, amigo, yo lo intenté y todavía no lo he conseguido.

Después siguió tirando del tronco. ¡Cuántos caminan por la vida hinchados de orgullo creyendo que saben, sin darse cuenta de que los más sabios reconocen que apenas conocen! Pablo recomienda en Romanos 12:3 que "nadie tenga más alto concepto de sí que el que debe tener".

47. ESPERANZA

Hace algunos años, un submarino atómico de la Marina de los Estados Unidos se hundió frente a las costas de Massachussetts. Aquella maravilla de la tecnología moderna se convirtió en cárcel y sepultura de la tripulación, compuesta por más de cien hombres. Varios barcos especializados en salvamentos en el mar fueron enviados al lugar de la tragedia, pero eran incapaces de ayudar debido a la profundidad de donde estaba paralizado el submarino. Las comunicaciones iban y venían de fuera hacia dentro y viceversa. El oxígeno se agotaba. Después de diversos esfuerzos por sacar la nave a la superficie, de dentro del submarino vino la tremenda pregunta: "¿Hay alguna esperanza?" No, no la había, y allí quedaron encerrados y enterrados.

"¿Hay esperanza para cuando estamos perdidos?" Sí que la hay. Esa pregunta la hace el hombre frecuentemente, Salmo 42:11. Dios contesta mediante el mensaje del Salmo 40:13 y Lucas 19:10.

48. ¿POR QUE NO USAS LO QUE TIENES?

Un joven muy enamorado decía a su novia:

—María, te quiero tanto que quisiera tener mil pares de ojos para mirarte. Quisiera tener mil manos para acariciarte. Quisiera tener mil bocas para besarte. Quisiera...

La señorita le interrumpió bruscamente y enojada le respondió:

—Juan, ¿y por qué no usas lo que tienes?

A veces nosotros también decimos: "Si yo tuviera talento para la música... Si yo tuviera el don de la predicación... Si yo tuviera... Si yo tuviera... Si yo..."

El Señor nos está interrumpiendo para decirnos: "¿Por qué no usas lo que tienes?"

No llores por lo que no tienes. Reconoce y agradece lo que sí tienes y úsalo ya para tu propio beneficio y para honra y gloria de Dios.

49. LOS DOS ERIZOS

Un lindo cuento relata que una fría mañana de invierno, dos erizos aparecieron por distintos caminos y se encontraron en un claro del bosque. Como tenían frío se acercaron el uno al otro tratando de darse calor y compañía. Se pusieron de lado, costado con costado, pero se pinchaban. Se dieron vuelta y sucedió lo mismo. Lo intentaron de distintas posturas y no lograban estar juntos sin pincharse el uno al otro.

Por fin uno de ellos más nervioso, habló con tono de enfadado:

—Vengo a tu lado con deseo y buen ánimo, pero es imposible estar junto a ti, porque pinchas por todas partes.

—Eso no es cierto —respondió el otro, también enfado—, el que pinchas eres tú. Yo veo tus afiladas púas en tu lomo. ¿No ves cómo sangro por todas partes por causa de tus púas malditas? Las mismas acusaciones y recriminaciones volaron de uno a otro. Al fin, amargados y desalentados se separaron y cada cual se fue detrás de un árbol. Desde allí se miraron con resentimiento y rencor. A la mañana siguiente ambos estaban muertos de frío. Murieron por su incapacidad de relacionarse y armonizar. Así muchas veces pasa con los seres humanos.

50. COMPASION, NO LASTIMA

Una mujer cruzó apresurada la calle sin prestar mucha atención a los vehículos que iban y venían en ambas direcciones. El resultado fue que uno de ellos, por no golpearla, hizo un rápido viraje. Pero fue materialmente imposible evitar darle un fuerte golpe que la lesionó, y tampoco pudo evitar colisionar con otro vehículo aparcado cerca. La situación se complicaba por la falta de medios para auxiliar a la pobre mujer.

En seguida se arremolinó la gente y muchos profirieron las habituales expresiones de lástima, pero nadie hacía nada en concreto. Al fin, uno de los presentes, molesto por tantas expresiones vacías, dijo dirigiéndose a los demás:

"La lástima no soluciona nada. Yo tengo cien pesos de compasión y aquí están. ¿Cuánta compasión tiene usted?"

51. LA FUERZA DEL EJEMPLO

En 1912 el misionero bautista americano Adoniram Judson, marchó a Birmania. Su vida no fue fácil allí. El gobierno del lugar hizo todo lo que pudo para estorbarle en su tarea. Sufrió mucho. Pasó hambre hasta quedarse en el esqueleto. Fue llevado en cadenas por el desierto hasta el punto de desear la muerte. Sus manos y pies quedaron señalados para siempre por las cadenas. Cuando al fin fue liberado, fue al rey de Birmania para pedirle permiso para ir a cierta ciudad a predicar.

El rey le respondió: "Estoy dispuesto a que vayan una docena de predicadores, pero no tú. Mi pueblo no responderá fácilmente a la predicación, pero verían las marcas de las cadenas en tus manos y pies y eso sí les convencería."

Así es con Jesucristo, las marcas de su amor sacrificial tomando nuestro lugar en la cruz nos conmueven y nos convencen.

52. CRISTO PAGO NUESTRO RESCATE

Miguel de Cervantes, el célebre autor del libro *Don Quijote de la Mancha*, regresaba a España, después de cumplido su servicio militar en Italia, cuando el barco en que él navegaba fue atacado y apresado por barcos piratas que lo llevaron prisionero a Argel en el norte de Africa. Allí estuvo por un tiempo en la condición de esclavo.

Los piratas supusieron que Cervantes era un personaje importante por las cartas de recomendación que llevaba en su poder. En consecuencia, pidieron una buena suma por su rescate a los familiares en España. Estos tuvieron que vender propiedades y joyas para poder pagar el rescate y liberar a Miguel de la condición de esclavitud en que estaba sumido. Por fin, pudieron pagar y Miguel de Cervantes quedó libre y pudo regresar a su patria.

Nosotros también éramos esclavos del pecado y Cristo Jesús pagó por nosotros, rescatándonos de nuestra condición de esclavos del pecado (1 Ped. 1:18, 19; Mat. 20:28; 1 Tim. 2:6).

53. LA RESURRECCION

Karl Heim, el famoso teólogo-científico alemán, relató un incidente que ocurrió en Moscú después de la revolución rusa y que fue publicado por la prensa alemana. El hecho ocurrió en una de las frecuentes reuniones políticas de los trabajadores. El líder anunció al principio de la reunión que se concedería completa libertad de palabra a todos los asistentes, pero que debían ser breves. Fueron pronunciados muchos discursos y todos ellos abundaban en argumentos acerca del materialismo y la lucha de clases. Cuando todos habían hablado, el líder preguntó si había alguien que deseara exponer un punto de vista contrario, ya que se había prometido libertad de expresión. Entonces un sacerdote ortodoxo ruso de corta estatura y esmirriado subió a la tribuna. Mientras subía la escalinata el líder le recordó:

—Por favor, sólo cinco minutos.

—No necesito ni cinco minutos para lo que voy a decir, respondió el sacerdote.

Acto seguido se dirigió a la multitud en estos términos: "Acabamos de oír un buen número de discursos con muchos argumentos para probarnos un nuevo punto de vista sobre la vida y el mundo, Pero, mis amigos, ¡Cristo ha resucitado!"

Hubiera podido esperarse un estallido de risas en respuesta a la insólita afirmación, pero no sucedió así. Aquellos obreros habían oído aquel grito muchas otras veces, puesto que cada año se aquellas palabras en el clímax del servicio de resurrección. Llegado el momento de terminar el servicio, el sacerdote proclamaba al pueblo la buena noticia: "¡Cristo ha resucitado!" Entonces las gentes se abrazaban y se besaban y gritaban al unísono: "¡Verdaderamente, ha resucitado!" En esta ocasión, cuando el sencillo sacerdote ruso profirió el grito tradicional, la multitud fue sacudida y, como si se tratara de un volcán que de pronto despierta, surgió una atronadora respuesta de cientos de gargantas: "¡Verdaderamente, ha resucitado!"

¿Qué es lo que sucedió? Pues que por encima de toda propaganda materialista y atea está el hecho de que la resurrección de Cristo responde a las más profundas expectativas y deseos humanos. La resurrección de Jesucristo es un acto sobrenatural de Dios que manifiesta el interés y amor de Dios por nosotros y que su poder está a nuestro favor.

G. R. Beasley-Murray

54. EL DECIR Y EL HACER DEBEN IR JUNTOS

Sucedió en un campo de batalla que un capellán que estaba en la primera línea de combate con los soldados, acudió a socorrer a un soldado gravemente herido.

Al suponerle cerca de la muerte empezó a hablarle de Cristo y leerle porciones de las Escrituras. El soldado le detuvo con un gesto y con voz entrecortada le pidió que le acomodara mejor sobre el terreno. Después le pidió que le desabrochara la guerrera; seguidamente que le diera de beber. Así continuó el soldado, solicitando atenciones, por unos minutos más. Al fin, cuando se sintió más tranquilo y atendido, dijo al capellán: "Si ese libro que quiere leerme es el que le dice que haga por mí todas las cosas que yo necesitaba, hágame el favor de leérmelo."

Nuestra vocación como creyentes es la de proclamar y demostrar el evangelio de Jesucristo. Estos dos aspectos nunca deben separarse: Proclamar y demostrar. Proclamar con los labios y demostrar con la vida.

55. HAZ DE MI UN INSTRUMENTO DE TU PAZ

Señor, haz de mí un instrumento de tu paz.
Donde haya odio, ponga yo el amor.
Donde haya ofensa, ponga yo el perdón.
Donde haya discordia, ponga yo la unión.
Donde haya error, ponga yo la verdad.
Donde haya duda, ponga yo la fe.
Donde haya desesperación, ponga yo la esperanza.
Donde haya tinieblas, ponga yo tu luz.
Donde haya tristeza, ponga yo tu alegría.

¡Oh, Maestro!
Que no busque yo tanto
Ser consolado… como consolar;
Ser comprendido… como comprender;
Ser amado… como amar.

Porque
Dando… se recibe;
Olvidando… se encuentra;
Perdonando… se alcanza perdón;
Muriendo… se resucita a la vida eterna.

Francisco de Asís

56. CONOCER ES AGRADECER

En cierta ocasión una amorosa madre salvó a su hijita del incendio producido en su casa, pero sufrió gravísimas quemaduras en sus manos y brazos. Cuando la niña creció, ignorando qué provocó las terribles cicatrices en las manos de su madre, sintió vergüenza de su mamá cuando ella saludaba a alguien y tenía que mostrar las cicatrices. Llegó al punto de exigir a su madre que se comprara unos guantes y los usara en toda ocasión para cubrir aquellas horribles manos.

Un día, la hija le preguntó a su madre cómo fue que sus manos quedaron tan deformadas. Por primera vez la madre le relató la historia de cómo había salvado con aquellas manos la vida de su hijita. La hija rompió a llorar con lágrimas de asombro, gratitud y vergüenza. Comprendió cómo por su ignorancia había ofendido y rechazado a su mamá. Con lágrimas rodando por sus mejillas dijo: "¡Oh, mamá! ¡Tus manos son las más bellas del mundo! ¡Nunca más las escondas!"

La cruz y la sangre de Cristo parecen un tema desagradable para muchas personas que no comprenden lo que significan. Para los creyentes son elementos preciosos de salvación y vida eterna.

57. LA PERLA, FRUTO DEL SUFRIMIENTO

La perla que se forma dentro del caparazón de las ostras es otro ejemplo de la grandeza nacida de la adversidad. ¿De dónde proviene esa magnífica joya? Comienza cuando un irritante granito de arena se mete entre los pliegues de una ostra. Esta cierra su caparazón al sentirse herida y empieza a segregar un líquido llamado nácar con el que envuelve el granito de arena que la mortifica. La perla se forma, pues, por la reacción de la ostra contra ese factor irritante. Como alguien dijo: "Una perla es una ostra que ha sido lastimada." Lo que la hirió terminó por ser su corona y su gloria.

El placer, la comodidad y la vida fácil jamás enriquecieron a los hombres como lo hizo la adversidad. Del dolor y de las dificultades han surgido las más inspiradas canciones y conmovedoras poesías. De las lágrimas y del sufrimiento nacieron los más grandes espíritus y las vidas más bendecidas.

58. LA MAYORDOMIA FORMA PARTE DEL EVANGELIO

La pequeña iglesia bautista de Zambia era pobre. Los miembros querían mucho a su pastor, Godfrey Mulando, pero no podían pagar su sueldo. Este amor era mutuo y el pastor se había dedicado por entero a guiar a su congregación en su diario caminar con Dios. Sin embargo, le habían advertido que no hablase acerca del dinero si no quería espantar a las gentes, haciendo que se alejasen.

Cuando Mulando fue a Singapur para el adiestramiento del liderazgo en lo que se refiere a cómo realizar la evangelización, se sintió tan profundamente conmovido por lo que escuchó acerca de los mandamientos y las promesas de Dios sobre el tema del dinero y las posesiones, que se sintió convencido de que su iglesia debía enterarse de la verdad.

Cuando regresó a Zambia, comenzó a enseñar a las gentes de su iglesia diciéndoles: "La mayordomía forma parte del evangelio y ninguna persona puede, en realidad, tener un conocimiento completo de Dios a menos que conozca y practique el concepto de la mayordomía. La adoración no está completa a menos que demos algo. Cuando los sabios, por ejemplo, fueron a adorar al bebé Jesús, le llevaron dones preciosos."

Los miembros de la congregación eran personas dedicadas y no se asustaron por el hecho de que Dios hubiese dado un mandamiento conforme al cuel era preciso dar, sino que se mostraron encantados por lo que oyeron y se sintieron, además, avergonzados por su propia desobediencia. Preguntaron a su pastor por qué él no les había enseñado estas cosas con anterioridad y él se vio obligado a admitir que él mismo las desconocía.

Por primera vez en su vida, los miembros de la Iglesia Bautista de Masala, en Ndola, Zambia, comenzaron a dar el diezmo y a hacerlo con gozo, dando su dinero con satisfacción. Además de poder cubrir los gastos de la iglesia, aceptaron la responsabilidad de dar el sueldo a su pastor y pagar el alquiler de su casa. Le compraron al pastor una motocicleta con el fin de facilitarle las visitas y la obra evangelizadora y, además, escribieron a la sociedad misionera diciendo: "No nos envíe más dinero, solamente sus oraciones y su amor."

Descubrieron que Dios les devolvía más de lo que daban, pues no solamente recibieron bendición en sus vidas personales, sino que Dios bendijo, además, a la iglesia. Esta creció, y al darse cuenta los miembros de que Dios honraba sus promesas, ellos mismos comenzaron a compartir su gozo, y a Cristo con sus amigos, con sus vecinos y familiares. Comenzaron a traer a otras personas a las reuniones de la iglesia, de modo que creció de tal manera que tuvieron que derrumbar las paredes y ampliar el edificio. Se fundó otra iglesia, hija de la primera, en un lugar donde faltaba el testimonio del evangelio. Luego surgió otra y otra, hasta que hubo un total de cinco iglesias donde al principio solamente había habido una que a duras penas existía.

"Cuando mi gente comenzó a dar, se dieron cuenta de que tenían un papel muy importante que representar dentro de todo el ámbito de la evangelización. Con anterioridad no habían sido otra cosa que espectadores en el templo, pero cuando empezaron a dar el diezmo y a ofrendar para la obra de Dios, comenzaron a darse cuenta de la responsabilidad que tenían de dar testimonio, de atraer a las almas, de enseñarles y ayudarles, y se sintieron muy emocionados", dijo el pastor Mulando.

"Antes de mi viaje a Singapur, en 1974, éramos 134 miembros y (al cabo de cinco años) vi a la iglesia crecer a 300 miembros (sin contar con las otras congregaciones que surgieron de la primera y otros 200 simpatizantes que aún no son miembros)."

El pastor Mulando y su congregación habían experimentado la verdad de un importante principio del liderazgo: "Dad, y se os dará; medida buena, apretada, remecida y rebosando darán en vuestro regazo; porque con la misma medida con que medís, os volverán a medir" (Lc. 6:38). Este es el principio de la inversión.

John Haggai

59. COMPARTIR EL PRIVILEGIO Y LA RESPONSABILIDAD

Se cuenta que un rey invitó a todos sus súbditos a las fiestas de bodas de su hija. Hablándoles al corazón les hizo una petición: Que cada uno traiga una botella de vino para mejor festejar y disfrutar de las bodas. Esta era la parte que le correspondía a cada ciudadano del reino para hacer de las bodas un gran acontecimiento y que abundara la alegría.

Llegado el día señalado, el palacio estaba lleno de invitados que compartían animadamente unos con otros. Según iban entrando tenían que verter su botella de vino en unos grandes toneles que el rey había ordenado preparar en el patio del palacio.

Uno de los súbditos del rey pensó que no había necesidad de

que él llevara su botella llena de vino, pues como todos la iban a llevar no pasaría nada si faltaba la suya. Para disimular él llevaría una botella de agua. Así lo pensó y así lo hizo. Llegó al palacio y al entrar vació su botella de agua en uno de los toneles donde se suponía que los demás habían echado el vino. Llegó un momento en que el rey quiso disfrutar del buen vino que sus súbditos habían traído y convidó a todos los invitados a que lo disfrutaran con él. Fueron al patio y el rey, con un vaso en la mano, abrió la espita del primer tonel y para sorpresa de todos, sólo salió agua. El rey, sorprendido y turbado, fue al segundo tonel y abrió la espita y salió agua. Allí no había vino, sólo agua. Preocupado fue al tercer tonel, e igual, y así con todos. El rey quedó sumamente irritado, decepcionado y herido por lo sucedido.

¿Qué es lo que había pasado? Sencillamente, que todos habían pensado lo mismo: "Los demás lo harán, otro llevará el vino; así que si yo llevo agua, no se notará."

60. TARDE O TEMPRANO TENEMOS QUE PAGAR

En aquellos días en que los hombres solucionaban sus diferencias con un duelo a espada o pistola, dos individuos que se habían ofendido, decidieron que no había otra solución que arreglar la querella con pistolas en el campo de duelo.

Una mañana, aparecieron en el campo de duelo con sus padrinos, testigos y armas. Se colocaron en la posición debida, contaron los pasos acordados y llegando a este punto podían volverse y disparar. Uno de ellos, más nervioso, en cuanto dio los pasos señalados, se volvió con rapidez y disparó precipitadamente fallando el tiro. El otro, en su derecho de disparar, apuntó cuidadosamente y se aprestaba a apretar el gatillo. Después de unos segundos de angustiosa espera, bajó el brazo y anunció que no deseaba hacerlo en ese momento, pero que se reservaba el derecho de hacerlo cuando estimara oportuno.

Su contrincante, muy valiente y decidido dijo: "Caballero, estoy a su disposición, cuando usted quiera me pongo a sus órdenes."

Sin más, se despidieron.

Pasó el tiempo y ya nadie se acordaba de aquel incidente. El hombre sobre el cual tenían que disparar en cumplimiento de las reglas del duelo, se enamoró de una linda señorita y anunció su boda. El día señalado, cuando se disponía a entrar en el templo junto con la novia, allí, a la puerta, estaba su antiguo enemigo reclamando su derecho a disparar. El joven novio no podía negarse, pues aquella era la condición y había empeñado su palabra.

No sé cuál fue el resultado final de aquella triste aventura. Pero la enseñanza es que en la vida cometemos errores y se nos pasa la factura cuando menos preparados estamos para ello. Tarde o temprano pagamos por nuestros errores y frecuentemente es cuando más nos duele y menos queremos.

La Biblia dice: "No os engañéis, Dios no puede ser burlado. Todo lo que el hombre sembrare, eso también segará" (Gál. 6:7).

61. LO QUE NOS LLEVAMOS AL PARTIR

A principios del siglo, en los días de la revolución rusa, algunos revolucionarios, escasos de fondos para poder financiar todas sus actividades, tomaron la decisión de quitárselo a los zares muertos. Fueron y abrieron los sarcófagos donde estaban los restos embalsamados de los zares de Rusia. Allí estaban los cadáveres revestido con todos sus atributos reales de gran valor. Los revolucionarios los despojaron de todo lo que pudiera servirles para disponer de dinero e irónicamente destruir a los sucesores de los zares.

Esto nos demuestra que los hombres nada nos llevamos de este mundo, todo queda aquí: Nuestras coronas, cetros, joyas, uniformes; todos nuestros símbolos humanos de gloria y poder. Sólo nos llevamos aquellos valores morales y espirituales que no destruye la polilla ni los ladrones pueden robar.

62. SOBRE EL PESIMISMO

No eres pesimista
porque estás triste
por una herida profunda en el corazón
o un conjunto de males que te afligen.
No eres un pesimista tampoco
cuando estás profundamente entristecido
por el insoportable sufrimiento
de tantos hombres inocentes,

por la violencia o la injusticia
en el mundo.
Pesimista es aquel
que toda la vida permanece
en una habitación oscura
en la que sigue desarrollando
"ideas negras".
Pesimista es aquel
que anuncia la lluvia cuando sale el sol,
que, cuando todo va bien, afirma que durará poco,
que se interroga acerca de las verdaderas
intenciones de una persona amable.
El pesimista tiene "mala vista"
porque nunca ve las cosas bellas.
El pesimista oye mal
porque nunca se entera de las buenas noticias.
Nota más el frío que el calor.
Nota más el dolor que la alegría.
Los pesimistas no viven,
están ya muertos
mucho antes de ser sepultados.

P. Bosmans.

63. EL CEMENTO QUE RESISTE LOS TERREMOTOS

Se dice que cuando sucedió el terremoto de San Francisco a principios del siglo, los técnicos quedaron sorprendidos y asombrados porque un movimiento sísmico de escasa potencia había ocasionado más ruinas y desastre de lo que cabía suponer.

Las investigaciones dieron al parecer como resultado que la razón de tan grande desastre no había estado tanto en el terremoto en sí, como en la mala calidad del cemento usado para construir algunos de los edificios. La mezcla era mala y no había podido aguantar la escasa fuerza del terremoto.

La Ley de Dios es la argamasa que permite que los hombres puedan mantenerse sólidamente unidos y la sociedad no se desmorone. Cuando queremos sustituir la Ley de Dios por otras cosas, la sociedad no se edifica ni permanece, sino que las sacudidas que recibe la llevan a derrumbarse.

64. LA VERDAD OS LIBERTARA

En la sección apócrifa del libro de Daniel, en el Antiguo Testamento, que aparece en algunas versiones de la Biblia, tenemos el relato de Bel y el dragón, que ilustra bien la manera en que se ha abusado de la ignorancia y el temor religioso de la gente.

Dice el relato que Ciro, el rey de Persia, quería convencer a Daniel de que Bel, dios de Babilonia, era un dios vivo, porque comía y bebía. Daniel se reía y le respondía que no, que Bel sólo era una estatua de barro y bronce y que la gran cantidad de comida que le ponían se la tomaban los sacerdotes y sus familiares. El rey se encolerizó pensando que, o los sacerdotes le engañaban, o Daniel calumniaba a los sacerdotes y se burlaba de su religiosidad.

De acuerdo con los sacerdotes, hicieron una prueba para verificar si el dios Bel comía o bebía o no. Pusieron toda la comida habitual al pie del dios en el templo y cerraron y sellaron todas las puertas. El rey amenazó con la muerte a los sacerdotes o a Daniel si alguien no estaba diciendo la verdad.

Una vez idos los sacerdotes, Daniel, en presencia sólo del rey, puso ceniza alrededor de la estatua y altar de Bel. Después salieron cerrando y sellando la puerta.

Por la noche los sacerdotes, aprovechando un pasadizo secreto que habían hecho debajo del altar, entraron al templo y retiraron los alimentos y bebidas. A la mañana siguiente, cuando el rey, Daniel y los sacerdotes llegaron y abrieron la puerta del templo, comprobaron que las vituallas habían desaparecido.

Para el rey aquello era una demostración de que Bel era un dios vivo. Daniel, con sagacidad, le señaló las huellas de pies marcadas en la ceniza. El airado monarca demandó una explicación a los sacerdotes y éstos terminaron por confesarlo todo. El rey mandó matarlos y destruir la estatua de Bel.

Cristo Jesús vino para destruir la ignorancia de las personas y hacerles libres de esa esclavitud. "Conoceréis la verdad y la verdad os libertartá. Si el Hijo os libertare seréis verdaderamente libres."

65. LA CLAVE ESTA EN ARREGLAR AL HOMBRE

A un niño le regalaron un rompecabezas que compuesto representaba el mapa de Europa.

Este continente, debido a las guerras y a las disputas territoriales, ha sufrido bastantes cambios en su división política. Al niño le resultó particularmente difícil componer este rompecabezas, por lo que fue a su papá solicitando ayuda. El papá, que no estaba muy fuerte en geografía ni estaba muy al tanto de las últimas divisiones y repartos, tampoco supo cómo hacerlo. Pero al darle vuelta a las piezas del rompecabezas, se dio cuenta de que por el otro lado aparecía la figura de un ser humano. Sacó la conclusión, y así lo hizo, de que si atinaba a arreglar el rompecabezas del hombre tendría arreglado el rompecabezas de Europa. Y así sucedió.

De lo que inferimos que el verdadero problema de la humanidad es el hombre mismo. Si logramos arreglar al hombre quedan en vías de arreglo todas las demás cosas.

66. LA FE QUE ESPERA RESPUESTA

Jorge Muller, de Bristol, Inglaterra, se hizo famoso por la atención que prestó a los niños huérfanos. Construyó un hogar para niños donde se refugiaron y educaron cientos de ellos. Fue proverbial su fe y vida de oración. Una vez los niños del orfanato se reunieron alrededor de las mesas como de costumbre para desayunar, pero esta vez sólo había sobre las mesas cucharas, platos y jarras vacíos, pues no tenían nada para comer.

El señor Muller dijo entonces:

"Demos gracias a Dios por lo que *vamos a recibir.*" Todos inclinaron sus cabezas con reverencia. Apenas habían terminado de orar cuando llamaron a la puerta. Era el lechero, cuyo carro se había averiado a la puerta del orfanato y el buen hombre entendió aquello como una indicación de parte de Dios de que debería dejar allí la leche para beneficio de los niños. Mientras descargaba la leche, llegaron de la panadería con una partida de pan que había salido defectuoso y no lo podían vender, pero que estaba en perfectas condiciones para comer. De esta manera, aquellas docenas de niños comieron aquel día.

De mil maneras se mostró en la vida y ministerio de Jorge Muller el poder de la fe y de la oración.

67. EL TALON DE AQUILES

Aquiles fue uno de los héroes principales de la mitología griega. Su madre le sumergió en la laguna Estigia para hacerlo así invulnerable. Esta era una laguna que rodeaba el infierno. Pero al tenerlo agarrado por el talón para que quedara suspendido y que no se hundiera, quedó invulnerable por todas partes menos por el talón. Sus enemigos lo supieron y procuraban atacarle por el talón. De ahí viene la frase famosa de "el talón de Aquiles", para indicar un punto débil.

Todos lo tenemos. Somos fuertes en muchas cosas, pero débiles en otras que forman nuestro ´"talón de Aquiles", por allí somos atacados y derrotados. Sólo la humildad, reconociendo nuestra debilidad y necesidad y la solicitud del poder y la presencia de Dios, nos pueden ayudar en nuestras flaquezas.

68. EL YUGO Y LA CRUZ

Son dos símbolos que Jesucristo usó en su predicación para llamar a las personas al servicio cristiano.

El yugo es un instrumento de trabajo. La cruz es un instrumento de muerte. El yugo simboliza el trabajo. La cruz simboliza el sacrificio. En el yugo el animal suda al tirar del arado. Con la cruz sangra al ir muriendo. La consagración y el ministerio cristianos significan que el discípulo de Jesucristo debe estar siempre listo para sujetarse al yugo o llevar la cruz.

En una escuela protestante en Ginebra (Suiza) tienen un precioso emblema como símbolo de la escuela. Es un buey entre un arado y un altar. Al pie la leyenda reza: "Siempre listo." Quiere decir, siempre listo para el servicio o para el sacrificio.

69. SOLDADOS, NO SIMPATIZANTES

Se cuenta que durante la guerra de la Independencia norteamericana, un hombre joven se acercó al general Jorge Washington y le dijo:

—Mi general, quiero que sepa que creo con todo mi corazón en usted y en la causa que defiende.

Washington le agradeció firmemente aquellas palabras y le preguntó:

—¿En qué regimiento está usted? ¿Quién es su comandante? ¿Qué uniforme lleva?

—Oh, no —respondió el joven—, no estoy en el ejército, soy sólo un civil.

A lo que Washington replicó:

—Joven, si usted cree en mí, como dice, y también en la causa que defiendo, vaya y únase al ejército inmediatamente. Póngase nuestro uniforme. Búsquese armas y venga a luchar.

Jesucristo nos presenta el mismo desafío a nosotros hoy. El no está interesado en simpatizantes, sino en soldados. Esta es la clase de llamamiento y de servicio que el mundo necesita. Marcos 8:34, 35.

70. CONSUMEN TODO LO QUE PRODUCEN

Algunas iglesias se parecen a aquel hombre que encontró petróleo en su propiedad y montó todo lo necesario para extraerlo y refinarlo.

El mostraba orgulloso a todos sus amigos y vecinos las excelentes instalaciones que había montado. De todos recibió siempre palabras de elogio por la buena organización e instalación de que disponía. Pero un visitante perspicaz le preguntó que dónde estaban los camiones-cisternas para llevar al exterior y vender los productos que allí se extraían y procesaban. El propietario, sin sonrojarse en lo más mínimo, le informó que ellos no vendían nada. Consumían todo el petróleo que extraían y refinaban en conservar funcionando las magníficas instalaciones.

Así, muchas congregaciones consumen todas sus energías en lograr que su maquinaria interna funcione. No les queda nada para los de afuera.

71. NUNCA PODEMOS CONTENTAR A TODOS

Hay una vieja historia en Castilla que cuenta que una vez un padre y su hijo fueron de viaje a un pueblo distante. Para viajar con más comodidad, decidieron llevarse y utilizar un burro que la familia poseía.

Al ir los dos montados en el animal y pasar por un pueblo, los vecinos del lugar hicieron comentarios en voz alta acerca de la crueldad de que los dos fueran montados en el pobre burro.

Impresionados por las críticas, decidieron que el hijo continuara montado y el padre fuera andando.

Al pasar por otro pueblo, los habitantes del lugar también hicieron sus comentarios. Se quejaban de lo cambiada que estaba la vida. El joven iba cómodamente sobre los lomos del animal, mientras el pobre padre tenía que ir andando.

El muchacho, abochornado por los comentarios, no quiso continuar montado en el animal. Pidió al padre que subiera él y él proseguiría a pie.

Al pasar por otro pueblo, la gente tampoco pudo callar, y expresaron en voz alta lo que pensaban. Ni cortos ni perezosos criticaron lo que ellos pensaban era un abuso de la autoridad y derecho del padre. "Hay que ver", decían, "el padre todavía bien fuerte y consintiendo que su joven hijo vaya andando. Es el egoísmo y la incomprensión de los mayores."

Al salir del pueblo, padre e hijo decidieron ir los dos andando para evitar más comentarios. Pero al pasar por otro pueblo, los vecinos se reían a carcajadas al verlos con un burro tan joven y fuerte y ellos andando. "Qué tontos", decían, "teniendo un burro que les puede llevar, hacen el camino a pie."

Esto nos muestra que hagamos como hagamos las cosas, siempre habrá alguien que diga que lo hacemos mal y que debe hacerse de otra manera.

72. SOLO NOSOTROS NOS LIMITAMOS

¿Saben cómo se doman las pulgas y lograr que no se escapen? Es muy sencillo. Prueben el siguiente procedimiento que da resultados eficaces.

Metan unas cuantas pulgas en un tarro de cristal y lo cierran. A poco verán que las pulgas saltan con fuerza intentando escapar. Al tropezar con la tapadera del frasco sienten el dolor del golpe contra el obstáculo. Después de dos o tres veces de intentar vencer la dificultad, ellas calculan el salto de tal manera que no se golpeen con la tapadera. Siguen con el deseo de escapar, pero no quieren enfrentar y luchar contra la dificultad que les impide lograrlo. Así se autolimitan en sus posibilidades. Al cabo de unas horas se habrán acostumbrado a saltar sin tropezar con el obstáculo, pues ya han quedado limitadas.

Usted puede destapar el frasco con la seguridad de que ya no escaparán.

Así somos las personas a veces. Al enfrentarnos con los obstáculos y las dificultades, calculamos instintivamente los movimientos de manera que no tropecemos con ellos. Al autolimitarnos quedamos domados y vencidos.

Zig Ziglar

73. EL VALOR DE LAS CONVICCIONES

El 12 de octubre de cada año se celebra el descubrimiento de América por Cristóbal Colón. Colón tenía la convicción de que la tierra era redonda y, en consecuencia, si alguien navegaba hacia occidente llegaba también a las costas de la India. Las ideas en boga de la época defendían la teoría de que la tierra era plana y que al navegar hacia occidente, en mar abierto, se llegaba a una parte de grandes abismos y cataratas.

En ninguna de las cortes europeas de aquel tiempo hicieron caso a Colón. No creyeron en sus convicciones ni se arriesgaron. Al llegar a España, la reina Isabel compartió las ideas de Colón, pero el Estado español no podía financiar el viaje porque el tesoro del Estado estaba exhausto por las continuas guerras con los árabes.

La reina, entonces, decidió empeñar sus joyas personales para financiar el proyecto y que el viaje pudiera llevarse a cabo. Y así se hizo.

Las convicciones deben llevar a los compromisos personales con aquello o aquel en quien creemos.

74. DA LO MEJOR AL MAESTRO

Se cuenta que un día la reina Victoria de Inglaterra que andaba paseando, tuvo que refugiarse en el portal de una casa por la intensa lluvia que había empezado a caer. Llamó a la puerta y solicitó si le podían prestar un paraguas para poder llegar hasta su casa.

El matrimonio propietario de la casa dialogó en privado para saber qué hacer. Tenían dos paraguas, uno nuevo y otro viejo. Temían que si daban el nuevo lo perderían, pues nunca más volverían a ver a aquella dama. De manera que decidieron entregarle el viejo.

Al entregarle el paraguas, la reina (a quien no conocían) les preguntó:

—¿Aman ustedes a su reina?

—Por supuesto que sí —respondieron—. Daríamos nuestra vida por ella.

Horas después les llegó una invitación de la reina para asistir a una fiesta en palacio.

Al llegar al palacio, les recibió la reina. Allí estaba con el viejo paraguas en una mano y una bolsa de monedas en la otra.

¡Qué gran sorpresa recibieron! Sintieron en su corazón la decepción de su equivocada decisión, pues pudiendo haber dado lo mejor a su reina, le dieron lo peor cuando aseguraban que la amaban y estaban dispuestos a dar su vida por ella.

75. SIN LA REVELACION NO CONOCERIAMOS A DIOS

Si el Señor no hubiera tomado la decisión de comunicarse, revelándose a sí mismo y dándose a conocer, nuestra situación sería como la de aquellos ciegos de la India que un día, habiendo oído muchas cosas acerca de los elefantes, se propusieron saber cómo era un elefante.

Se fueron a un lugar donde se encontraron con uno. Palpando al paquidermo sacaron sus conclusiones personales.

Uno de los ciegos que había tocado una pata, aseguró que los elefantes eran como los troncos de los árboles. Otro que le tocó la panza, afirmó seriamente que eran como una pared. Otro que agarró la trompa del elefante, dijo que le parecía que era como una serpiente. Y otro que le tocó las orejas, dijo sin dudarlo que los paquidermos tenían alas. Y así sucesivamente.

Estas definiciones parciales y erróneas son las que saca el hombre acerca de Dios cuando se basa en sus propias deducciones. Según Juan 14, uno de los discípulos de Cristo le dijo: "Señor, muéstranos al Padre y nos basta." A lo que el Maestro respondió: "El que me ha visto a mí, ha visto al Padre."

76. LA VISITACION PRODUCE BENEFICIOS

Hay más sabiduría que humor en la siguiente historia:

Una vez un caballero se encontró con una lindísima señorita y quedó tan prendado de sus gracias y encantos que decidió cortejarla para enamorarla y casarse con ella. Compró trescientas sesenta y seis tarjetas postales, con el propósito de enviarle una cada día del año. Durante doce meses le envió cada día una carta de amor escrita en la tarjeta. Cada día, durante trescientos sesenta y seis días ella recibió estas manifestaciones de amor. Al final de los doce meses aquella joven se casó, pero... ¡con el cartero! La diaria visitación del cartero produjo sus resultados.

Es el constante esfuerzo de la visitación lo que cuenta. Las tarjetas, las cartas, las llamadas telefónicas, todo es útil y estupendo, pero es la visita frecuente y regular la que trae los mejores resultados.

77. LA INMUTABILIDAD DE DIOS

Cuando el primer astronauta americano se preparaba para explorar el espacio exterior, un periodista le preguntó:

—¿En qué confía más para esta aventura?

El periodista esperaba que el astronauta le respondiera que confiaba plenamente en las grandes mentes que habían concebido la nave, los motores, los equipos electrónicos y quizá en sus colegas del gran centro de seguimiento y control de Houston. O quizá en sus propias capacidades de navegación aérea. En vez de eso, el astronatura contestó:

—En que Dios no cambia sus leyes.

El astronauta sabía muy bien que su seguridad y el éxito de la misión dependían de las leyes de Dios. Pues es Dios quien ha establecido las leyes de la gravitación universal, las leyes físicas que rigen el universo, como también las leyes morales de las Sagradas Escrituras.

Esto es lo que quiere decir la inmutabilidad de Dios, que podemos confiar plenamente en lo que él es y ha sido siempre y lo será. Podemos confiar en su Palabra, sus leyes y santidad.

78. DIOS ES OMNISCIENTE

La palabra omnisciente es un término compuesto de "omni", todo y "ciencia", conocimiento. Quiere decir que Dios lo sabe o conoce todo.

Hoy en día tenemos computadoras que son capaces de acumular enormes cantidades de datos e información. Por ejemplo, una computadora es capaz de llevar todas las cuentas de ahorro de un banco, con todos los datos del cliente y el movimiento exacto de su cuenta. Otra computadora puede almacenar toda la información relativa a la Seguridad Social de los habitantes de un país. Podemos preguntarle a la computadora cuántos ciudadanos se van a jubilar en el país en un día determinado y la máquina nos lo puede decir especificándonos los nombres completos, direcciones y fechas de nacimiento de los mismos.

Hoy nadie es capaz de almacenar en su mente los conocimientos acumulados en una biblioteca, pero se pueden almacenar en una computadora.

Cuando decimos que Dios es Omnisciente, aseguramos que Dios posee el conocimiento cabal y perfecto de todo lo que sucede en el mundo en cada momento. Salmo 139:113; Hebreos 4:12, 13; Mateo 19:29, 30.

79. SOLO CRISTIANOS

Se dice que el gran predicador Juan Wesley contó que una vez tuvo un sueño en el que vio a mucha gente encaminándose al infierno. Preocupado preguntó si entre aquellas personas había algún metodista.

—Sí, por supuesto, hay bastantes.

—¿Y bautistas?

—También.

—¿Y presbiterianos?

—Sí, también.

Entonces, en su sueño se encontró a sí mismo a la puerta del cielo y preguntó diligentemente que quiénes se hallaban dentro.

—¿Hay metodistas?

—¡Ninguno! —le respondieron.

—¿Presbiterianos?

—Tampoco.

—¿Católicos?

—Tampoco los hay.

—¿Bautistas?

—Ninguno.
—¿Quiénes, pues, están dentro?
—Sólo cristianos —fue la respuesta.
Sólo cristianos. Hombres y mujeres que confiesan diariamente a Cristo con sus labios y sus vidas.

80. LA OBRA DE DIOS EN NOSOTROS
Jeremías 18:16

Cuando en el oriente los artesanos hacen sus bellísimos tapices, colocan la tela en el telar y proceden a trazar un diseño.

Después empiezan a trabajar entretejiendo hilos de distintos colores.

Alguien que esté mirando la obra por la cara opuesta a donde trabaja el artesano, sólo verá una masa confusa de nudos e hilos que se cruzan que no indican para nada que allí se esté haciendo algo que tenga diseño y belleza.

Cuando se termina el tapiz y se mira desde la cara del artesano, se ve claramente la gran idea que él tenía en su mente y se percibe toda su armonía y belleza. Nosotros generalmente vemos la vida por la cara opuesta y nos parece que es una masa enorme de confusión inexplicable, de contradicciones y errores increíbles. Cuando Dios termina su obra en cada uno de nosotros, el boceto que el Señor tenía en mente aparece como obra de arte que es perfecta.

81. DAR O PERDER LA VIDA
Mateo 16:26

George Eastman (1854-1932) fue un inventor e industrial norte-americano que se hizo multimillonario con sus notables contribuciones al desarrollo de la fotografía. El descubrió el uso de la película flexible y el sistema Kodak de fotografiar. Se dice que donó cien millones de dólares para obras filantrópicas y educacionales. Y, por supuesto, acumuló también muchos millones para sí mismo. Se supone que a la luz de todo esto Eastman tenía que ser un hombre muy feliz. En su edad madura enfermó e, incapaz de resistir las pruebas de la vida, se suicidó. Sus inmensas riquezas no pudieron comprarle la salud ni la paz de la mente y del corazón. Bien dijo Cristo: "¿Qué aprovechará al hombre si ganare todo el mundo y perdiera su alma?"

82. DEL DICHO AL HECHO HAY MUCHO TRECHO

Dos automóviles se encontraban parados, uno detrás del otro, ante la luz roja de un semáforo. El de atrás empezó a tocar el claxon y el de adelante interpretó que le instaban a que emprendiera la marcha. Pero al ver que la luz continuaba roja no se movió. Por el contrario, el de atrás cada vez insistía más con su continuo toque de claxon.

Sin poder contenerse más y rojo por la indignación y el enfado, el primer automovilista se apeó de su auto y se dirigió con cara de pocos amigos al otro.

—¡Ciego! ¡Necio! ¡Es que no ve la luz roja!

—Sí, pero como usted tiene ahí en su automóvil ese letrero que dice "Si conoces y amas a Cristo toca el claxon", yo estoy haciendo lo que usted sugiere.

El primer automovilista, ahora rojo, pálido y de todos los colores por la vergüenza de su olvido y de su comportamiento, se retiró silenciosamente y emprendió la marcha.

¡Qué fácil es poner carteles, qué difícil vivir lo que pregonamos!

83. DEDICACION TOTAL

Once meses antes de su fallecimiento, Billy Rose donó las ciento cinco piezas que formaban su famosa colección de esculturas modernas al estado de Israel. David Ben-Gurión, entonces el primer ministro, recibió la donación y preguntó al artista:

—Si alguna vez somos atacados, ¿dónde desea usted que ocultemos sus esculturas de bronce para protegerlas?

Rose, sin dudar un segundo, dijo:

—No las oculten. Fúndanlas y conviértanlas en proyectiles.

En estos tiempos críticos, los santos de Dios no tienen que estar exhibidos como estatuas de bronce u ocultos en lugares protegidos para que no les pase nada. Necesitamos que sean fundidos y convertidos en proyectiles para luchar contra las fuerzas del mal.

Paul W. Powell

84. GOZATE EN LO QUE ERES

Si eres pequeño, alégrate,
porque tu pequeñez sirve de contraste a otros en el
universo.

Si eres grande, alégrate,
porque lo invisible se manifestó en ti de manera más
excelente, porque eres un éxito del Artista eterno.

Si estás sano, alégrate,
porque en ti las fuerzas de la naturaleza han llegado a la
ponderación y la armonía.

Si estás enfermo, alégrate,
porque luchan en tu organismo fuerzas contrarias que
acaso buscan un resultado de belleza.

Si eres rico, alégrate,
por toda la fuerza que el Destino ha puesto en tus
manos, para que la derrames.

Si eres pobre, alégrate,
porque tus alas serán más ligeras, porque la vida te
sujetará menos, porque el Padre realizará en ti más
directamente que en el rico el amable prodigio periódico
del pan cotidiano.

Alégrate si amas,
porque eres más semejante a Dios que a los otros.

Alégrate si eres amado,
porque hay en esto una predestinación maravillosa.

Alégrate si eres pequeño;
alégrate si eres grande; alégrate si tienes salud; alégrate
si la has perdido; alégrate si eres rico; alégrate si eres
pobre; alégrate si te aman; si amas, alégrate; alégrate
siempre, siempre, siempre, siempre.

Amado Nervo

85. EL VALOR DE UN TESTIGO
Hechos 1:8

Un día, un hombre se encontraba ante el juez acusado de un
delito grave. El tribunal le asignó un buen abogado para defenderlo.
Pero el acusado no estaba conforme. El juez sorprendido le avisó:

—¿No se da cuenta de que este tribunal quiere ayudarle y por eso le nombra un buen abogado para que lo defienda?

A lo que el acusado replicó:

—¿No podría su señoría cambiarme este buen abogado por un buen testigo?

Aquel hombre sabía lo que pedía.

Un hombre de Dios decía: "Prefiero unos gramos de testimonio a una tonelada de predicación." El mundo precisa del testimonio cristiano de la vida y de la palabra.

86. PUNTO DE VISTA

Un joven soldado que había luchado bravamente defendiendo a su patria y familia, perdió en el fiero combate un brazo y las dos piernas.

Estando convaleciendo en el hospital, el médico que le trataba se le acercó un día y en gesto de simpatía le expresó su condolencia por haber perdido el brazo y las piernas.

El soldado, un tanto disgustado, replicó con tono convencido: "Yo no los perdí, yo los entregué por mi patria."

Esta es la hora de entregar completamente a Cristo todo nuestro ser.

"El que quiera salvar la vida la perderá... El que la perdiere por causa de mí, la salvará."

87. CONSAGRACION TOTAL

Durante los días de la Segunda Guerra mundial, el pueblo inglés temió que Alemania intentara la invasión de las islas británicas. A fin de defenderse y conseguir la victoria, todo el pueblo, como un solo hombre, puso todos sus recursos en manos del Gobierno. Este tenía toda la autoridad dada por el pueblo de utilizar a los ciudadanos, los medios y los recursos de todos en la forma y medida que estimase más conveniente para proteger al país y alcanzar el triunfo. Hubo una consagración total del pueblo británico.

Esta era la clase de respuesta que Dios esperaba de su pueblo antes de darles la victoria, según Josué capítulo 5. Tuvieron que circuncidarse, celebrar la pascua, trabajar por su pan (no hubo más maná) y someterse al Jefe Supremo. (Versículos 2, 10, 12 y 14.)

88. CONQUISTA DEL EVEREST

Una de las muchas expediciones que se hicieron al monte Everest, en la cordillera del Himalaya, antes de su conquista en mayo de 1953, por un equipo de alpinistas ingleses, fracasó. Algunos murieron en el intento. De vuelta a Londres, el jefe de la expedición explicaba los problemas y las experiencias vividas. Detrás del estrado desde el que hablaba habían instalado una gran fotografía mural del famoso monte. El orador concluyó su explicación diciendo: "Los montes llegan a tener un tamaño y medida y ya no pueden crecer más, pero los hombres sí que podemos crecer y por esta razón estoy convencido de que el hombre vencerá el monte Everest." Y así sucedió.

Los problemas y desafíos son como los montes, llegan a una medida y ya no crecen más. El hombre sí que puede crecer y superar todos los problemas, si le dedica el tiempo y esfuerzo necesarios.

89. LA SABIDURIA ESTA EN SABER QUE

El músculo más importante que funciona sin la dirección de la mente es el corazón; aunque frecuentemente la lengua también funciona sin la dirección de la mente.

Una moneda de un centavo es capaz de taparnos la estrella más grande y luminosa del universo si la ponemos lo suficientemente cerca del ojo.

El verdadero choque hoy día no es entre derecha e izquierda, sino entre lo recto y lo torcido.

Pon de tu parte todo lo que puedas y el Señor hará el resto. El camino hacia la paz mundial es un camino que ninguna nación puede recorrer sola.

El largo promedio del brazo de un hombre es de 70 centímetros. La cintura promedio de una mujer mide 70 centímetros. No se pudo hacer más a propósito.

La persona más brillante no es la que es más rápida en ver a través de las cosas, sino la que es más rápida en ver una cosa terminada.

Ningún hombre es demasiado grande para ser amable y cortés, pero muchos son muy pequeños.

La cuestión no es siempre qué posición tenemos, sino en qué dirección vamos.

El hombre que sólo vive para hacer todo lo que le gusta, pronto queda esclavo de lo que le gusta.

El carácter no depende de la casa donde vivamos sino del que vive en la casa.

La mala fortuna no puede seguir persiguiéndonos si nosotros somos suficientemente tenaces.

90. COMO PIERDE EL SEÑOR SU PARTE

Una mamá dio a su hijo dos monedas un domingo por la mañana y le dijo que una era para la ofrenda en la escuela dominical y la otra era para que la gastase como más le agradara.

Cuando iba por la calle camino del templo, iba jugando con las monedas, tirándolas al aire y recogiéndolas. En una de tantas veces, se le cayó una de las monedas y empezó a rodar veloz. Aunque corrió tras ella no pudo evitar que cayera en una alcantarilla y se perdiera.

Se puso muy triste por un momento y de pronto se le iluminaron los ojos y dijo:

"Señor, lo siento mucho, pero se me ha extraviado tu moneda."

Y sin duda, el Señor pierde muchas de sus monedas de esta manera. Frecuentemente damos al Señor lo que nos sobra. Muchas de las monedas que le corresponden al Señor son usadas en infinidad de cosas que nos atraen y nos gustan. Y cuando tenemos las manos vacías, decimos como el niño: "Lo siento, Señor, es tu moneda la que se ha perdido."

91. EL DINERO SOLO NO DA FELICIDAD

A un hombre muy rico le preguntaron si era feliz. "No, no soy feliz", respondió, "me he pasado la mitad de la vida dando la mitad de lo que tenía a los médicos para que me mantuvieran lejos de la tumba y la otra mitad se la entregué a los abogados para que me mantuvieran lejos de la cárcel."

James E. Carter

92. UN POSADERO Y SU PERRO

Un posadero estaba muy molesto una noche por el continuo ladrar de su perro. Se levantó de la cama, regañó y castigó al animal y se volvió a la cama. A los pocos segundos el perro ladraba con mayor fuerza. Irritado y exasperado al máximo, el posadero se levantó otra vez y exclamó: "Paz y tranquilidad a cualquier precio." Agarró su escopeta y disparó sobre el perro silenciándolo para siempre.

"Ahora dormiré tranquilo", dijo a su mujer mientras se metía en la cama otra vez. Pero aquella paz le costó la vida.

Unos asesinos y ladrones estaban forzando la puerta del hotel; cuando lo lograron, entraron y mataron al matrimonio. El fiel animal había estado desesperadamente tratando de avisarles del peligro.

Muchas tragedias suceden en esta vida a hombres y mujeres porque no escuchan las voces que les avisan de peligros.

93. EL PODER DE LA PERSEVERANCIA

Cuando la Iglesia Young Nak fue establecida en 1946, con veintisiete refugiados norcoreanos, se reunía en una montaña en Seúl, Corea. Todo lo que tenían era una destartalada tienda de campaña. Un domingo, el peso de la nieve que se estaba derritiendo hundió la tienda. Todos los miembros de la iglesia eran terriblemente pobres, no tenían dinero. Pero, a pesar de ello, el joven pastor, el doctor Han, sugirió que necesitaban un edificio para la iglesia, lo cual parecía una imposibilidad.

Una señora de la congregación dijo que no tenía dinero, pero que estaba dispuesta a dar su anillo de matrimonio. Otra señora dijo que aparte de la ropa que llevaba puesta, su única posesión era una colcha que entregaría al fondo de la iglesia. Ella domiría cuando otra mujer que vivía con ella se despertase y utilizaría la colcha de esa otra mujer.

Una tercera mujer dijo que todo lo que tenía era una cuchara y un cuenco para el arroz, y eso fue lo que dio. Tomaría prestada la cuchara y el cuenco de su amiga.

El dinero comenzó a llegar.

Entonces empezó la edificación de un magnífico templo para la iglesia. En 1950 llegaron los comunistas del norte y empujaron a los surcoreanos casi hasta el mar. Transcurrieron casi cuatro años antes de que los miembros de la iglesia del doctor Han pudieran regresar a Seúl para adorar en aquel edificio, que durante la guerra los comunistas habían convertido en un depósito de municiones.

Justamente cuando las fuerzas de las Naciones Unidas hicieron retroceder a los comunistas, un anciano de la Iglesia Young Nak, fue al edificio para examinar su estado. Había comunistas escondidos en su interior y le dijeron que le iban a matar. Antes de dispararle le concedieron su petición de dedicar un momento a la oración. Si visita usted la Iglesia Presbiteriana Young Nak en Seúl hoy, verá usted una sepultura justo a la derecha de su puerta principal. Es el lugar donde enterraron al primer mártir de esa iglesia.

Los contratiempos, los dasalientos, el martirio y las oposiciones son todos ellos imposibilidades que tuvieron que afontar los miembros de la Iglesia Young Nak; pero, a pesar de ello, su persistencia, que tiene su origen en la fe en Dios, les hizo seguir adelante. En la actualidad esa es la iglesia presbiteriana más grande del mundo.

John Haggai

94. LOS OBSTACULOS SON OPORTUNIDADES

Frecuentemente sucede que las oportunidades se disfrazan astutamente y aparecen como problemas insuperables.

En los años 70 Lee Iaccocca era el presidente dinámico y afortunado de la compañía Ford Motor Company. Había creado el Mustang, un automóvil que logró vender más en un solo año que ningún otro en toda la historia del automóvil. Había conseguido que la Ford obtuviese una ganancia de 1.800 millones de dólares dos años seguidos. Pero en 1978, Henry Ford despidió a Lee Iaccocca.

Poco menos de cuatro meses después, Iaccocca se convirtió en presidente de la Chrysler, una compañía automovilística que acababa de anunciar una pérdida en el tercer trimestre, por un total de 160 millones de dólares, la peor pérdida que había tenido jamás. Iaccocca se encontró con que la Chrysler no había sido bien dirigida y que cada uno de los treinta y un vicepresidentes trabajaba por su propia cuenta en lugar de trabajar unidos. La escasez de petróleo en 1979 complicó las cosas y los problemas de la Chrysler, debido a que el precio de la gasolina era casi el doble, descendió considerablemente la venta de los coches grandes. En 1980 Chrysler perdió 1.700 millones de dólares, la más grande pérdida en operaciones de la historia de las corporaciones en los Estados Unidos.

Pero Iaccocca estaba convirtiendo sus obstáculos en oportunidades. Le habían despedido y ahora actuaba como presidente de una compañía que la mayoría de las personas consideraban que acabaría en la bancarrota; pero sin estos obstáculos, Lee Iaccocca no hubiera tenido nunca la oportunidad de demostrar de lo que era capaz. Se propuso no darse por vencido, y las concesiones de la Unión, el perfeccionar las operaciones de la Chrysler y el desarrollo de nuevos productos, fueron todos ellos factores que ayudaron a que la Chrysler se recuperase.

En 1982, Chrysler logró obtener una modesta ganancia. En 1983, obtuvo la más grande ganancia de toda su historia. En julio de ese año, Chrysler logró pagar el préstamo, que había dado pie a tantas controversias, que le había hecho el gobierno, con siete años de adelanto sobre el plazo fijado para acabar de pagarla. Las acciones de la Chrysler ascendieron de dos dólares a treinta y seis cada una. Sus inversionistas lograron hacer dinero y recuperaron la confianza en la compañía. El lema que utilizó la Chrysler como desafío llegó a conocerlo toda la nación: "Si puede usted encontrar un automóvil mejor construido, ¡cómprelo!" Lee Iaccocca se convirtió en uno de los dirigentes de la corporación más respetados en los Estados Unidos y cuando se publicó su autobiografía en 1984, logró batir todos los récords de ventas.

Estas oportunidades no se le habrían presentado a Lee Iaccocca si no le hubiesen despedido y no se hubiese tenido que enfrentar con una serie de obstáculos en la Ford y el encontrarse con una situación próxima a la bancarrota en Chrysler. El encontró en estos obstáculos precisamente sus más grandes oportunidades.

John Haggai

95. LA FE
Hebreos 12:1, 2

Cuando mi esposa aprendió a manejar el automóvil y consiguió su licencia, fue un gran alivio para mí porque así los viajes largos por carretera resultaban más cómodos y descansados.

Pero al principio de manejar ella el automóvil por calles y carreteras con intenso tráfico, yo iba sentado a su lado con un gran susto metido en el cuerpo. Iba con los ojos muy abiertos, fijos en la carretera y en el tráfico, agarrado fuertemente al asiento y con el cinturón de seguridad puesto. Temía que sucediera el accidente y la desgracia de un momento a otro. Nunca, al principio, logré pegar un ojo cuando ella manejaba. Verdaderamente tenía muy poca fe en mi mujer como conductora.

Poco a poco ella demostró su propia prudencia y pericia. Yo me fui relajando, al punto de que cuando ella ahora maneja yo sencillamente me duermo y viajo con la paz y la seguridad que vienen al creer en una persona.

Eso es la fe, poder viajar por la vida con espíritu feliz y lleno de paz confiando plenamente en el piloto que maneja el volante, Cristo Jesús.

96. LO QUE SIGNIFICA RENDIRSE A JESUS

Un misionero que predicaba el evangelio entre las tribus de los pieles rojas norteamericanos, se encontró un día anunciando el evangelio en un campamento indio.

En un determinado momento, el jefe de la tribu se levantó y parándose delante del misionero, le dijo:

—Misionero, jefe indio entrega su hacha de guerra a Jesucristo.

El misionero continuó su exposición del evangelio sin hacerle, aparentemente, caso al jefe indio.

El cacique indio se levantó otra vez y dirigiéndose al misionero, le dijo:

—Misionero, jefe indio entrega su cobija a Jesucristo —y la puso a los pies del misionero.

El misionero prosiguió como anteriormente.

El piel roja, se levantó la tercera vez y dijo al misionero:

—Misionero, jefe indio entrega su caballo a Jesucristo.

Aquellas tres cosas: hacha, cobija y caballo eran todo lo que tenía.

Pero el misionero continuó sin, al parecer, hacerle caso.

Por fin, el jefe indio se levantó por cuarta vez y dijo:

—Jefe indio se entrega a sí mismo a Jesucristo.

Esta es la salvación. No podemos comprar o negociar un lugar en el cielo. Sólo darnos en fe y confianza a Jesús.

97. MAS VALE GASTAR EN LO MEJOR

Una mujer se quejaba de que criar y educar a su hijo representaba un gasto tremendo. "Come como una lima; rompe zapatos, camisas y pantalones sin saber cómo. Sólo vivo para comprarle comida, ropas y materiales para la escuela."

A los once años el niño enfermó y murió. Al fallecer el niño, murió el motivo que a ella le daba una razón para vivir y luchar, y ella también falleció

Todo lo que está vivo y crece, cuesta. Lo que está enfermo cuesta más. Lo que está muerto ya no cuesta nada. Pero tampoco inspira ni mueve a los demás. Así también con la iglesia. Más vale gastarse el dinero en ropas nuevas porque las personas crecen, que emplearlo en medicinas porque están enfermas.

98. MAYORDOMIA

Dos creyentes muy ricos; abogado uno y hombre de negocios el otro, hicieron un viaje alrededor del mundo. En Corea visitaron un templo donde el pastor les servía de intérprete y guía. Pasaron por un campo donde vieron a un padre y su hijo arando. El hijo joven y fuerte tiraba del arado y el padre lo guiaba.

Los visitantes quedaron sorprendidos y sacaron la conclusión de que eran muy pobres.

—Sí, lo son —fue la respuesta—, son miembros de la iglesia. Quisieron participar con su ofrenda en la construcción del templo. Vendieron su único buey y entregaron el dinero como ofrenda. Esta primavera tienen que tirar ellos del arado.

Los visitantes, impresionados, respondieron:

—Esto sí que es un real sacrificio.

—Ellos no lo llaman así —les explicó el pastor—. Ellos se sintieron privilegiados por tener un buey que vender y ofrendarlo al Señor.

Los dos viajeros no dijeron nada.

Al volver a su ciudad, contaron la experiencia a su iglesia y pastor. Uno de ellos confesó: "Nunca hice nada ni dí nada que realmente me costara. Siempre ofrendé de lo que me sobraba. Tuve que ir a Corea para aprenderlo." El rey David nos habla de esto en 2 Samuel 24:18-24.

99. GRANDES POSIBILIDADES QUEMADAS EN PEQUEÑAS METAS

Hace algunos años, los periódicos dieron la noticia de trescientas ballenas que habían muerto.

Las ballenas iban persiguiendo sardinas cuando se encontraron atrapadas en las aguas poco profundas de una bahía y consecuentemente murieron. Un comentarista lo expresó así en su periódico: "Las pequeñas sardinas sirvieron de señuelo para llevar a la muerte a los gigantes. Cayeron en la trampa de perseguir hasta el final y enfocar sus poderosos recursos en metas insignificantes."

Muchas iglesias corren el mismo riesgo. Ponen mucha energía en pequeñas metas; no dan la importancia y la prioridad a lo que corresponde.

100. LOS EFECTOS DE LA MURMURACION

A los primitivos cristianos se les acusó falsamente de muchas cosas: De canibalismo por las palabras que empleaban al celebrar la cena del Señor. De inmoralidad por el compañerismo entre todos los creyentes (hombres y mujeres) que reinaba en sus reuniones y por el ósculo santo con que se saludaban unos a otros. De incendiarios cuando Nerón, en su locura, prendió fuego a Roma. Y así de otras cosas. Muchos creyeron estos falsos rumores y se comportaron negativamente con los cristianos por los efectos de estas murmuraciones.

¿No es verdad que alguna vez tu opinión de alguien se ha visto afectada por lo que te han dicho en voz baja de aquella persona?

Desgraciadamente es así, sin pararnos a pensar mucho ni verificar la verdad o mentira de lo contado, hemos creído lo que nos han dicho y nuestra relación con aquella persona cambió.

101. EL SEÑOR CUENTA CON NOSOTROS

Una vieja leyenda dice que cuando el Señor ascendió a los cielos,

los ángeles le dieron la bienvenida. Le adoraron y alabaron por la obra de redención realizada.

El arcángel Gabriel, preocupado, se le acercó y le preguntó:

—Señor, ¿qué planes tienes para lograr que todos en la tierra conozcan la obra redentora que has realizado?

El Señor respondió:

—Reuní a un grupo de hombres: Pedro, Juan, Andrés, Mateo, Bartolomé y los demás, y durante tres años estuve compartiendo con ellos, instruyéndoles y pidiéndoles que fueran en mi nombre por todo el mundo anunciando las buenas nuevas de salvación.

Sin estar todavía del todo tranquilo, Gabriel insistió preguntando:

—Y, Señor, si los hombres fallan, ¿tienes algún otro plan para remediar sus fracasos o deserciones?

Jesucristo respondió:

—No, no tengo ningún otro plan. Sólo aquellos que me conocen personalmente y me reciben como Salvador y Señor pueden hacer la tarea. Sólo tengo a Pedro, Juan, Santiago y los demás.

Esta leyenda nos enseña que el Señor confía y cuenta con nosotros. Somos sus pies, manos y boca.

102. APRENDAMOS A RECONOCER LAS OPORTUNIDADES

José fue el hijo favorito de Jacob. Era un muchacho soñador, pero sus sueños enfurecían a sus once hermanos que le tenían envidia, le criticaban y le maltrataban. Un día le vendieron como esclavo a unos mercaderes madianitas, que le llevaron a Egipto donde se convirtió en esclavo de Potifar, oficial de la corte. Entre tanto, los hermanos mancharon la túnica de José con la sangre de un cabrito y le dieron a entender a Jacob que su hijo José había muerto, devorado por animales salvajes.

En Egipto, José fue a parar a la cárcel. Había huido de la mujer de Potifar cuando ella había intentado seducirle y, enfurecida porque él no le hizo ningún caso, ya que no estaba dispuesto a pecar con ella, la esposa de Potifar le acusó de burlarse de ella y de atacarla. José se encontraba, pues, en una cárcel en un país extraño. Los problemas con los que se encontraba parecían insuperables pero Dios los convirtió en sus más grandiosas oportunidades.

José fue llevado ante la presencia de Faraón e interpretó sus sueños. Como resultado de su fidelidad y discernimiento, Faraón le nombró segundo señor del reino de Egipto. José fue un dirigente que ejerció una profunda influencia y tuvo gran poder.

El significado de la oportunidad de José se ve claramente cuando sus hermanos vinieron a él años después, cuando hubo hambre en la tierra. No sabían quién era, por supuesto, y José les puso a prueba durante un tiempo antes de revelarles su identidad. Les dijo entonces, con todo cariño y perdón: "Ahora, pues, no os entristezcáis, ni os pese de haberme vendido acá; porque para preservación de vida me envió Dios delante de vosotros... para preservaros posteridad sobre la tierra y para daros vida por medio de gran liberación (Gn. 45:5, 7.)

El principio de la oportunidad nos hace ver que la vida es una serie de obstáculos y precisamente estos obstáculos nos abren las puertas a las más grandes oportunidades si nos disciplinamos a nosotros mismos para saber reconocer las oportunidades por todas partes.

John Haggai

103. ¿QUIEN GOBIERNA TU VIDA?

Durante la Segunda Guerra Mundial, los aviones norteamericanos que estaban estacionados en Africa del Norte, eran enviados con frecuencia en misiones de bombardeos sobre los objetivos enemigos que había en el sur de Europa. En una de estas incursiones, cierto avión se encontró con una barrera antiaérea tremenda y regresó a su base perforado como un cedazo. Al piloto le parecía un milagro el haber podido regresar y, según se informa, declaró: "Dios era mi copiloto." Alguien tomó esta frase llamativa y la entretejió en una canción popular.

"Dios es mi copiloto." ¡Cuán piadoso suena! Pero, ¿lo es en realidad? ¿Quién es mi copiloto? ¡El segundo en mando! Como un neumático de auxilio, un copiloto es un personaje muy cómodo para tenerlo a mano en casos de emergencia. Pero el piloto es el que manda. Y así es, precisamente, como muchos cristianos están tratando a Dios. Quieren que él sea su copiloto. Quieren retener el control de sus vidas, pero al mismo tiempo desean que Dios esté cerca en caso de que tengan problemas. Pero si nosotros queremos experimentar la plenitud de las bendiciones de Dios debemos rendirnos completamente a su dominio. La voluntad de Dios para nosotros es buena, agradable y perfecta. Pero nunca descubrimos esto sino hasta que primeramente nos hayamos ofrecido a él en sacrificio vivo (Rom. 12:1, 2).

¿Lo harás ahora? Con la cabeza inclinada y de lo más profundo de tu corazón di:

Haz lo que quieras, de mí Señor;
Tú el Alfarero, yo el barro soy;
Dócil y humilde anhelo ser;
Cúmplase siempre en mí tu querer.

James Crane

104. ¿TERMOMETRO O TERMOSTATO?

Se dice que hay dos clases de personas: Termómetros y termostatos. La persona que es como un termómetro registra la temperatura del ambiente, de manera que sube y baja como un yo-yo, reaccionando según lo que suceda a su alrededor. Por otro lado, el termostato es la persona que regula la temperatura de su ambiente. Cuando esta personalidad radiante, manifestando la fortaleza de Dios entra en una habitación es como si se encendiesen cien luces. Los cristianos están llamados a ser termostatos.

105. EL QUINTO EVANGELIO

Se dice que existen cinco Evangelios: Los de Mateo, Marcos, Lucas y Juan y el de San Yo. El evangelio según San Yo está compuesto de todas las afirmaciones de Jesús que me gustan y me interesan, y excluye todas aquellas que no me interesan.

Las partes del evangelio que me gustan las puedo recitar de memoria y las que no me gustan las olvido siempre. Por ejemplo: Me gusta y me interesa cuando Jesús dice: "Venid a mí todos los que estáis trabajados y cargados, yo os haré descansar." Pero me olvido por completo de lo que sigue: "Llevad mi yugo sobre vosotros, y aprended de mí..." Me gusta mucho y me interesa cuando Jesús dice: "He venido para que tengan vida y vida en abundancia", pero me olvido siempre de: "Si me amáis, guardad mis mandamientos." Y así podríamos citar cien ejemplos más.

El evangelio según San Yo es el evagelio del egoísmo, del interés personal, de tomar lo que me conviene y rechazar lo que me comprometa. ¡Cuántos hay que sólo creen y viven conforme a este evangelio!

106. EL PUNTO DE NO RETORNO

Los aviones, en los grandes viajes transoceánicos, llegan en su curso al llamado "punto de no retorno". Esto significa que en caso de avería u otra circunstancia grave, ya no tienen la opción de volver a su punto de partida porque ya no les queda suficiente combustible para volver; necesariamente tienen que seguir adelante hasta el aeropuerto más cercano.

Así sucede muchas veces en las vidas de los hombres.

Llegamos en alguna situación al "punto de no retorno", y sólo nos queda la posibilidad de seguir adelante. Para Cristo Jesús este "punto de no retorno" estuvo en Getsemaní cuando oró diciendo: "...no como yo quiero, sino como tú." Después de este momento, Cristo ya no podía volverse atrás, pues era el Salvador o no era nada.

El punto de "no retorno" es ese momento crítico en la vida en que tenemos que tomar decisiones importantes y que después de tomarlas todo va a ser distinto.

107. LA TELEVISION Y SUS EFECTOS

Nuestro problema con la televisión es que hemos cambiado las grandes emociones del mundo real por la falsedad, superficialidad y emoción temporales de lo irreal. El mejor ejemplo de esto fue durante la época del programa espacial Gemini, cuando hubo un momento en el que dos de los astronautas estuvieron en el riesgo de no volver a la tierra. La televisión transmitió un boletín informativo acerca de esta seria dificultad. Hubo telespectadores que llamaron a las estaciones de televisión quejándose de que habían interrumpido su programa preferido con noticias acerca de astronautas en peligro. El programa ficción que estaban contemplando se llamaba *Perdidos en el espacio*. Estaban más interesados en la dramatización de una emergencia que no era real, que en ver las emergencias reales.

En la Galería Nacional de Arte de Washington hay grandes obras de arte de valor incalculable. Son de esa clase imposible de repetir.

También hay allí un establecimiento de venta de obsequios donde usted puede comprar por poco dinero reproducciones en varios tamaños de las grandes obras originales. La pregunta es: ¿Cuáles tienen mayor valor, los originales o las imitaciones baratas? La televisión es una imitación barata de la vida, de la realidad; y frecuentemente nos prestamos al cambio porque no nos damos cuenta del valor de lo que abandonamos par aferrarnos a una ficción.

Cal Thomas

108. EL COSTO DEL DISCIPULADO
Lucas 14:25-33

Se cuenta que cuando Roberto F. Scott, el famoso explorador británico que llevó a cabo dos expediciones a la Antártida entre los años 1901-1912, estaba preparando su segundo viaje, recibió muchas cartas de admiradores que deseaban compartir el viaje con él.

Roberto Scott les respondió a todos linvitándoles a ir con él, pero hablándoles con cruda franqueza de las durezas y riesgos de un viaje a la Antártida. Les decía al final que "bien podría suceder que nunca volvieran". Cuando aquellos románticos aventureros recibieron esta respuesta sincera y realista de Scott se les acabaron las ganas de ir al Polo Sur.

Scott estaba diciéndoles la pura verdad, sin exageraciones. Porque él nunca volvió a su patria. Murió en el viaje de regreso a la base, quedando enterrado para siempre en los hielos eternos del Polo Sur.

Cristo Jesús fue también siempre honesto con sus seguidores y les dijo: "Si alguno quiere venir en pos de mí, niéguese a sí mismo, y tome su cruz, y sígame" (Mat. 16:24).

109. LOS PACIFICADORES

El 26 de noviembre de 1977, dos minutos antes de las ocho de la noche, un avión comercial Boeing 707, egipcio, tomaba tierra en el aeropuerto Ben Gurión de Tel Aviv, en Israel. Era el comienzo de la histórica visita del presidente de Egipto, Anwar al-Sadat, a Jerusalén.

Al periodista de la revista Time que le entrevistó, le anunció: "Lo que quiero de esta visita es que sea derribada la muralla que hemos creado entre Israel y nosotros, la muralla sicológica que nos separa."

Sadat fue llamado y reconocido como un pacificador por los líderes mundiales. ¿Por qué? Porque tomó la iniciativa en derribar murallas que separaban a los dos pueblos desde hacía 3.500 años.

El apóstol Pablo, hablando acerca de Jesucristo, le presenta como el Príncipe de paz (Ef. 2:14 y 2:12), el que quita las barreras entre el hombre y Dios y entre hombre y hombre. Además, nos da a nosotros el ministerio de la reconciliación (2 Cor. 5:18-20).

110. GUIADOS POR EL ESPIRITU

Cuando viajamos por avión, vamos a miles de metros de altura, y no vemos nada porque todo está cubierto por un amplio manto de nubes, de pronto el piloto nos habla y nos dice que estamos a cincuenta kilómetros de nuestro punto de destino y que llegaremos allí exactamente a las 4:15 de la tarde. ¿Cómo sabe dónde estamos y mucho menos cuándo aterrizaremos en nuestra ciudad? La respuesta está en el equipo electrónico instalado en el morro del avión. Aquello no es obra de imaginación, sino auténtica dirección.

El hombre precisa siempre de orientación y para lograrlo se sirve de mapas, brújulas y equipo electrónico. Sin esas herramientas estaría perdido. Lo mismo que necesitamos guía física, también precisamos de guía espiritual. Dios nos provee de dirección espiritual. El creyente nunca está sin liderazgo competente. El Señor dirigió a su pueblo por el desierto de día y de noche. Así también con nosotros.

111. DEPRESION

Karl Menninger, el famoso siquiatra norteamericano, pronunció una vez una conferencia sobre salud mental, seguidamente contestó preguntas que los participantes le hicieron.

Un señor le preguntó:

—¿Qué recomendaría usted a una persona que siente que la depresión le está invadiendo?

Muchos supusieron que les iba a decir que tal persona consultara a un siquiatra, pero su respuesta, para su sorpresa, fue:

—Que salga de su casa, cierre la puerta, busque a alguien en necesidad y le ayude.

Y es que el amor y el servicio a otros es medicina para muchos de nuestros males.

Joe Trull

112. TRIVIALIDADES

Cuando la Revolución Rusa estaba en todo su apogeo, sucedió un incidente bien aleccionador. Cuando la ola revolucionaria invadía todo el país, algunos clérigos rusos se reunieron para discutir el asunto que más les preocupaba en aquellos días: ¡Determinar el número y el lugar de los botones de sus túnicas clericales!

En muchas iglesias la preocupación mayor puede estar centrada alrededor de muchas cosas triviales. Tales como si tomamos la cena del Señor en vasos individuales o en una copa única. Si leemos la Biblia sentados o de pie. Y otras más triviales aún.

En su visita al hogar de Marta y María, Jesucristo enseñó que se pusiera el énfasis en las cosas principales y no en las secundarias. Las cosas secundarias también tienen su lugar en la vida, pero deben esperar su turno.

113. INDIFERENCIA

¿Has tenido callos alguna vez en las manos? Si los has tenido, bien sabes que en ellos no existe sensibilidad. Es piel endurecida, muerta. Los callos son algo que se desarrolló, no salen ni crecen así por las buenas.

Un corazón encallecido tampoco lo es así como por arte de magia. Nosotros permitimos que nuestro corazón quede encallecido, endurecido, cuando no tenemos el debido cuidado de nuestra vida espiritual.

Debemos prestar atención a las palabras del autor de la epístola a los Hebreos cuando dice: "Si oyéreis hoy su voz, no endurezcáis vuestros corazones" (Heb. 3:8).

114. CONVERSION

Lee Wallace, nacido en 1827 en Brookville, Indiana, fue un

aventurero, soldado, abogado, diplomático y autor. Su padre fue gobernador de su estado en 1837. Wallace luchó en la guerra entre Estados Unidos y México y llegó a ser un distinguido general durante la guerra civil norteamericana. Fue gobernador de New Mexico y embajador de su país en Turquía. Wallace es conocido en el mundo entero por su novela *Ben-Hur,* escrita en 1880.

En un largo viaje en tren en 1876, tuvo una imprevista conversación con el renombrado ateo de sus días Robert G. Ingersoll. Wallace no era un creyente en Cristo en ese tiempo. Según confesó después, se apeó del tren y caminó hacia la casa de su hermano, estando en "una completa confusión mental" en relación con Cristo y la Biblia.

Más tarde escribió: "Escribir todas mis reflexiones requerirá muchas páginas. Diré que decidí estudiar el asunto. Como consecuencia, sucedieron dos cosas: Primera, me puse a escribir el libro Ben-Hur, segunda brotó en mí una profunda fe en Dios y la convicción de la divinidad de Jesucristo."

115. LAS ACTITUDES

Norman Consins, un investigador de la Universidad de los Angeles, California, dedicado a las investigaciones cerebrales, ha estudiado a fondo el efecto sobre el cerebro de las emociones positivas tales como el amor, la fe y la esperanza.

El señor Consins señaló en un programa de televisión que hoy conocemos muy bien la manera en que ciertas emociones afectan negativamente el cuerpo, los llamados efectos sicosomáticos. También conocemos cómo las emociones de signo positivo descargan elementos químicos, como la endorphrine, en el cerebro que lo afectan positivamente.

"Las personas no saben cómo tratar el dolor", agregaba el señor Consins, "lo primero que se les ocurre es tomar un calmante. Debemos darnos cuenta de que el mejor tratamiento para las dificultades físicas y emocionales, es tener mejores actitudes. Las emociones positivamente desarrolladas descargan en nuestro organismo elementos químicos positivos que tienen cualidades milagrosas." Las Sagradas Escrituras ya nos lo dicen desde hace muchos años: "El corazón alegre constituye buen remedio; mas el espíritu triste seca los huesos" (Prov. 17:22).

Joe Trull

116. DESALIENTO

Se anunció que el diablo se retiraba de sus negocios y que ponía en venta todas sus herramientas. El día de la liquidación todas estaban atractivamente expuestas: Malicia, odio, envidia, celos, sensualidad, engaño, entre otras muchas. Cada una estaba marcada con su precio.

En un lugar predominante lucía una herramienta cuidadosamente preparada y exhibida. Su precio era el más elevado.

—¿Cuál es aquella herramienta? —le preguntaron.

El desaliento.

—¿Por qué la valora tanto?

—Porque es la más útil que tengo —replicó el diablo—. Puedo hacer que entre en una persona y afectarle profundamente cuando ninguna otra herramienta me daría resultado, porque no encontraría la puerta abierta.

Joe Trull

117. LO NUEVO Y LO VIEJO

Un prominente clérigo norteamericano dio varias razones para oponerse a los nuevos estilos de música religiosa que invadían a las iglesias. Decía: "Es moderna y frecuentemente mundana y blasfema. Tampoco es tan agradable como la que lleva establecida tantos años. Debido a que son tantos los himnos nuevos es imposible aprenderlos todos. Además, ponen demasiado énfasis en el uso de instrumentos de cuerda y aire. Esta nueva música perturba, llevando a las personas a la indecencia y al desorden. Las pasadas generaciones vivieron muy bien sin ellas. Sus autores sólo están interesados en el dinero."

Estas observaciones suenan familiares en el día de hoy, parecen salidas de la boca de cualquier crítico actual de la música religiosa moderna. Pero dichos comentarios fueron escritos en 1723, por un destacado ministro que se oponía a la introducción en la iglesia del nuevo y amenazante estilo musical.

Venía motivado porque algunos años antes, un joven de veinte años, que era miembro de una iglesia evangélica en Southampton, Inglaterra, estaba aburrido de la manera tan deplorable con que cantaban los hermanos de su congregación. Un día, después del servicio, se quejó a su padre de la triste impresión que le producía el canto congregacional. Su padre le respondió vivamente que "en vez de criticar, les ofreciera él algo mejor".

Aceptó el desafío y el domingo siguiente apareció con el fruto de su primer esfuerzo y así continuó durante muchos domingos, creando himnos que conservan su belleza, lozanía, inspiración y vigor hasta el día de hoy.

Sus composiciones fueron muy bien recibidas y en 1707 publicó su primer himnario en inglés. Desde entonces es conocido como el padre de la moderna himnología evangélica, y que aún prevalece en la mayoría de las iglesias evangélicas. Estamos hablando de Isaac Watts.

No debemos estar ansiosos por las cosas nuevas, al igual que los atenienses contemporáneos de Pablo que sólo estaban interesados en cosas nuevas, pero tampoco debemos rechazar lo nuevo así por así. Ni aceptarlo a pie juntillas, ni rechazarlo sin pensar, sino siguiendo el consejo de Pablo: "Examinadlo todo, retened lo bueno."

118. REVERENCIA Y FAMILIARIDAD

Hubo un tiempo en China, cuando los emperadores ejercían su tiránico gobierno, que cuando los súbditos tenían que comparecer ante el tribunal del emperador en Pekín, la ciudad prohibida, hasta los más fuertes temblaban. A todos se les requería cumplir sin falta una serie de reverencias y genuflexiones complicadísimas. La más ligera violación podía acarrearles la pena de muerte. Mirar al emperador estaba prohibido. Hablar de manera viva y enérgica era fatal. Cuando los oficiales recibían una citación para comparecer ante el emperador, frecuentemente se despedían de sus familias, pues consideraban mínimas las posibilidades de sobrevivir a una audiencia real.

Qué diferente es la situación del hijo de Dios, que es invitado a acudir libremente ante el trono de su Rey "para alcanzar misericordia y hallar gracia para el oportuno socorro" (Heb. 4:16). Sin embargo, corremos el riesgo de abusar del privilegio de estar en su preencia. El autor de Hebreos al recordarnos que "sirvamos a Dios agradándole con temor y reverencia; porque nuestro Dios es fuego consumidor"

(Heb. 12:28, 29), nos ayuda a conservar el equilibrio entre la familiaridad y la reverencia.

119. EL DOMINIO PROPIO

Dawson Trotman fue la personificación del dominio propio en su vida de oración, en su estudio de la Biblia, y en poner a los demás antes que a sí mismo hasta un punto que yo jamás había visto en mi vida. Después de pasar mucho tiempo con Dios, tomó las promesas de Dios muy en serio y actuó conforme a ellas. Me desafiaba constantemente. Era un dirigente cuyo liderazgo aún ejerce una especial influencia alrededor de todo el mundo.

Trotman era un hombre brillante, artístico, y tenía el don de la palabra, pero enfatizaba la importancia de la absoluta entrega al Señor Jesucristo y a la Biblia. Era un exhortador. No hay ningún exhortador al que se le responda con neutralidad. Las personas, o bien le quieren o le odian. A lo largo de los años Trotman sufrió algunos ataques viciosos que afectaron su vida y su ministerio, pero siguió adelante, confiando plenamente en la promesa: "Mucha paz tienen los que aman tu ley, y no hay para ellos tropiezo" (Sal. 119:165).

En 1956, Trotman se encontraba en Schroon Lake, Nueva York. Una niña se estaba ahogando y se lanzó al agua, salvando a la niña, pero le costó la vida. Se ahogó siendo muy joven, dejando tras sí una organización que en la actualidad atiende de manera poderosa a más de cincuenta países con un personal que excede a las 2.500 personas.

Uno de los más importantes principios del liderazgo efectivo es, sin duda, el del dominio propio. Comience hoy mismo a ejercer dicho control en su vida.

John Haggai

120. LA RAIZ DE TODOS LOS MALES

Una vez un niño visitaba a su abuelita y en el cuarto de estar vio una botella muy linda de cuello ancho con una moneda dentro. La abuelita le dijo que no jugara en aquel cuarto porque tenía allí muchos recuerdos y cosas de valor y no quería que se rompieran. El niño obediente se fue al jardín a jugar.

Sin embargo, aunque estaba afuera, él siguió pensando en la botella y en la moneda que estaba dentro. Cuanto más pensaba en ello, más lo deseaba. No pudiendo resistir la tentación volvió al cuarto, aunque sabía que aquello era desobedecer a su abuelita. El niño metió la mano y al tocar la moneda con sus dedos tuvo gran placer. Agarró la moneda y quiso sacar la mano, pero no pudo. Se asustó y llamó a su abuelita. Esta también se asustó, pues no quería perjudicar al niño pero tampoco deseaba perder la botella. Probaron con todo pero nada pudieron hacer para sacar la mano del niño de dentro de la botella.

Por fin, decidieron llamar a un vecino, hombre inteligente y sabio que casi siempre tenía solución para todo. El hombre pronto se dio cuenta de cuál era el problema. Le pidió al niño que abriera la mano y soltara la moneda.

El niño llorando, confesó su desobediencia y explicó cómo había vuelto al cuarto para hacerse de la moneda, que ahora tenía encerrada en su mano.

El vecino le dijo: "En cuanto sueltes la moneda podrás sacar la mano." Y así sucedió, al abrir la mano ésta se hizo más pequeña y pudo sacarla.

El niño no había querido abrir la mano antes por esa mezcla de temor, vergüenza y de ambición por poseer las cosas que a veces nos dominan a los seres humanos. El niño pensó que él tenía la moneda, pero no se dio cuenta de que la moneda lo tenía a él.

Dios nos enseña en 1 Timoteo 5:10: "El amor al dinero es la raíz de todos los males." El dinero no es malo, es el amor al dinero lo es malo. Algunos lo ambicionan tanto que están dispuestos a hacer cualquier cosa por conseguirlo. Roban, matan, difaman a otros; cuando esto sucede, significa que están ellos atrapados por el amor al dinero.

121. EL AMIGO LO ES EN TODO TIEMPO

Cuando yo era niño, mi papá me contaba muchos cuentos y algunos de los que más me gustaban eran las fábulas de Esopo, escritor griego que vivió hace más de 2.500 años. Cuenta Esopo que una vez dos hombres iban por un camino atravesando un bosque, cuando de pronto apareció un enorme oso en medio del camino. Uno de los hombres echó a correr y tuvo tiempo para subirse a un árbol. El otro no pudo escapar; se tiró al suelo boca abajo y se estuvo muy quieto. El enorme oso se acercó y le olió por todas partes; cuando le olía cerca de la oreja dio un gran resoplido, pero aunque le hizo cosquillas, el hombre no se movió. Al poquito rato, el oso se marchó sin dañar en nada al asustado viajero que permanecía inmóvil en el suelo.

Al parecer, el oso no devoró al hombre porque en general a los osos no les gusta la carne muerta. Tan pronto como el oso se marchó, el compañero, que se refugió en un árbol, bajó y preguntó:

—¿Qué te dijo el oso cuando te habló a la oreja?

—Me dijo, —respondió el otro todavía pálido por el susto— que nunca confíe en un amigo que te abandona en tiempo de necesidad.

Esto es sólo un cuento, nunca ocurrió, pero si vamos a ser amigos tenemos que serlo siempre, en los días buenos y también en los malos, pues un amigo es siempre leal y fiel en la amistad. (1 Samuel 18:1 y 2 Samuel 1:26.) Cristo es el modelo de amistad, pues dio el ejemplo supremo al dar su vida por nosotros.

122. DAR ES MEJOR QUE RECIBIR

Bien sabemos, en el fondo de nuestros corazones, que no es lo que otros hacen por nosotros, sino lo que nosotros hacemos por otros, lo que verdaderamente cuenta y nos hace felices. Pero en nuestro egoísmo e inmadurez estamos pensando más en lo que recibimos que en lo que podemos dar a otros.

Moisés tenía un cuñado, ¿lo sabías? Aparece en la Biblia en Números 10:29-32. Moisés le invitó a ir con ellos: "Ven con nosotros, te haremos bien", le dijo. Aquello era un ofrecimiento generoso, pues Canaán era una tierra fértil, rica en árboles, ríos y lagos, en comparación con Madián que era puro desierto. Pero Hobab, ese era su nombre, no quiso, rechazó la oferta. Aquello no le tentó. Esto entristeció a Moisés, pues él amaba a su cuñado y deseaba su compañía. De nuevo le hizo otra oferta: "Te ruego que no nos dejes, tú conoces el camino y sabes dónde debemos acampar, tú nos serás como nuestros ojos." Esto sí que le convenció y decidió acompañarles. No le convenció lo que podían darle, sino lo que él podía hacer por los demás. Hobab conoció lo que Jesucristo más tarde confirmó: "Más bienaventurada cosa es dar que recibir." El apóstol Pablo nos dice en Gálatas 5:13: "Servíos por amor los unos a los otros…"

123. EL VALOR DE LA UNIDAD

Uno de los lemas cuya aplicación ha hecho grande a los Estados Unidos de Norteamérica es: "Unidos permanecemos, divididos perecemos." A este respecto, Esopo, el gran fabulista griego, cuenta de cuatro toros que una vez fueron atacados por un león. Cada vez que el rey de la selva les atacaba, los toros pegaban las colas unos con otros y el león siempre se encontraba con los cuernos de los cuatro toros, cosa que le hacía dudar de la victoria.

Un día, el león empezó a hablar a uno de los toros diciéndole que los demás hablaban y pensaban mal de él, que si quería, con su ayuda se podía vengar de los demás. Aquello logró crear discusiones, rencillas y divisiones entre los cuatro toros. De manera que poco a poco se fueron distanciando y separando. Al dividirlos, el león los fue venciendo uno a uno y a todos los devoró.

Cuántas veces el diablo consigue eso mismo en las iglesias del Señor.

Cuando todos están unidos en amor, nada logra destruirlos; cuando la maledicencia se intoroduce, poco a poco los separa y los destruye, y el diablo queda vencedor.

124. LOS TALENTOS HAY QUE USARLOS A TIEMPO

Una oca puso huevos y diligentemente se dedicó a incubarlos. Otra también los puso, pero despreocupada se dedicó a ir de un sitio a otro utilizando su tiempo en otras cosas. Incubar los huevos significó sacrificio y constancia; pero al fin, tuvo su premio pues en el tiempo oportuno le nacieron los hijitos. Al ver a su amiga tan feliz y contenta rodeada de sus hijitos, fruto de su esfuerzo y dedicación, la otra oca tuvo envidia y fue corriendo a donde estaban sus huevos. Creyendo que todavía había tiempo, se dedicó a incubarlos. Pasó el tiempo, pero de allí no salía nada. Desesperada, picó los huevos para descubrir con amargura que todos estaban podridos. Se habían echado a perder.

La segunda oca tuvo también su oportunidad, pero no quiso aprovecharla en el momento oportuno. Pasó la oportunidad y perdió su corona. Así sucede frecuentemente en la vida con los dones que Dios nos da. No queremos hacer el esfuerzo de cultivar los nuestros y luego nos morimos de envidia al ver el fruto del esfuerzo de los demás.

Esto y otras cosas nos quiso enseñar Jesús con la parábola de los talentos en Mateo 25:14-30.

125. EL INGENIO Y LA DILIGENCIA HACEN TRIUNFAR

Un rey tenía tres hijos y quiso averiguar cuál de ellos era el más idóneo para ocupar el trono a su muerte. Para averiguarlo, pensó probarlos en su ingenio y diligencia. La prueba consistió en pedirles que llenaran completamente tres casas de su propiedad, cada uno, en el espacio de un día, de sol a sol. Les anunció que el que lo hiciera antes y mejor sería el heredero del trono. Aquello les pareció una prueba muy difícil.

Los tres se pusieron a pensar. Antes de empezar a trabajar conviene pensar. A veces no lo hacemos y por eso nos salen las cosas mal. Luego cada uno actuó.

El primero, que era muy fuerte, pensó en que lo más rápido y conveniente era llenar la casa de paja, pues era una material que abulta mucho y pesa poco. Así lo pensó y así lo empezó a hacer.

El segundo, que era perezoso, dijo que aquello era muy difícil y trabajoso y que no merecía la pena. Nadie lo conseguiría. Mis hermanos trabajarán en balde y yo me reiré.

El tercero se marchó al mercado, y cuando faltaba una hora para que se pusiera el sol, volvió con un pequeño y extraño paquete debajo del brazo.

Al hermano mayor le faltaban todavía dos cuartos que llenar de paja y por todas las evidencias parecía que no iba a poder terminar antes de la puesta del sol.

El segundo hermano se reía de los sudores de su hermano mayor y de la aparente impotencia del menor.

El tercero, ¿saben que contenía el misterioso paquete? ¡Velas! Y, ¿qué hizo con ellas? Puso una en cada cuarto de la casa y las encendió, llenando de luz toda la casa.

Cuando se puso el sol, el rey vino a examinar la obra de cada uno. Al que trabajó tan ardua y diligentemente con la paja lo alabó y premió. Al que no hizo nada, sino sólo burlarse de los demás, lo castigó. Al que llenó la casa de luz lo eligió como príncipe heredero. Su ingenio y diligencia fueron premiados con el máximo galardón.

126. EL VALOR DE LAS COSAS PEQUEÑAS

Las cosas pequeñas frecuentemente tienen gran valor, especialmente cuando se pueden combinar con otras de la misma especie. Por ejemplo, las 28 letras del abecedario, consideradas una a una pueden parecernos valores insignificantes, pero cuando se combinan armoniosamente para componer palabras y frases, constituyen el maravilloso vehículo que permite expresar toda la experiencia y conocimiento que constituye la sabiduría. Así también pasa con los números, debidamente combinados forman el maravilloso mundo de las matemáticas que permiten los cálculos para las construcciones que realizan arquitectos e ingenieros. Y ¿qué diremos de los tres colores básicos que dan lugar al delicioso mundo multicolor? ¿O las siete notas musicales que permiten la composición de las grandes sinfonías? Cada una de estas cosas: letra, número, color, nota musical parecen insignificantes vistas una a una. Todas juntas, según su especie, dan lugar a manifestaciones asombrosas. Los libros del mundo se forman con veintiocho letras. La música del mundo se forma con las siete notas de la escala musical. Lo pequeño es muy importante, sin ello, frecuentemente no podemos empezar las grandes cosas. En Juan 6:9 tenemos el ejemplo de que con la sencilla aportación de lo que un niño tenía, Cristo hizo un gran milagro. No pensemos nunca que no valemos; en las manos de Cristo servimos para mucho.

127. LOS BENEFICIOS DE CONCENTRARSE

La lupa no sólo sirve para aumentar el tamaño de las letras para que de esta manera podamos leerlas con mayor comodidad, sino que también sirve para concentrar en un punto los rayos de sol y generar, de esta forma, tal cantidad de calor que quema, al punto de encender el fuego en los objetos combustibles sobre los que se aplica. De ahí se infiere la gran verdad de que la lupa quema concentrando los rayos de sol, pero si la estamos moviendo de un sitio para otro no conseguiremos nada.

¿Qué nos enseña? Que si pretendemos hacer muchas cosas a la vez, terminamos por no hacer ninguna. Por el contrario, si concentramos nuestras energías en un solo punto, esto hará que sean mucho mejores los resultados que podamos conseguir.

128. LA MEJOR PUBLICIDAD...

Milton Hershey fue un industrial norteamericano que instaló una fábrica de chocolates en Pennsylvania en 1903. Fabricaba un buen chocolate. Pero lo más difícil no era hacer un buen chocolate, sino venderlo, llevarlo a tiendas y que las personas lo compraran. El sabía que la publicidad ayuda mucho a vender los productos, pero rechazó completamente el hacer publicidad. El decía: "Hay que conseguir que las personas prueben nuestro chocolate, si lo prueban y les gusta, seguirán comprándolo y, además, lo recomendarán." El conocía la verdad de que no hay mejor publicidad que un cliente satisfecho.

Eso fue lo que hizo y lo que logró el señor Hershey. En consecuencia, el chocolate Hershey se vendió durante muchas décadas en América sin ninguna clase de publicidad en la televisión, radio o periódicos. La gente era su medio de publicidad.

Milton Hersey era inteligente y bueno. Era bueno porque usó mucho del dinero que Dios le permitió ganar para edificar y sostener un hogar de niños donde miles se han podido criar y educar.

Cuando estamos tomando chocolate y nos ven la cara de satisfacción, la gente pregunta, ¿está bueno? Nuestra respuesta les convence de que deben comprarlo. Así es con el evangelio de Jesucristo. Cristo no paga a nadie para que le haga publicidad. Los que le conocemos y experimentamos se lo decimos a otros. En Hechos 1:8 él se lo pidió a sus discípulos y a nosotros también.

129. LA OFRENDA QUE DEMANDA SACRIFICIO

Un niño le preguntaba a su mamá qué era el Día de Acción de Gracias que todos los años se celebra en Norteamérica en el mes de noviembre. También le preguntaba por qué recogían una ofrenda en ese día en la iglesia.

La mamá le explicó el significado de la fiesta y respondió que aquel año la iglesia dedicaba la ofrenda a un hogar de niños huérfanos. Aquel niño se sintió conmovido y quiso participar dando también su ofrenda, pero no sabía cómo. De pronto se le iluminaron los ojos, pues una idea venía a su mente.

Se acordó que una vez que perdió un diente, su papá le dijo que lo pusiera debajo de la almohada y viera lo que iba a ocurrir. ¿Qué ocurrió? Desapareció el diente pero encontró una moneda. ¿Quién se llevó el diente y puso la moneda? Le dijeron que había sido el ratoncito Pérez.

¿Saben lo que decidió? ¡Quitarse un diente para conseguir una moneda y así poder dar su ofrenda para el hogar de niños huérfanos. Empezó a tocarse un diente y aquel que le pareció que se movía, hizo fuerza con él. Al principio estaba duro y parecía que no iba a salir, pero al cabo de una semana de trabajar con el diente empezó a moverse hasta que se aflojó. Al fin, el papá le ayudó a sacarlo, ¡y lo consiguió! Dolió un poquito, pero como era un hombre sabía que los hombres tienen que ser valientes y aguantar un poco. Aquella noche él puso el diente debajo de la almohada y a la mañana siguiente le apareció una moneda.

Desayunando pidió a la mamá un sobre de ofrenda y metió la moneda en él y rogó a la mamá que lo llevara a la iglesia.

—¿No es esta tu moneda por el diente que se te ha caído?

—Sí, pero yo quiero darla como ofrenda al Señor para el hogar de niños huérfanos.

No recomendamos que los niños hagan lo mismo que este muchacho de la anécdota, pero sí recordemos que Dios espera que ofrendemos sacrificialmente.

130. ¿EN QUE ESFERA DE INFLUENCIA ESTAMOS?

Hace unos años pudimos ver en las pantallas de televisión cómo la nave espacial Apolo VIII, llevando a tres astronautas, llegó hasta la órbita de la luna. Hubo un momento de especial expectación y ansiedad, cuando la cápsula debía volver a la tierra.

Era necesario que funcionara el cohete que tenía que darle el impulso de retorno. Aquellos hombres estaban en la órbita de otro mundo, y solamente podrían desprenderse de su atracción gravitatoria si funcionaba el poder que debía impulsarles de nuevo hacia la tierra.

En este suceso histórico, tenemos analogía de la fe cristiana. Nosotros fuimos creados para vivir con Dios, pero a causa de nuestra caída en el pecado hemos venido a estar en la órbita de otra esfera de influencia diferente a aquella para la cual fuimos creados. Nos hallamos bajo el poder de Satanás. El significado del evangelio es que por la muerte y resurrección de Jesucristo, Dios nos da el poder e impulso para salir de la órbita del diablo. Ningún otro poder puede hacerlo. Esto es lo que Pablo expresa cuando dice: "El cual nos ha librado del poder de las tinieblas y nos ha trasladado al reino de su amado Hijo" (Col. 1:13).

Al pensar en que aquellos astronautas pudieran haber quedado retenidos en la órbita de la luna para siempre, recordemos que hay millones de personas que se hallan retenidas bajo la influencia de Satanás. A ellas se refiere Pablo en esta misma carta a los Colosenses, cuando habla de las multitudes de su tiempo que vivían "sin esperanza y sin Dios en el mundo".

131. SOBRE EL HABITO DE HABLAR MAL

Tomás Edison fue una vez invitado a una cena, y al ser presentado por los anfitriones, éstos mencionaron sus muchos inventos, entre ellos "la máquina que habla". El anciano inventor se puso en pie, y sonriendo, respondió: "Gracias por las frases amables de presentación, pero permítanme hacer una corrección. Dios fue quien inventó la máquina que habla, yo sólo inventé la primera que se la puede silenciar."

Dios nos dio el don de hablar pero nos dio también la responsabilidad por su uso. En Mateo 12:36 somos avisados de que "de toda palabra ociosa que hablen los hombres, de ella darán cuenta en el día del juicio".

132. PREOCUPACION POR OTROS

Napoleón y su ejército invadieron muy confiadamente Rusia en 1812. Aunque le avisaron del gran riesgo del invierno ruso, desdeñó el consejo. Para el 14 de septiembre había llegado a Moscú.

Los rusos lanzaron un contraataque al tiempo que el invierno caía sobre los franceses. Napoleón se vio forzado a una retirada. Dos meses más tarde, llegó a Francia el resto del que fuera el orgulloso ejército francés. Napoleón había salido de Francia con 500.000 soldados y de ellos volvieron sólo 20.000. Los demás murieron por la guerra, el tifus, la congelación y el hambre. Napoleón nunca se preocupó por la vida de los cientos de miles que llevó a morir de frío y de hambre en Rusia.

Pablo estaba preocupado por la salvación de sus compatriotas judíos, a tal punto, que estaba dispuesto a perder su propia salvación con tal de ganar la de ellos (Rom. 9:13; 10:1).

133. LA LEY DE LA AERODINAMICA ESPIRITUAL

Mientras un avión está estacionado en la pista, está pegado a la tierra por la ley de la gravedad. Pero luego, el piloto echa a andar los motores, oprime el acelerador y el avión comienza a moverse hacia adelante. Cuando su velocidad alcanza lo que es conocido como "la velocidad crítica", la ley de la aerodinámica entra en acción y lo impulsa hacia arriba con una fuerza mayor que la fuerza de la atracción de la gravedad. El avión es liberado de la tierra y se eleva hacia el cielo. La ley de la gravedad no fue abrogada. La atracción que ejercía hacia abajo sobre el avión no disminuyó, pero una fuerza superior fue puesta en acción y el poder de la gravedad fue vencido.

En una forma similar el cristiano con frecuencia es cautivo de un triste estado de derrota y desaliento por causa de la atracción de la ley del pecado y de la muerte en su naturaleza carnal humana (Rom. 7:14-24). Pero cuando él se abandona al control del Espíritu Santo encuentra la libertad. La ley del pecado y de la muerte no es abrogada. Continúa arrastrándonos hacia abajo por toda la vida. Pero la ley del Espíritu de vida en Cristo Jesús entra en acción y nos impulsa hacia el cielo con una fuerza más grande que la de la ley del pecado y de la muerte. Y el creyente es levantado de la derrota y de la desesperación mencionada en Romanos 7, a la victoria y a la esperanza mencionada en Romanos 8.

James Crane

134. LA IMPORTANCIA DEL HOY

Se cuenta que cuando tres aprendices de diablo estaban por venir a la tierra para cumplir con su período de trabajo aquí, comparecieron ante Satanás para explicarle lo que iban a hacer en la tierra.

Uno dijo:

—Diré a los hombres que Dios no existe.

—Eso no les hará mella porque ellos saben en el fondo de su corazón que sí existe —respondió Satanás.

—Yo les diré —propuso el segundo— que no hay infierno.

—Tampoco sirve —replicó Satán —porque ellos experimentan en vida el infierno de los remordimientos.

El tercero agregó:

—Yo les diré que no hay prisa, que lo dejen para mañana.

—¡Formidable! exclamó Satanás—. Diles eso y se condenará a millares.

La palabra más peligrosa del diccionario es "mañana". Puede parecer una idea triste pero es un pensamiento necesario, pues nadie sabe si "mañana" va a llegar para él.

135. LA BREVEDAD DE LA VIDA

Muchos grandes hombres, políticos pensadores de la antigüedad, solían tener sobre sus escritorios una calavera. No tenían ningún pensamiento o propósito tétrico o morboso, sino simplemente recordar que el tiempo era corto y la muerte podía llegar en cualquier momento. Pablo aconsejaba: "Redimid el tiempo."

136. LO QUE SEMBRAMOS, RECOGEMOS
Mateo 25:31-46

Adolfo Eichmann, nacido en el mismo pueblo que Adolfo Hitler, en Austria, fue el director de la Oficina de Asuntos Judíos de la Alemania nazi durante la Segunda Guerra Mundial. Su filosofía y acción resultaron en la exterminación de varios millones de judíos alemanes.

En los últimos días de la guerra, Eichmann huyó de Alemania y logró refugiarse en Argentina, donde estuvo oculto por más de una década.

En 1960, después de tres años de investigaciones clandestinas, David Ben Gurión, primer ministro de Israel, anunció que Adolfo Eichmann había sido capturado y que sería llevado ante los tribunales.

El juicio duró ocho meses. Durante el proceso, miles de páginas de pruebas documentales fueron presentadas. El mismo Eichmann fue interrogado por horas. A través de todo el interrogatorio, Eichmann nunca aceptó responsabilidad alguna por las ejecuciones. Argumentó que él fue un títere en manos del sistema y maquinaria nazis y que sólo cumplía con las órdenes que le daban. Nunca admitió responsabilidad alguna relacionada con el holocausto de seis millones de judíos.

Según Jesucristo, habrá un juicio y muchos preguntarán: "Señor, ¿cuándo te vimos hambriento, sediento, forastero, desnudo, enfermo, o en la cárcel, y no te servimos?" A lo que Jesús responderá: "De cierto os digo que en cuanto no lo hicisteis a uno de estos más pequeños, tampoco a mí lo hicisteis." "Apartaos de mí, malditos, al fuego eterno preparado para el diablo y sus ángeles."

137. A PESAR DE TODO, HAZ LO RECTO

Recientemente leí estas Diez Verdades compuestas por Jorge Raneling, entrenador del equipo de baloncesto de la Universidad de Iowa, U.S.A:

1. Las personas son ilógicas, poco razonables y egoístas. Amalas, a pesar de todo.
2. Si haces el bien, te acusarán de motivos ocultos. De todos modos, haz el bien.
3. Si tienes éxito, vas a ganar falsos amigos y verdaderos enemigos. De todos modos, lucha por el éxito.
4. El bien que hagas hoy será olvidado mañana. De todos modos, haz el bien.
5. La honestidad y la franqueza te harán vulnerable. Sé honesto y franco, de todos modos.
6. Los más grandes y que tienen las mejores ideas pueden ser derribados por los más pequeños y con mentes más mezquinas. De todos modos, piensa en grandes cosas.
7. La gente favorece a los débiles, aunque sigue a los fuertes. De todos modos, piensa en grandes cosas.
8. Lo que tardas años en edificar puede ser destruido en una noche. De todos modos, edifica.
9. Las personas realmente necesitan ayuda, pero quizá te ataquen si los ayudas. De todos modos, ayúdales.
10. Dale al mundo lo mejor que tienes y quizá sólo recibirás puntapiés. De todos modos, dale al mundo lo mejor que

tienes.

Vivir así te hará bien, sobre todo después de experiencias frustrantes.

Joe E. Trull

138. LOS MOTIVOS DEBEN SER VERDADEROS
Mateo 23:1-24

Qué trágico fue que los grandes oponentes de Cristo fueran los líderes religiosos de Israel. Esta fea realidad se ha repetido frecuentemente en la historia cristiana. Es posible ser muy religioso y hacer toda clase de obras de caridad y no estar siendo guiado por el espíritu de Jesucristo.

La obra *Asesinato en la Catedral*, de T. S. Eliot, Premio Nobel 1948, es la historia de Tomás Becket. Becket era un líder espiritual de la iglesia de Inglaterra en el siglo XII, que se había negado a comprometer su fe apoyando los deseos y ambiciones políticas del rey.

Los agentes del rey tramaron la muerte de Becket. Y éste supo que le buscaban para matarle.

En el desarrollo del drama, aparecen varios tentando a Becket. Uno le sugiere que se avenga a componendas. Otro le recomienda que acepte los ascensos prometidos. Otro le insiste en que resista el poder con la fuerza. A todos éstos rechaza Becket con poco esfuerzo. La gran tentación vino con el cuarto, quien le anima a buscar el martirio para así acarrear la ira de Dios y del pueblo sobre sus enemigos. Así lograría también ser reconocido como un santo y reverenciado como un mártir.

Tomás Becket concluye con lo que la gente religiosa debe constantemente recordar: "La gran traición consiste, en definitiva, en hacer lo que es correcto por un motivo incorrecto." Los motivos es lo que más importa en religión.

139. DIOS LLEVA LA PARTE MAS PESADA

Recuerdo un incidente de mi niñez que me ayudó después a entender más el amor de Dios. Estaba visitando a mis abuelos maternos quienes vivían en una casa que no tenía tubería de agua en el interior. El agua tenía que ser traída desde un manantial cercano. Un día, una de mis tías nos mandó a una prima y a mí a que trajéramos un balde de agua. Mi prima, quien era tres años mayor que yo, recogió el balde, juntamente con un palo corto y grueso y salimos hacia el manantial. Al llegar allí, mi prima llenó el balde, metió el palo por el asa y me ordenó agarrarlo por el extremo más cercano a mí. Al hacerlo, ella tomó el otro extremo del palo y luego hizo algo muy bondadoso. Deslizó el asa del balde más cerca de su propia mano. Ella sabía que no era muy fuerte. Así que tomó la parte más pesada de la carga y me dejó llevar solamente la que yo podía.

Esta es la forma en que Dios trata a sus hijos. La vida está llena de cargas que tienen que ser llevadas. Nuestro desarrollo espiritual depende de aceptar esas cargas y llevarlas en obediencia a nuestro Dios. Pero el Señor no nos deja solos sino que nos ayuda llevando la parte más pesada. Este es el sentido de la palabra de Dios en Hebreos 4:15, 16.

James Crane

140. DISCIPLINA
Mateo 11:28-30

Se cuenta que Ana Sullivan decidió, muy temprano en su relación con Hellen Keller, que la disciplina era la clave para el éxito. Ella dijo que había observado que no podía enseñar nada a Hellen Keller a menos que ella aprendiera a obedecerla. Más tarde, Ana Sullivan extendió su observación acerca de Hellen Keller como un principio general de aprendizaje. Ella se convenció de que la obediencia es el camino por el cual el conocimiento, y también el amor, entran en la mente de un niño.

El yugo es el símbolo de la disciplina, obediencia y dedicación de un discípulo para con su maestro. Lo mismo que Hellen Keller en relación con Ana Sullivan, los discípulos llegaron a la experiencia de la obediencia, la disciplina y el amor a Cristo después de un largo y doloroso proceso. Pero, como consecuencia, sus vidas cambiaron y fueron fructíferas.

141. INFANTILISMO

Mateo 11:1-19

Hay una gran diferencia entre ser como un niño y actuar infantilmente. En 2 Reyes 5 tenemos el relato de un hombre que jugó los dos papeles. Se llamaba Naamán, era general del ejército sirio y también era leproso. Una joven criada hebrea que tenía su mujer, le informó que en Israel había un profeta que podía curarle. Marchó a Israel y encontró la casa de Eliseo. El profeta le envió un mensaje: "Ve y lávate siete veces en el Jordán... y serás limpio."

Naamán reaccionó con indignación diciendo que en su tierra había mejores ríos que en Israel. Actuó con infantilismo al decidir regresar a casa sin hacer caso al profeta. Eliseo no había hecho las cosas como Naamán las esperaba. Fue demasiado infantil para someterse al profeta.

Poco después, un siervo de Naamán le aconsejó bien y le persuadió de que obedeciera al profeta. Naamán puso a un lado su orgullo infantil y se sumergió siete veces en el Jordán. Al hacerlo, su cuerpo quedó limpio de lepra.

Muchas veces los hombres nos comportamos como Naamán. Somos frecuentemente más infantiles que niños. Ser como niños es lo que Cristo nos recomendó, actuar con infantilismo es la manifestación de nuestra inmadurez. Hay una gran diferencia entre padecer de infantilismo y ser como un niño. Jesucristo condenó lo primero y recomendó lo segundo.

142. LA MISION DE LA IGLESIA
Mateo 15:15

Un visitante en una ciudad extranjera volvía de cenar con unos amigos cuando por la ventanilla del taxi leyó el anuncio de un establecimiento que decía: "Lavandería china." Procuró recordar la dirección donde se ubicaba la lavandería porque necesitaba un buen lugar donde limpiar sus ropas. A la mañana siguiente apareció por el lugar con un saco de ropa sucia.

Entró y depositó las ropas en el mostrador ante el asombro del dependiente.

—¿Qué es esto? —preguntó mirándole.

—Mi ropa sucia —le respondió el cliente—. Entendí siempre que en las lavanderías chinas hacen un buen trabajo.

El dependiente le respondió con disgusto:

—¡Esto no es una lavandería!

—¿Qué quiere decir, entonces, el anuncio sobre el cristal?

—Oh, quiere decir que es una fábrica de anuncios.

A veces, la iglesia emite señales falsas acerca de sus propósitos. Personas en necesidad vienen con sus ropas sucias para descubrir una vez dentro que la cruz, el amor y el perdón son sólo anuncios, pero que los participantes de la iglesia no están en condiciones de mejorar la ropa sucia de nadie.

143. DEDICACION
Mateo 9:9

Cincuenta y seis patriotas norteamericanos firmaron la famosa Declaración de Independencia. Este hecho lo consideró la Gran Bretaña como un acto de traición y el rey Jorge III deseaba ver a cada uno de ellos ahorcado. Con este fin se hizo de manera indigna con los nombres de todos los firmantes. Durante los siete años que duró la guerra de la Independencia, el ejército británico no cesó en su propósito de perseguir, acusar con falsedad e incautar las propiedades de los firmantes. Casi todos los firmantes sufrieron penalidades y perdieron sus propiedades. Algunos, además, sufrieron encarcelamiento. Todo por su dedicación a la causa de la independencia de América.

Cuando ellos firmaron la Declaración de Independencia, pusieron sus nombres y rúbricas en ella y prometieron: "A fin de apoyar esta Declaración de Independencia confiamos en la Divina Providencia y comprometemos nuestras vidas, propiedades y honor." Algunos pagaron muy alto el sostener sus promesas.

Esta actitud y disposición nos ayuda a entender mejor las palabras que hallamos en Mateo 9:9: "Se levantó y le siguió", que hablan de su dedicación a Cristo. Lucas, en 5:28, añade: "Y dejándolo todo." Un hecho que la modestia de Mateo-Leví le impidió registrar en su propio Evangelio. Pero no lo dejó todo, conservó su pluma y la dedicó para escribir un Evangelio.

Cada uno a su manera, Mateo y los firmantes de la Declaración de la Independencia norteamericana formularon una promesa de dedicación. Aquella decisión les costó. De esta manera nos enseñaron lo que significa la dedicación.

144. SANTOS
Mateo 5:16

Un jovencito que recorrió Europa con sus papás, visitó, en sus recorridos por las ciudades, muchas catedrales bellísimas. Tiempo después, le pidieron durante una clase en la escuela, que definiera lo que era un santo. Pensó por un poco de tiempo, y recordando los ventanales de cristales de colores que había visto en las catedrales, explicó: "Un santo es uno que deja pasar la luz a través de él."

Se supone que los seguidores de Cristo son aquellos que "dejan pasar la luz a través de ellos". La vida de los cristianos debe reflejar e irradiar la luz de Cristo, como la luna refleja la luz del sol, de manera que los incrédulos vean que Cristo es la luz del mundo y le den honra y gloria.

145. DONDE HAY VISION HAY MISION

Un joven negro, llamado Carver, discernió su visión cuando era aún muy joven, y esa visión gobernó las metas que se fijó, sin tener en cuenta lo que otros pudiesen decir.

Como no había conocido a su familia, escogió el nombre George Washington Carver, sencillamente porque le había gustado el nombre. Siendo niño, deambulaba por el sur de los Estados Unidos, tembló al contemplar una multitud apalear a un hombre negro, hasta aplastarle la cabeza, y quemar su cuerpo en la plaza pública.

El pequeño George no disponía de una residencia; de modo que dormía en los graneros, hasta que un buen día una lavandera le pidió que le ayudara. El se enseñó a sí mismo entre las sesiones en la escuela. Finalmente, la Universidad Highland, después de revisar sus notas en la escuela, le aceptó. Cuando el presidente le vio, le gritó cruelmente: "No aceptamos negros." George Washington Carver fue a la Universidad Simpson donde ganó las mejores calificaciones y obtuvo el primer puesto en la clase.

Los cuadros de flores que Carver dibujaba hicieron que se

ganase premios en la Exposición de la Feria Mundial. Su genio
musical le ganó una beca para el Conservatorio de Música de
Boston, pero prefirió especializarse en química agrícola en la
escuela superior.

"Puedo dar un mejor servicio a mi raza en la agricultura", dijo.
"Quiero ayudar al hombre más caído, al negro, enseñándole a ayu-
darse a sí mismo." Esa fue la misión de por vida. El resto de lo que
consiguió en la vida fue sencillamente cumplir con las metas que
habrían de permitirle realizar su misión.

Declinando una prestigiosa plaza como profesor en la Universidad de Iowa, metió sus viejas ropas en una maleta y se dirigió al
Instituto Tuskegee, donde ofreció a su pueblo nuevas metas,
mostrándole la posibilidad de éxito. Trabajando durante horas que
eran increíblemente largas, en un desvencijado laboratorio,
descubrió formas para hacer plástico de semillas de soja, de cómo
hacer goma de los cacahuetes, harina de batatas. Thomas Edison le
ofreció un sueldo de seis cifras. Una compañía de gomas y una
empresa química le ofrecieron un cheque en blanco si trabajaba
para ellos, pero él siguió firme en su misión, prosiguiendo hacia sus
metas. Se quedó en Tuskegee por 1.500 dólares al año.

George Washington Carver podría haberse hecho millonario,
pero no se apartó nunca de sus metas. Le han llamado "el genio de
la granja química", y es uno de los pocos americanos que ha sido
escogido para concederle una beca de la Real Sociedad de Londres
para Favorecer las Artes, la Manufactura y el Comercio.

John Haggai

146. LA ENCARNACION

Un hombre miraba desde el interior cálido de su casa cómo los
pájaros padecían afuera los efectos de una tormenta de nieve. Quiso
ayudar a los pájaros y bajó a abrirles la puerta del granero para que
tuvieran cobijo y comida. Pero los pájaros se asomaban temerosos y
se resistían a entrar. El hombre miraba desde su ventana con
lágrimas en los ojos, observando cómo, queriendo ayudarles, no
podía hacérselo entender. Mientras miraba, pensaba: "Si pudiera
por un momento hacerme como uno de ellos, para volar afuera y
guiarles a la seguridad, calor y paz del granero."

Este hombre, a pesar de sus buenos deseos, no tenía el poder que Dios tiene. Dios vio a los hombres perdidos en sus pecados. No solamente quiso hacer algo, sino que lo hizo. Jesucristo se hizo hombre y nos guía a la comunión y la paz con Dios.

147. IDENTIFICARSE CON LA NECESIDAD

Un marinero llevaba su perra a bordo, por la que sentía especial estima. El animal cayó al mar. Con angustia el marinero se dirigió al capitán y le pidió:

—Señor, mi perra se ha caído al mar. Pare usted el barco a fin de que pueda rescatarla.

—Hijo —respondió el capitán—, el barco no puede pararse por un perro.

El joven marinero replicó:

—Mi capitán, ¿pararía si fuera una persona?

A lo que contestó el capitán:

—Ciertamente, pararía.

Inmediatamente el marinero saltó al agua, rescató a su perra y esperó a que el capitán parara el barco y fueran a salvarlos. El marinero se identificó plenamente con el problema y necesidad de su perra. Jesucristo hizo lo mismo en relación con el ser humano. El no se acercó para simplemente dar compañía y consejo. Tomó nuestro lugar en la cruz (Isa. 53:4, 5).

148. LA FE
Romanos 1:17

Cuando Dios nos pide que vivamos por fe, no nos pide nada que no conozcamos y hayamos experimentado ya. Cada uno sabe ya qué significa vivir y caminar por fe. Lo hacemos a diario. Cuando vamos a la tienda de abarrotes y compramos carne o pescado enlatado, confiamos en que no esté contaminado con bacterias que pueden matarnos. Cuando vamos a la farmacia y pedimos lo que el médico nos recetó, confiamos en que nos den la medicina correcta. Cuando la enfermera en el hospital nos pone una inyección, confiamos en que es la indicada, que no hay equivocación. Cuando el anestesista nos anestesia en el quirófano y el cirujano maneja el bisturí, confiamos en que sean competentes y hagan bien su trabajo. Confiamos en el piloto del avión y en el conductor del tren. Confiamos en el banquero en cuyas manos depositamos los ahorros de nuestra vida. Así podríamos citar docenas de ejemplos que ilustran la manera en la que en la vida estamos obligados a confiar. Dios nos está diciendo: "Pon tu confianza en mi Hijo Jesucristo, quien te ha demostrado que te ama, que es competente y tiene el poder de cumplir lo que promete."

149. JUSTIFICADOS POR LA FE
Romanos 1:16, 17; 5:1, 2

Se ha dicho que Pablo, Agustín de Hipona y Martín Lutero han sido los más grandes teólogos en la historia de la iglesia. Cada uno de ellos sintió los efectos devastadores del pecado y también se gozaron en el perdón de Dios por fe en Cristo Jesús.

Lutero estaba abrumado por su aguda conciencia de pecado. El veía a Dios como un juez enfadado e implacable que le sentenciaba a muerte por su pecado. Lutero buscó ayuda y libertad del pecado en los sacramentos. Se metió a monje con la esperanza de ganarse la salvación que tan desesperadamente necesitaba. Pero su conocimiento de la perfección de Dios y de su propia indignidad intensificaron su temor de la muerte y condenación. Como monje ayunó, dedicó largas horas a la oración y se inflingió duras mortificaciones en su cuerpo. Iba tan frecuentemente a confesarse que los otros monjes se escondían cuando le veían venir. Se cuenta que en cierta ocasión hizo su confesión tan detallada que duró seis horas. Todavía no tenía paz en su alma.

Finalmente, en el estudio de las Escrituras, principalmente en la epístola de Pablo a los Romanos, él descubrió el plan de salvación de Dios. La luz que iluminó su mente y su corazón fue tan brillante como la luz que iluminó y transformó a Saulo de Tarso en el camino de Damasco.

150. LA IMPORTANCIA DE ROMANOS PARA EL AVIVAMIENTO Y LA TRANSFORMACION

En Romanos 1:16, 17 el apóstol Pablo dice: "No me avergüenzo del evangelio, porque es poder de Dios para salvación a todo aquel que cree;... como está escrito: Mas el justo por la fe vivirá."

La carta de Pablo a los Romanos ha sido un precioso instrumento que el Espíritu usó para llevar a muchos a la fe en Cristo. Ha sido también el elemento catalítico para producir en la iglesia reforma, renovación y avivamiento. La Epístola a los Romanos contiene las verdades básicas del evangelio.

Esta carta fue el instrumento para la conversión de Agustín de Hipona, el gran predicador, teólogo, filósofo y uno de los llamados padres de la iglesia en el siglo IV. También influyó poderosamente en la conversión del gran reformador alemán, Martín Lutero, y fue la base para la reforma religiosa del siglo XVI.

Fue también el instrumento utilizado por el Espíritu Santo para llevar paz al corazón atribulado de un clérigo anglicano del siglo XVIII, llamado Juan Wesley. Como consecuencia de los cambios producidos en la vida de este hombre, sobrevino el gran avivamiento evangélico que transformó la vida religiosa de Inglaterra y de otros muchos lugares.

A principios del siglo, un pastor evangélico suizo llamado Karl Barth descubrió un mundo nuevo en la Biblia, que hablaba poderosamente a la iglesia del siglo XX, su descubrimiento comenzó al concentrarse en el estudio de Romanos y aplicar su estudio a los problemas contemporáneos.

Esta carta de Pablo ha sido usada por Dios para producir transformación espiritual. Afectó al mundo del primer siglo, fue base para la formación de la teología en el siglo IV, fue el documento base para probar la justificación por la fe en el siglo XVI y ayudó a resolver problemas humanos durante el siglo XX.

151. DEUDORES
Romanos 1:8-15

Hace algunos años, un estudiante, hijo de padres muy ricos,

fue acusado de romper algunas propiedades del colegio donde estudiaba. Fue llamado por el rector para que diera razón de lo sucedido. Por toda respuesta, sacó con arrogancia su talonario de cheques y preguntó con altivez cuánto le costarían los daños producidos.

El rector ordenó al joven que se sentara y le explicó: "Nadie puede pagar por lo que recibe aquí. ¿Puede usted pagar por el sacrificio de aquellos que contribuyeron a fundar este colegio? ¿Puede usted pagar por el excelente cuadro de profesores que han permanecido aquí con pagas modestas cuando serían muy bien recibidos en cualquier otro lugar más lucrativo? ¡Cada estudiante aquí es un caso de auténtica caridad!"

Cuán frecuentemente olvidamos esta gran verdad. Somos deudores a muchos: Padres, maestros, vecinos, descubridores, inventores que tanto han contribuido a nuestro bienestar de mil maneras, y especialmente a Dios con su amor sacrificial. Por mucho que pongamos en la vida, siempre recibimos más de lo que damos.

Pablo se sentía deudor a muchos y quería visitar la iglesia en Roma para ser mutuamente confortados. El sabía que no sólo daría, sino que también recibiría mucho.

152. CRECIMIENTO
Mateo 13:30

Cuando plantas césped, flores, árboles o cualquier otra planta y empiezas a regarlas, sin saber cómo, empiezan a surgir también toda clase de hierbas y plantas extrañas. Para sorpresa nuestra, la vegetación no sembrada parece que crece más fuerte y más rápidamente que la que uno sembró. Se tiene la impresión de que todas las plantas indeseables del mundo aparecen en su jardín y en abundancia.

Lo que sucede es que las semillas de aquellas plantas extrañas estaban ya presentes en la tierra. Sólo hacía falta que las regaran para que aparecieran.

Esto nos lleva a pensar en las cosas que pueden existir ya en nuestras vidas. Algunas pueden ser feas, inútiles y destructoras. Un mal carácter, actitudes impropias, egoísmo, ingratitud, un espíritu negativo y crítico, mala disposición, pueden ser las malas hierbas que estén presentes en nuestras vidas. Si estas son las semillas que se encuentran en nuestra tierra, crecen cuando las condiciones propicias de cultivo aparecen. A semejanza de las malas hierbas en el jardín, brotan si se las riega o no se las arranca de raíz.

De la misma manera, buenas cualidades como el amor, la amabilidad, la gentileza, la generosidad, la dedicación, la prudencia, pueden crecer. Estas cosas tampoco crecen por generación espontánea. También tienen que darse las condiciones adecuadas de cultivo.

Como enseña Jesús en su parábola, el trigo y la cizaña pueden crecer juntos hasta el día de la cosecha. La conclusión es: lo que crece en nuestras vidas viene determinado por lo que sembramos y por la manera en que lo cultivamos y lo regamos.

153. RENCOR O PERDON

Martín Niemoeller, pastor evangélico alemán que fue encarcelado por Hitler durante ocho años, en el tiempo antes y durante la Segunda Guerra Mundial, a causa de su lucha heroica contra la política religiosa del nacismo, al principio de su encarcelamiento sólo pensaba en escapar o en que le libraran. Pero al ir pasando los meses y los años, la perspectiva de Niemoeller cambió. Empezó a pensar en la importancia del perdón.

El patíbulo donde eran ejecutados los prisioneros estaba ante su vista desde su celda en Dochan; día tras día veía cómo hombres y mujeres morían. Aquellas terribles escenas llenaron su mente de preguntas: ¿Qué haré cuando yo enfrente esa prueba? ¿Cuáles serán mis últimas palabras? ¿Serían las de "Padre perdónales" o "¡Criminales! ¡Asesinos!"? Niemoeller confesó que muchos de aquellos que veía morir desde su ventana, fueron sus maestros que le enseñaron a perdonar. La lección terminó de profundizar y echar raíces en su alma cuando le vino a la mente el pensamiento de que si Jesucristo hubiera clamado por venganza contra aquellos que le maltrataban y le mataban, nunca hubiera habido Nuevo Testamento, iglesia ni historia cristiana. El perdón tiene tan extraordinaria importancia.

Jesús nos enseña en Mateo 18:22 que el perdón no debe tener límites. Puntualizó en su relato que el perdón de Dios está encadenado con nuestro perdón a otros. Debemos perdonar para ser perdonados.

154. EL PERDON
Mateo 18:21-35

Se cuenta que Andrew Jackson, séptimo presidente de los Estados Unidos, se casó con una dama que se había divorciado de su anterior marido, con quien había contraído matrimonio en Virginia. Durante la campaña presidencial de 1828, se descubrió que el acta de divorcio no había sido otorgada por el tribunal correspondiente del estado de Virginia. El general Jackson y su mujer fueron sometidos a ataques personales muy virulentos de parte de sus oponentes políticos. La esposa vivió lo suficiente para ver elegido presidente a su dedicado marido, pero no vivió lo suficiente para verle entrar en la Casa Blanca.

Años después, ya retirado de la vida pública, estaba siendo examinado por su pastor acerca de su fe y experiencia antes de aceptarle para el bautismo y para ser miembro de la iglesia. A la vista de sus frecuentes disputas y de la agitada y accidentada carrera de Jackson, el pastor le preguntó:

—Hermano Jackson, hay una pregunta más que creo es mi deber formularle: ¿Puede usted perdonar a sus enemigos?

Después de unos momentos de silencio, Jackson respondió:

—Sí, puedo hacerlo con mis enemigos políticos. Pero aquellos que me maltrataron y se ensañaron conmigo y con mi mujer, aquellos que me atacaron con odio y envidia cuando servía a mi país en el campo de batalla y en la Presidencia, a aquellos que ofendieron tan gravemente a mi esposa, eso es un caso diferente.

El pastor le puso bien claro que ninguno que conserva en su corazón sentimientos de rencor contra otro ser humano, puede hacer una profesión sincera de fe.

Otra vez se produjo un gran silencio, hasta que el anciano catecúmeno dijo:

—Pastor, trataré de perdonar a todos mis enemigos.

155. FIDELIDAD MATRIMONIAL
Mateo 19:39

El concepto bíblico del matrimonio es el de un hombre y una mujer unidos hasta que la muerte los separe. La misma fidelidad y dedicación es el fundamento bíblico del matrimonio.

Winston Churchill fue homenajeado en un banquete y los participantes le hacían preguntas durante la sobremesa. Uno de los asistentes le preguntó que quién escogería ser, excluido él mismo, si se le concediera vivir otra vez.

Volviéndose a su esposa, Vinnie, y sonriendo, respondió con prontitud: "Yo escogería ser el segundo marido de la señora Churchill." La fidelidad provee de terreno adecuado para relaciones significativas.

156. ACTITUD PERDONADORA
Mateo 6:14-15

Jesucristo enfatizó la importancia del perdón repetidas veces. Habló de buscar ser perdonado y de otorgar también el perdón a otros. Un incidente interesante ilustra otra vez el importante lugar que tiene el perdón en la vida cristiana.

Una de las más célebres conversiones de Billy Graham en los primeros años de sus cruzadas, fue Jim Vaus. Este hombre había tenido amplias conexiones con el mundo del crimen organizado. Su conversión le llevó a un cambio radical en su vida.

Jim Vaus era un mago de la electrónica y sugirió a Billy Graham una idea que podría ayudarle en sus programas de radio. La idea era usar un micrófono sin hilos que podía ayudar al evangelista a moverse libremente por la plataforma.

A Billy Graham le gustó la idea y decidió probarla. Pero no todo funcionó a la perfección. La antena conectada con el micrófono tenía una parte no cubierta y cada vez que esta tocaba la pierna del predicador le daba calambre.

Vaus nunca había visto a Billy Graham enfadado con nadie. Pero aquella noche, después del servicio, Graham le dirigió unas palabras inesperadas y desconcertantes. A la mañana siguiente,

Vaus encontró una hoja de papel que había llegado a su cuarto por debajo de la puerta. La nota decía: "Por favor, perdóneme por mi enfado. No podría amarle más ni aunque fuera mi propio hermano carnal. Billy."

La sinceridad de la fe de Billy Graham era evidente. No solamente debemos predicar acerca del perdón, también mostrarlo en nuestras propias vidas. Buscándolo de aquellos a quienes hicimos daño u ofrecerlo generosamente a aquellos que nos perjudicaron a nosotros.

157. LAS METAS Y LA SALUD FISICA Y MENTAL

Una gran parte de la tensión nerviosa se produce como resultado de la confusión y del temor. Las metas tienden a eliminar la confusión y pasar por encima del temor. El psiquiatra doctor Ari Kiev dice:

"He encontrado repetidamente que el ayudar a las personas a fijarse unas metas personales es la manera más efectiva de ayudarles a enfrentarse con los problemas y realzar su satisfacción... Teniendo unas metas las personas pueden vencer la confusión y el conflicto en lo que se refiere a los valores incompatibles, los deseos contradictorios y las relaciones que producen frustración... todo lo cual, con frecuencia, es como resultado de la falta de estrategias racionales en la vida.

"Sin tener una meta central (una misión), sus pensamientos pueden ser de preocupación y la moral puede minarse, yendo a caer, de ese modo, a las circunstancias que se temían. Sin una meta, fijará usted toda su atención en sus debilidades, y la posibilidad de cometer errores y escuchar críticas. Esto dará pie a la indecisión, de manera que usted sea inadecuado, impidiendo el desarrollo de su potencial."

Juan Wesley fue atacado, difamado y le dieron palizas, pero a pesar de todo ello permaneció sereno y animado. Las metas le permitieron librarse de la tensión. Pudo decir: "Pues tengo por cierto que las aflicciones del tiempo presente no son comparables con la gloria venidera que en nosotros ha de manifestarse" (Rom. 8:18).

Algunas de las personalidades más destacadas en todo el

mundo, dentro del campo de la medicina, enfatizan ahora que el fijarse unas metas es importante y que puede librarnos de la enfermedad y servir para estabilizar la salud. Un libro reciente, *Getting Well Again* (Póngase mejor de nuevo), escrito por el doctor O. Carl Simonton, su esposa la doctora Stephanie Matthews de Simonton y James Creighton, enfatiza el hecho de que el fijarse unas metas y el esforzarse constituye una de las terapias más importantes y de mayor éxito para combatir el cáncer. Se dice que el instrumento más efectivo para conseguir que los pacientes mejoren es el pedirles que se fijen nuevas metas en la vida. Al hacerlo así, adquieren unos conceptos y visualizan las razones para vivir. Es otra manera mediante la cual pueden invertir otra vez en su propia vida.

John Haggai

158. EL OIR LA PALABRA DE DIOS

Dos hombres caminaban por una calle muy transitada por viandantes y vehículos. De pronto, uno de ellos se paró, y prestando atención dijo: "He oído cantar a un grillo." Su compañero encogió los hombros en señal de extrañeza y asombro. ¿Cómo podía oír el canto del grillo en medio de aquel continuo ruido? La respuesta era simple: El hombre procedía del campo y estaba habituado a oir cantar a los grillos, los reconocía inmediatamente, su oído estaba habituado. Un poco después, el otro hombre se paró de improviso y se volvió buscando algo por el suelo. Su oído estaba habituado a otros sonidos muy diferentes.

Sintonice su vida para oír la voz de Dios, quien nos habla de muchas maneras.

Jesucristo dijo: "Las ovejas siguen al pastor, porque conocen su voz" (Juan 10:3, 4).

159. INVIERTA POR ADELANTADO

Supongamos que un granjero dijese: "Si tengo una buena cosecha, entonces sembraré la semilla." O supongamos que un negociante dijese: "Cuando reciba el ciento por ciento de los pagos de alquiler por un período de diez años, edificaré el bloque de apartamentos." ¡Usted estará de acuerdo en que eso es ridículo!

Es preciso invertir primero, por adelantado.

Recuerde usted la historia de la viuda de Sarepta. Ella dijo que solamente le quedaba el aceite necesario y la harina para preparar comida para ella y para su hijo. Se disponían a comer, pero Elías le dijo: "No tengas temor; vé, haz como has dicho; pero hazme a mí primero de ello una pequeña torta cocida debajo de la ceniza, y tráemela; y después harás para ti y para tu hijo" (1 Rey. 17:13). Digamos, para su eterno crédito, que ella fué más allá de la sabiduría del mundo y lo que podría parecer un razonamiento inteligente, y le hizo al profeta de Dios la primera torta. El recipiente de harina no se consumió ni tampoco se secó la jarra del aceite, según la palabra del Señor que le habló a Elías (1 Rey. 17:15, 16). La viuda invirtió por adelantado.

No se engañe a sí mismo diciendo: "Cuando cambie mi suerte daré mucho dinero a la obra del Señor para ayudar a los que están necesitados." Comience usted donde está en estos momentos con lo que tenga.

John Haggai

160. LA IMPORTANCIA DE LA DOCTRINA

Se dice que el Ministro de Hacienda de los Estados Unidos entrena agentes para reconocer los dólares falsos, haciéndoles examinar cuidadosamente numerosas muestras de dólares auténticos. Los miran, los palpan, los examinan en todos los aspectos y detalles. De esta forma, se capacitan para reconocer de inmediato los billetes falsos. De la misma manera, si nosotros conocemos y entendemos bien las doctrinas cristianas auténticas, estaremos en condiciones de identificar y evaluar las falsas sin asomo de duda.

Esto nos lleva a enfatizar la importancia del estudio de la Biblia y de la doctrina cristiana, bajo la inspiración y el poder del Espíritu, para que "no seamos llevados de acá para allá por todo viento de doctrina." (1 Ped. 3:15.)

John Newport

161. ORIENTACION

Los expertos en la vida en el monte dicen que si te encuentras perdido en el monte, no te dejes dominar por el temor y eches a correr monte abajo. Por el contrario, asciende a la cúspide; estando allí, volverás otra vez a encontrar tu camino.

Te puedes encontrar perdido en el monte de la vida. Tienes dos opciones. Una, caminar hacia abajo tratando de encontrar el camino por medio de las filosofías, religiones, ideologías o escapismos humanos. Otra, puedes ascender hacia Dios, y desde la altura encontrar tu camino.

162. SOMOS RESPONSABLES ANTE DIOS

Una de las experiencias personales que me contó el renombrado pastor Harry A. Ironside, de la Iglesia Moody Memorial, se me grabó indeleblemente. A la edad de catorce años vivía con su madre viuda en Los Angeles. En aquellos días, todos los zapatos eran fabricados a mano y reparados de la misma manera, por zapateros remendones. Para ayudar en las necesidades del hogar se empleó en el taller de zapatería de un creyente llamado Daniel. Una de las tareas de Ironside consistía en trabajar con un martillo las pieles que antes habían sido empapadas en agua para ablandarlas, con el fin de hacerlas permanentemente flexibles. Era una tarea tediosa y rutinaria, e Ironside terminaba aburrido y fastidiado de ella.

Un poco más abajo en la calle, había otro taller de reparación de calzado propiedad de un hombre no cristiano. Cada vez que el joven Ironside pasaba por la puerta de aquel taller podía ver al zapatero cortando la piel y clavándola en los zapatos chorreando agua por todas partes.

Un día Ironside entró y le dijo:

—Señor, noto que usted no quita el agua de las pieles antes de ponerlas, ¿por qué?

Aquel hombre le miró y, guiñándole un ojo maliciosamente, le respondió:

—Porque así vuelven más rápidamente.

Harry Ironside volvió y dijo a su patrón:

—Maestro, me pregunto si es realmente conveniente quitar

toda el agua de las pieles. El zapatero que está unas puertas más abajo no lo hace como nosotros lo hacemos. El dice que de aquella manera los clientes vuelven más rápidamente.

Daniel no respondió una sola palabra. Dejó las herramientas a un lado y, levantándose, tomó del brazo al joven Ironside, y se sentaron juntos en el banco. Después le dijo:

—Harry, discúlpame que no te explicara antes mis razones. Tú sabes que cuando no quitamos de la piel toda el agua, se seca por sí misma; así se torna frágil y se deteriora rápidamente. Entonces los clientes vuelven muy pronto. Yo soy un cristiano y uno de estos días tendré que comparecer delante del tribunal de Cristo. Yo creo que allí aparecerán apilados todos los pares de zapatos que yo he hecho en toda mi vida. El Señor los tomará uno a uno y se fijará en ellos. Después de mirar algunos quizá el Señor me diga: "Daniel, hiciste un mal trabajo en estos zapatos." El propósito de mi corazón es que, cuando el Señor examine mis zapatos, diga: "Daniel, ¡qué excelente par de zapatos!" Yo confío en que tú te acuerdes de esto siempre, Harry.

Harry Ironside volvió a su trabajo. Nunca olvidó las razones de su patrón y jamás volvió a quejarse de lo pesado que era quitarle el agua a las pieles.

Roy C. Stedman

163. LA PLENITUD DEL ESPIRITU

Viene cuando los creyentes tienen un adecuado concepto de Dios y de sí mismos. Por ejemplo: En Hechos 4:23-31 se nos dice que los discípulos oraban. Comenzaron su oración llamando a Dios "Soberano Señor" (v. 24). La palabra griega usada aquí es déspota y designa a una persona que manda en el sentido más absoluto. Muy acertadamente la traduce nuestra versión de Reina-Valera como "Soberano Señor". Luego, en el versículo 29, se refieren a sí mismos como "siervos" de Dios o literalmente sus "esclavos". Para ellos Dios era absolutamente supremo. Era prerrogativa de él ordenarles y la obligación de ellos era obedecer sin objetar. Esta era la forma en que ellos se sentían en cuanto a su relación con Dios. Y el resultado fue electrizante: "Cuando hubieron orado, el lugar en que estaban congregados tembló; y todos fueron llenos del Espíritu Santo, y hablaban con denuedo la palabra de Dios" (Hech. 4:31).

Sobre el borde de las cataratas del Niágara se precipitan 500.000 toneladas de agua por minuto. Este tremendo despliegue de poder es posible porque el lago Ontario está a más de cien metros más abajo que el lago Erie. De la misma manera se genera el poder espiritual cuando los creyentes toman el lugar más bajo que les corresponde como esclavos obedientes y le permiten a su Padre celestial que sea en verdad su Soberano Señor. Pero con mucha frecuencia no lo hacemos.

James Crane

164. NUESTRO ANHELO POR EL MAS ALLA

Un señor muy acaudalado murió y su desconsolada esposa, deseosa de honrar su memoria y conservar su recuerdo, ordenó a un marmolista que le hiciera una lápida hermosa con detalles y frases apropiadas.

En el intervalo, el abogado de la familia dio a conocer el testamento del finado. Este había decidido dejar buena parte de sus bienes a organizaciones benéficas y lo restante para la familia. Cuando la viuda se enteró, quedó muy disgustada; airada, fue de nuevo al marmolista para ordenarle cambiar la frase que iba a grabar en la lápida.

Ahora le pidió que escribiera: "DESCANSA EN PAZ...HASTA QUE NOS VOLVAMOS A VER".

En serio o en forma tragicómica, como en el caso del cuento, la gente piensa con naturalidad en la vida más allá de la tumba. Y es que, en definitiva, el deseo y el grito más profundo que brota del alma humana es el de: "¡Quiero vivir!"

165. SUFRIMIENTO

Los técnicos agrónomos nos dicen que el tiempo húmedo no es tan bueno para las plantas como el tiempo seco. Cuando hay mucha humedad, la planta es más blanda y pierde calidad. Días nublados o abundantes en lluvias no ayudan a que la planta se vuelva resistente. Si hay abundancia de agua en la superficie, la planta no profundiza sus raíces y, en general, suele durar menos.

Por el contrario, en climas un poco secos las plantas luchan por sobrevivir y terminan haciéndose fuertes. Buscando el agua, las raíces profundizan mucho. De esta manera se capacitan para enfrentar la sequía y el mal tiempo.

Cuando las personas responden positivamente a los desafíos de la vida, construyen caracteres fuertes. Al aprender disciplina y tenacidad están más preparados para las tormentas de la vida y para los desafíos morales.

166. RESURRECCION

Algunas personas tienen muchos problemas en creer en la resurrección, sin apenas darse cuenta de que, según los científicos, todas las células de nuestro organismo cambian cada cierto número de años. Lo cual quiere decir que al cabo de 50 años de vida hemos cambiado al menos diez veces de cuerpo y todavía seguimos siendo los mismos y recordamos nuestras vivencias tenidas desde la infancia. En un sentido, se produce una muerte y resurrección periódicas en nosotros mismos varias veces en el curso de la vida.

Cuando morimos, Dios nos proporciona un cuerpo permanente. Por supuesto, que el cuerpo de resurrección que recibiremos será diferente del cuerpo presente, pero seremos una continuación de la misma personalidad que tenemos.

167. SACRIFICIO

El 13 de enero de 1982, un avión de pasajeros de la compañía Air Florida de U.S.A., despegaba del aeropuerto nacional de Washington. Poco después, rozaba el puente de la Calle Catorce y caía en las aguas heladas del río Potomac. Gran parte del país sufría los inconvenientes de uno de los inviernos más duros que se recuerdan. Este accidente, en el que murieron setenta y ocho pasajeros, causó sorpresa y dolor.

Seis personas quedaron en una de las partes del destrozado avión. Las lanchas del servicio de Guardacostas y los helicópteros de la policía lucharon para rescatar a estos supervivientes. A medida que los helicópteros descendían con los salvavidas, uno de los hombres se asía de ellos y ayudaba a sus compañeros a subir y salvarse. Así lo hizo con los cinco.

Un policía testificaba después con lágrimas en los ojos, que nunca olvidaría la expresión del rostro de aquel hombre esforzándose por ayudar y salvar a sus compañeros.

Cuando el helicóptero volvió para rescatarle a él, la parte del avión donde estaba refugiado se hundió arrastrada por el agua y el hombre desapareció en la corriente helada. Aquellos que fueron rescatados no conocían el nombre del hombre que dio literalmente su vida por salvarles a ellos.

"Nadie tiene mayor amor que éste, que uno ponga su vida por sus amigos" (Juan 15:13). Nosotros también hemos sido rescatados por el sacrificio de otra vida. Nosotros conocemos el nombre de nuestro Salvador, es Jesús. Y el rescate que él ha llevado a cabo es para esta vida y la venidera. (Ver Romanos 5:7, 8.)

168. TESTIMONIO

La Asociación Nacional para la Salud Mental de los Estados Unidos tiene, como símbolo real y visible de su trabajo, una campana de ciento cincuenta kilos de peso. La campana fue hecha con las cadenas que un día sujetaban pies y manos de los enfermos mentales encerrados en los manicomios. La campana simboliza ahora la libertad del trato inhumano que una vez se padeció y proclama las nuevas condiciones de respeto que hoy se tienen como norma.

Cuando confiamos en Cristo nos transformamos en un ejemplo vivo de libertad y transformación. Nuestra vida es ahora como una campana que da testimonio y anuncia gloriosamente que Dios nos ha perdonado y limpiado de nuestros pecados.

169. SEGURIDAD

Una de las más tempranas memorias del célebre teólogo Teilhard de Chardin, era el recuerdo de cuando su madre le cortaba el cabello junto al fuego del hogar. Una vez observó cómo un gran mechón de cabellos ardía y se consumía en el fuego. Para su mente infantil significó que algo de él mismo desaparecía bajo las llamas.

Por primera vez entendió que no era indestructible. Su joven mente necesitaba algo imperecedero y se dedicó a buscarlo. Lo buscaba entre los minerales y las piedras de diversas clases. Vio que el hierro era destruido por el óxido. Llegó a pensar que algunas piedras, como la amatista, sí eran imperecederas. Su mente maduró y entendió que no había nada en la tierra que le diera la seguridad de la permanencia y estabilidad.

Así empezó su peregrinaje para encontrar la roca que da seguridad imperecedera. Roca a la que pudiera volver siempre en las tormentas de la vida. Tal roca es el Creador eterno Dios. Así lo experimentó y lo confesó David y otros muchos (2 Sam. 22:2).

170. PUREZA

Hay una constante denuncia de la contaminación atmosférica y se lucha por eliminar toda forma de contaminación. Pero la contaminación número uno está en el corazón del hombre. No importa cuán exitoso sea el hombre en limpiar su medio. Si su corazón es impuro, él seguirá contaminando toda la tierra y envenenando las relaciones.

En la sexta bienaventuranza Jesús promete que los de corazón puro verán a Dios. La palabra "pureza" aparece frecuentemente en al Nuevo Testamento y varias veces es traducida por "limpieza". El corazón es puro o limpio sólo cuando la sangre de Jesucristo le ha limpiado de todo pecado (1 Juan 1:7, 9). El salmista clamaba: "Lávame más y más de mi maldad y limpiame de mi pecado. Crea en mí, oh Dios, un corazón limpio, y renueva un espíritu recto dentro de mí" (Sal. 51:2, 10).

171. MATRIMONIO DE EXITO

Un matrimonio de éxito no es uno en el que dos personas coincidan perfecta y bellísimamente en todo y caminen juntas con absoluta felicidad debido a que su ajuste inicial fue sin defecto.

Por el contrario, un matrimonio de éxito es aquel que sabe establecer un sistema que permite a dos seres pecadores, imperfectos y litigiosos sentirse unidos por un sueño más grande que ellos, por el que luchan a lo largo de los años para lograr realizarlo, a pesar de sus frecuentes desilusiones.

172. VACIO DE LA VIDA

Estaba Billy Graham visitando al decano de una gran

universidad norteamericana y al tiempo que conversaban observaban por la ventana el ir y venir de los cientos de estudiantes que iban de una clase a otra. Billy Graham le preguntó al rector:

—¿Cuál es el mayor problema de esta universidad?

Después de reflexionar por un tiempo, el decano respondió:

—Creo que es el sentimiento de vacío interior que muchos sienten. Muchos jóvenes y adultos también se sienten vacíos, aburridos, solitarios, buscando algo. Necesitan encontrar algo que satisfaga las más profundas necesidades de sus vidas y todavía no lo han encontrado.

El aunuco etíope de Hechos, capítulo 8, también andaba buscando algo. Felipe le ayudó a encontrarlo en Cristo. Como el salmista también lo halló como nos señala en el Salmo 40:13.

Decisión, Octubre 1970

173. LA ENCARNACION
Juan 1:14

Cuando los astronautas Neil Armostrong y Edwin Aldrin caminaron por la superficie de la luna el 20 de julio de 1969, dejaron allí unas huellas que durarán miles de años. Serán borradas en el curso de miles de años por el bombardeo de micrometeoritos que afectan la superficie lunar.

Quizá dentro de mil años alguien vaya por la luna y descubra las huellas de los astronautas. Al verlas dirá: "Aquí está la prueba de que unos procedentes de la tierra visitaron la luna."

El Nuevo Testamento da testimonio de que Dios nos visitó y caminó por la tierra. Esto sucedió hace dos mil años en la persona de su Hijo Jesucristo. Le fueron dados los nombres de Jesús, que significa "Dios salva" y el de Emanuel, que quiere decir "Dios con nosotros" (Mat. 1:21, 23).

El dejó huellas en la tierra que dan testimonio de que era realmente hombre y Dios. Esta evidencia no será borrada por la acción de ninguna clase de micrometeoritos o de cualquier otra cosa. El hecho de que Dios en Cristo entró en la historia y participó en la vida humana quedará registrado para siempre jamás.

174. TEMORES

Aquellos que han dedicado tiempo para contarlas, nos dicen que en la Biblia aparece más de 350 veces la frase "no temas". Más de 350 veces que Dios nos dice "no temas" o "no temáis" o "¿por qué teméis?"

Esto representa mucho en una generación y época que está dominada por la ansiedad y el temor. Dios nos dice de mil maneras: "No temáis."

175. FANATICOS

Una secretaria respondió al jefe que la corregía por la abundancia de errores ortográficos que encontrabaen las cartas: "Por supuesto que puedo escribir cartas con correcta ortografía, pero no soy una fanática de la gramática." Nosotros sí necesitamos cristianos que sean fanáticos en su amor y dedicación a Cristo Jesús. El Señor sí que fue fanático para alcanzar nuestra salvación.

176. LA UNION HACE LA FUERZA

Entre las muchas atracciones de la ciudad de San Francisco, California, está su famoso puente colgante el Goden Gate Bridge, una de las maravillas de la ingeniería moderna, terminado en mayo de 1937.

El extraordinario atractivo del puente está en dos cables de suspensión que soportan el puente de unos 1.400 metros de largo y seis carriles para automóviles, con un peso total estimado en 60 mil toneladas (sesenta millones de kilos). Los dos cables pasan por encima de las torres y terminan en unos enormes bloques de cemento, piedra y hierro. Tienen 90 centímetros de diámetro y 2.550 metros de largo. Cada uno de ellos está compuesto de 27.572 cables entrelazados; y tienen una consistencia capaz de sostener la tensión de 100 millones de kilos.

De la misma manera que los 27.572 cables entrelazados componen la fuerza de este extraordinario puente, la dedicación a Dios de los miembros de una iglesia componen su gran poder e influencia como la sal de la tierra y la luz del mundo.

177. PUNTOS DE VISTA

El rey Saúl y los hermanos de David trataban de disuadirle de que peleara con Goliat. Le daban mil razones para convencerle: Que era muy joven, que carecía de experiencia, etc. Y como argumento final le dijeron con acento muy grave:

—Es demasiado grande para que puedas con él.

A lo que David replicó:

—Justo porque es tan grande no puedo fallar la piedra.

En el punto donde los demás veían la mayor dificultad, David vio la mejor oportunidad. Y en el nombre de Jehová, el Dios de Israel, fue a la pelea y no falló la pedrada. Frecuentemente pasa que en lo que algunos ven desventajas, otros ven ventajas.

178. EL CONCEPTO DE UNO MISMO

Una vez dos ceros estaban discutiendo. Uno era alto y delgado, el otro chaparro y grueso. Argumentaban sobre cuál de los dos valía más. Cada uno trataba de realzar sus valores. El alto y delgado presumía de que él era el mejor, y lo mismo hacía el chaparro y gordo. Alguien que los estaba escuchando les recordó que ambos eran "ceros" y que valían lo mismo, esto es, nada.

Algunas veces las personas piensan que lo que ellas hacen es más importante que lo que hacen otras. Ser diácono, dicen, es más importante que ser maestro. Ser hombre es más importante que ser mujer, etc. Pablo nos corrige en esta tendencia al decirnos en 1 Corintios 3:6: "Yo planté, Apolos regó; pero el crecimiento lo ha dado Dios." Y en Romanos 12:3: "Digo, pues, por la gracia que me es dada, a cada cual que está entre vosotros, que nadie tenga más alto concepto de sí que el que debe tener…" Todos somos vasijas de barro y nuestra importancia está en que Dios se fija en nosotros y se digna morar en nosotros.

179. LA IGLESIA

Un joven universitario creyente, que había sido influido por esa forma de pensar que menosprecia a la iglesia, se lamentaba con su pastor diciéndole que "la existencia de la iglesia no significa hoy nada, que las ceremonias y ritos son arcáicos, que los sermones que se predican son irrelevantes y que, en consecuencia, no hay razón para ir hoy al templo y perder allí el tiempo".

El anciano predicador, sin decir palabra, tomó un par de trozos de leña y los puso sobre el fuego que ardía en el hogar. Luego tomó de entre las llamas un leño que ardía vivamente y lo colocó sobre el suelo, lejos de donde ardían los demás. Seguidamente se sentó y se puso a mirarlo, poco a poco aquel leño, que antes ardía tan vigorosamente, empezó a perder fuerza, hasta que se apagó por completo y se enfrió.

Levantando la cabeza y dirigiéndose al joven le dijo: "Por esto necesitamos la iglesia."

180. NUESTRA FUERZA

Popeye cree que su fuerza proviene de las espinacas. Y por esto las come con entusiasmo cada vez que enfrenta situaciones difíciles. Otras personas creen que sus fuerzas están en la educación, o en la posición, o en la experiencia, o en los contactos personales, o en sus recursos económicos. El salmista, en el Salmo 84:5 dice: "Bienaventurado el hombre que tiene en ti sus fuerzas."

Tu fuerza no proviene de lo que tú haces, o de lo que tú eres, o de lo que tú conoces, o de lo que tú posees; tu fuerza verdadera está en Dios.

El salmista, un hombre que había experimentado la fuerza física, la fuerza económica, la fuerza de la influencia social, repite una y otra vez en los salmos que el Señor es su fortaleza. Salmos 27:1; 46:1; 91:1, 2.

181. VICTORIA

En la escena última de la obra *Masada* se ven los emblemas y banderas romanos siendo instalados en la fortaleza en señal de posesión.

El lugarteniente de Flavio Silva le felicita por la victoria conseguida. La respuesta de Flavio Silva encierra una gran verdad que los hombres experimentan frecuentemente: "¿Victoria? Lo que hemos ganado es una roca en medio del desierto y cerca de un mar muerto."

Este es el sabor amargo de muchas victorias humanas tan

celebradas. Si la victoria va a tener valor verdadero y permanente, debe proporcionar un sentido digno de haber alcanzado una meta que ayude al hombre y a la humanidad a crecer. Flavio Silva quería vencer para someter a los judíos, complacer al emperador y salir él de Palestina. Pero todo lo que ganó fue una fortaleza y un pedazo de desierto que no significaban mucho.

Esta es la razón por la que muchos muchos millonarios son infelices, muchos presidentes de compañías se sienten miserables y muchas celebridades se suicidan.

La victoria verdadera viene cuando el hombre está en paz con Dios, consigo mismo y con los demás. Podemos ganar, pero a menos que dicha victoria esté basada en las metas de paz antes relacionadas, es tan inútil y nula en mérito como la de Flavio Silva.

182. VIDA DEVOCIONAL

Correr es un deporte popular hoy. Mucha gente acostumbra a hacerlo. Antes de correr, el corredor precisa hacer unos cuantos ejercicios de precalentamiento. Lo que estos ejercicios preparatorios son para el corredor, es para el cristiano la vida devocional.

Dichos ejercicios iniciales fortalecen y preparan los músculos del corredor. Así los pone en condiciones para soportar el esfuerzo que les va a exigir. Si no lo hacen así, además de que se agotan pronto, sus músculos son más susceptibles de lesionarse.

De igual manera, el cristiano con sus devociones diarias se prepara para la lucha y esfuerzo diario que la vida le va a demandar, Si se olvida de ello, caerá fácilmente en las tentaciones.

Y de la misma manera que el ejercicio diario hace que el corredor esté cada vez más fuerte y capacitado, así la vida devocional permite el crecimiento y desarrollo espiritual del cristiano. La Biblia dice: "Corramos con paciencia la carrera que tenemos por delante, puestos los ojos en Jesús, el autor y consumador de la fe..." (Heb. 12:1, 2). La vida devocional diaria crea el hábito de empezar cada día con los ojos puestos en Dios.

183. LA BIBLIA

Una de las muchas y variadas experiencias que Juan Wesley tuvo en su vida, se relaciona con la historia acerca de un ladrón que en una ocasión le paró en el camino y le demandó la bolsa o la vida.

Al tiempo que Wesley le entregaba el dinero que tenía, le dijo: "Permítame decirle algo. Tiempo vendrá cuando usted reconsiderará el camino de la vida por el que va. En ese momento recuerde esto: 'La sangre de Jesucristo nos limpia de todo pecado.' "

Años después, al final de un servicio, un extraño se presentó a sí mismo como aquel que le había robado tiempo atrás. Aquel hombre dijo: "Aquel versículo de la Biblia que usted citó obró en mi conciencia y fue instrumento para un cambio en mi manera de ser y pensar. Hace tiempo que me convertí y desde entonces voy al templo y leo la Biblia."

Hebreos 4:12: "Porque la Palabra de Dios es viva y eficaz, y más cortante que toda espada de dos filos..."

184. PECADO

Hace muchos años, los agricultores de Escocia eran muy supersticiosos. Solían dejar una esquina de su campo sin cultivar a fin de pacificar ciertos espíritus malos. Creían que sacrificando este pequeño rincón para los espíritus, el resto del campo quedaría protegido y daría buenas cosechas.

Lo que realmente ocurría era que aquel pedazo de campo dejado sin cultivar producía toda clase de hierbas en abundancia. Luego el viento se encargaba de sembrar las simientes por todo el resto. Todo el campo sufría por las hierbas de una pequeña parcela.

La vida espiritual de los cristianos también sufre cuando hay rincones que no han sido rendidos a Dios y cultivados por el Espíritu y la Palabra. Es mucho mejor tener limpio cada rincón de la vida para que el resto de la persona no tenga que sufrir.

185. RELACIONES

Un joven contaba que cuando él tenía quince años, sus padres junto con una hermana que era pequeña, marcharon a los campos de misión en el extranjero. Al cabo de cinco años, los vio otra vez y entonces no reconocía a la jovencita de diez años que apareció ante sus ojos. Se dio cuenta de cuánto había perdido en su relación con ella en esos años. Ahora eran, prácticamente, unos desconocidos el uno para el otro. No se habían portado mal el uno con el otro, no se habían herido ni ofendido. Sólo que no habían hecho nada por comunicarse y relacionarse.

Cualquier relación que se deja, que no se cultiva, muere lentamente. Santiago 4:8 nos dice: "Acercaos a Dios, y él se acercará a vosotros." La razón por la que muchas personas se alejan de Dios no es por grandes pecados personales o porque se junten con gente que les lleve por malos caminos, sino simplemente porque no hacen nada por cultivar la relación con Dios.

186. METAMORFOSIS

Un anuncio frecuente y popular es de las compañías que venden productos para adelgazar. Muestran la fotografía de una mujer antes de tomar las pastillas, y aparece gorda y deformada. Al lado muestran otra foto de la misma persona con una figura esbelta y atractiva, pero claro, después de tomar las pastillas para adelgazar.

También hacen este tipo de anuncio las casas que venden productos para lavar la ropa y muestran los pantalones del niño o la camisa del esposo que es mecánico, antes y después de ser lavados.

Otros que lo hacen son los gimnasios que quieren mostrar lo que el ejercicio puede hacer. Muestran a un hombre de aspecto poco atlético y atractivo y a su lado el mismo individuo meses después hecho un Tarzán.

Estos anuncios tienen efecto sobre muchas personas. Mayor es el efecto que producen las vidas transformadas de aquellos que han creído en Cristo y han puesto sus vidas en las manos del Señor.

187. BIBLIA

Una pareja de jóvenes paseaba por el parque, hablando y disfrutando a raudales de su relación, juventud y del espléndido día que hacía. De pronto, ella le preguntó a él:

—¿Has encontrado algo en tu Biblia últimamente que quieras recordar conmigo?

—No —dijo él.

—Pues si leyeras más tu Biblia —respondió ella— encontrarías muchas cosas valiosas.

La señorita se refería a una carta de amor en la que le decía sí al joven a su propuesta de noviazgo formal. Sus palabras eran verdad y más profundas de lo que ella podía pensar. Si leyésemos la Biblia regularmente, encontraríamos las cartas de amor eterno de Dios para con nosotros. Encontraríamos las palabras de Jesucristo que nos dice: "Este es mi mandamiento: que os améis unos a otros, como yo os he amado" (Juan 15:12).

188. PERSISTENCIA

"Los soldados británicos no son más valientes y duros que los soldados franceses, sólo son cinco minutos más persistentes." Dijo el Duque de Wellington, famoso comandante inglés que derrotó a Napoleón. Y el famoso boxeador James Y. Corbetl tiene una fllosofía similar acerca de la persistencia en aquello que estamos haciendo. El decia: "Cuando tus piernas están tan cansadas que apenas puedes moverte, animate y lucha durante otro round. Cuando tus brazos están tan cansados que ni siquiera puedes levantar la guardia, lucha durante otro round. Cuando desees que tu contrincante no te envíe a dormir, lucha durante otro round." Entonces concluye: "El boxeador que lucha otro round nunca es batido."

Selecciones del Reader's Digest
Diciembre 1977, pág. 88

189. LA PERSEVERANCIA DE LA FE

A un hombre le encargaron reparar un pozo. Bajó ayudándose con una gruesa cuerda. Al poco tiempo, se encontró con el nudo que señalaba el fin de la cuerda, pero todavía no tocaba el fondo del pozo. Estaba demasiado oscuro para saber cuánto le faltaba y, a la vez, estaba él demasiado cansado para intentar subir. En su desesperación se quedó allí colgando de la cuerda.

Sus brazos y manos pronto empezaron a sentirse incapaces de aguantar más el peso del cuerpo. Creyendo que había llegado al final de su vida, cerró los ojos, se soltó y esperó un golpe de muerte.

Para su sorpresa, sólo le faltaba un metro para llegar al suelo.

Asi viven muchas personas la vida cristiana. No tienen suficiente luz para ver todo el camino; por otra parte, han ido ya demasiado lejos para volverse atrás. Están allí colgando de la cuerda, llenas de temor acerca de lo que está por delante. Llegado el momento de dar el salto final, se dejan caer para ver, en su sorpresa, que han caído en los brazos de su amante Padre celestial. Jesucristo nos aseguró ambas cosas en Juan 14:14 y 17:24.

190. EL SIGNIFICADO DE LA VIDA

Un hombre tenia que levantarse cada día temprano para ir al trabajo. Un día de tantos iba en el tren con un humor negro, debido al cansancio y el aburrimiento. Dijo a su compañero de asiento: "Tengo un despertador que me dice cuándo tengo que levantarme, pero necesito uno que me diga por qué tengo que hacerlo." Y es que la búsqueda de significado de la vida nunca termina.

Responder al por qué de la vida es mucho más dificil que responder al qué, cómo, dónde, cuándo, que habitualmente formulamos. Job luchó con el por qué hace siglos y cada hombre en todo tiempo y lugar lucha con la misma cuestión.

Millones viven vidas serenas, gozosas, confiadas y seguras porque su fe en Cristo les da la respuesta que necesitan y que les llena de gozo y de paz.

Cuando el hombre sabe por qué vive tiene la llave de la vida victoriosa y abundante.

191. LA LEY DE DIOS ES COMO UN ESPEJO

En el cuento de Blanca Nieves y los Siete Enanitos se nos dice que la madrastra de Blanca Nieves tenia un espejo mágico que le hablaba. La reina, que era muy linda, le preguntaba al espejo cosas acerca de su belleza. Y el espejo, como todos los espejos, dicen siempre la verdad.

Una vez de tantas, la madrastra le preguntó:

—Dime, espejo mágico, ¿quién es la mujer más bella del reino?

A lo que el espejo respondió:

—Reina y señora, la mujer más linda del reino es Blanca Nieves.

Llena de ira, la reina rompió el espejo. No pudo resistir la verdad de que no era ella, sino Blanca Nieves, la más bonita.

La Ley de Dios es como un espejo que nos dice con exactitud

cómo somos los humanos. Nos dice que somos pecadores y que estamos destituidos de la gloria de Dios. Esto no nos gusta y por esa razón dejamos a un lado la Biblia, porque nos dice lo que no queremos escuchar. Pero lo que nos dice es verdad y debemos escuchar para nuestro bien. (Ver Salmo 19:7-13.)

192. LA ACTITUD

La actitud lo cambia todo en la vida, especialmente en relación con el trabajo. Hay una fábula de dos baldes que eran usados para traer agua de una fuente. Uno se quejaba al otro:

—¿Te fijas que por muy llenos que salgamos de la fuente, siempre volvemos vacíos?

—No —respondió el otro—, yo me había fijado en que por muy vacíos que lleguemos, siempre regresamos llenos."

193. PROPOSITO EN LO QUE HACEMOS

Se cuenta de un Departamento de Obras de una municipalidad que envió un equipo de obreros a abrir agujeros en un parque antiguo. Cuando habían cavado hasta cierta profundidad, un inspector examinaba lo hecho y les decia que volvieran a llenar el hoyo. Despues de hacer esto varias veces, los obreros se enojaron y dijeron al inspector que no estaban dispuestos a continuar con aquel trabajo tan tonto. No se quejaban del pago ni del trato, sino de la inutilidad de lo que hacían. Pero entonces el inspector les explicó que en ese sector habia una antigua red de tuberías de agua que era necesario localizar. Se habian perdido los planos y tenian que abrir los hoyos para localizarlas. Los obreros siguieron su trabajo más animados. Ahora el abrir hoyos tenia sentido.

Es importante saber que lo que hacemos tiene sentido y valor. Ese conocimiento hace que sea soportable la labor más rutinaria, difícil o peligrosa.

194. ESPIRITU DE AMOR Y DE PERDON

Los cristianos nos sentimos avergonzados cuando los no cristianos demuestran tener mayor conciencia moral que nosotros.

La historia nos da testimonio de que Pericles, el gran lider griego que vivió cinco siglos antes de Cristo, poseia un gran amor, paciencia y compasión para con todos sus compatriotas.

Cuenta la historia la manera en que Pericles trató a un político contrario y muy crítico de su actuación. Pericles caminaba cada día desde su casa hasta el Senado donde atendía los asuntos públicos. Un día, un hombre que parecía tener motivos para estar enfadado con Perides, le esperó en el camino y le dirigió toda clase de insultos y amenazas. Cuando terminó los asuntos en el Senado, aquel individuo le estaba esperando a la puerta e hizo lo mismo en todo el camino hacia la casa de un amigo donde estaba invitado a comer. Así, a lo largo de todo aquel día, le perseguia como si fuera su sombra. Al atardecer, Pericles regreso a su hogar y le volvió a suceder lo mismo con aquel enemigo político que no cesaba de ofenderle y amenazarle. Cuando entraba por la puerta de su casa ya era oscuro. Aquel hombre profirió unas cuantas ofensas más ante la puerta cerrada y empezó a retirarse. Al bajar la calle, ya en la oscuridad, vio que alguien se le acercaba con una antorcha.

—¿Quién eres? —preguntó.

—Soy el criado de Pericles. El me ha enviado para que le ilumine el camino hasta su casa.

Si los hombres pueden encontrar dentro de ellos mismos el espíritu de amor y de perdón, son sin excusa aquellos que tienen a Cristo y son incapaces de no amarse el uno al otro.

195. PECADO

La señora Ana Landers es una bien conocida consejera familiar que aparece frecuentemente en la televisión norteamericana y tiene una sección fija diaria en el periodico. En una entrevista en la televisión afirmó que recibia como un millón de cartas al año de personas que buscaban consejo. Le preguntaron si podia decir si habia percibido en las cartas recibidas algún común denominador que corriera por todas ellas. Sin dudarlo, la señora Landers, respondio: "Lo que es común a todos es la pregunta expresada de una u otra manera '¿Qué anda mal en mi?' " Esa misma pregunta es la que escuchan pastores, consejeros, sicólogos y médicos de labios de los seres mas necesitados o enfermos. La Biblia nos dice que andamos mal por causa del pecado. Puede parecer una respuesta simple, pero nuestro problema número uno y causa de todos nuestros males, es el pecado. Según nos enseña Romanos 3:10, 23 y 7:15-25, el pecado es algo complejo y profundamente enraizado en nosotros.

196. JUICIO

El profeta Natán presentó al rey David un caso ficticio de un hombre que había cometido una falta grave. El rey David reaccionó enérgicamente condenando al culpable (2 Sam. 12:17). Esta misma reacción se produce frecuentemente en grupos de aconsejamiento bajo la dirección de un sicólogo. Este introduce casos ficticios en los que se presentan las propias faltas de las personas del grupo. Durante los diálogos suele suceder que los interesados condenan enérgicamente las faltas presentadas en el estudio. Más tarde, se sienten sorprendidos, como David, cuando el consejero les dice a quién han estado juzgando. De esto nos habla la Palabra de Dios en Romanos 2:13.

197. PODER

¿Le gustaría leer su propia esquela mortuoria en el periódico? Eso es lo que le sucedió a Alfredo Nobel, el químico sueco que inventó la dinamita, y se hizo rico mediante la producción industrial de este y otros explosivos. Parece ser que un reportero francés le confundió con su hermano y publicó la noticia de su muerte.

Cualquiera hubiera quedado sorprendido, pero Alfredo Nobel quedó pasmado y confundido. En un instante se vio a sí mismo como otros le veían, un descubrimiento extraordinario que no todos hacen. El era para el mundo "el rey de la dinamita", el industrial que se había hecho millonario produciendo explosivos. Para el público en general, esta era toda la historia de Nobel, para ellos era sólo el "mercader de la muerte".

Horrorizado por esta tremenda esquela mortuoria, resolvió hacer algo distinto en su vida. Su testamento establece cuáles fueron sus ideales en la vida: Cinco premios que llevan su nombre y que son otorgados cada año para galardonar los más altos logros en favor de la cultura, el progreso y la paz. El más estimado y aplaudido de todos es este último.

Alfredo Nobel puso el nombre de dinamita a su invento,

tomándolo de la palabra griega que significa poder. Esta es exactamente la misma palabra que utiliza Pablo para describir el evangelio en Romanos 1:16. Ahí está el poder transformador más grande que jamás haya existido.

198. EL PODER DEL EVANGELIO

Recuerdo, allá por los años 40, cuando se empezó a comercializar y usar en general la penicilina, que mi padre enfermó de pulmonía. Este mal era muy grave en aquellos días, pocos sobrevivían, y si lo lograban era después de una larga y penosa convalecencia.

Mi padre se había informado de los milagrosos efectos de la penicilina e importunó al médico a tal punto que el doctor accedió a recetársela. Los resultados fueron tan espectaculares como se había oído que sucedió en otros enfermos. A los quince días ya estaba caminando por la calle como si no hubiera pasado aquella enfermedad. A todo el mundo hablaba de aquella droga maravillosa y de su poder curativo milagroso.

Años después, escuchó la predicación del evangelio y se convirtió al Señor, el cambio en su vida fue tan visible y significativo que le pasó lo que con la penicilina, no cesaba de hablar del evangelio. De esto habla Pablo en Romanos 1:16.

199. PODER TRANSFORMADOR DEL EVANGELIO

Cuando Pablo escribió el versículo 16 de Romanos 1, sin duda alguna tenía en mente que él era el mejor ejemplo del poder (dinamita) del evangelio para transformar a las personas. De un duro y acérrimo perseguidor de los cristianos se transformó en el más ardiente siervo de Jesucristo.

Y seguramente que tenía también en mente la manera en que el poder del evangelio transformó la suspicacia, el temor y las reservas que los cristianos de Jerusalén tenían hacia él en amor fraternal (Hech. 9:26). Aquellos hermanos de Jerusalén le recordaban como aquel que les había causado mucho daño y dolor, pero el poder del evangelio les ayudó a superar esta situación de desconfianza y malestar.

Así ha sido siempre, el poder del evangelio transforma personas y situaciones.

200. ARREPENTIMIENTO

No sé si les habrá ocurrido a ustedes el ir alguna vez en dirección prohibida por una calle. A mí me pasó una vez, que me metí, inadvertidamente, en dirección contraria por una calle de una sola dirección. Los demás conductores se apartaban y a la vez me llamaban la atención de mil maneras.

Lleno de ansiedad buscaba la manera de dar la vuelta. Me daba cuenta de que iba en la dirección equivocada y debía cuanto antes cambiar la dirección dando una vuelta de 180 grados, o, de lo contrario, iba camino del desastre.

El deseo y la decisión de cambiar de dirección en nuestras relaciones con Dios se llama arrepentimiento. Es cuando descubrimos, como el hijo pródigo, que nos hemos equivocado y decidimos volver al Padre pidiendo perdón.

201. NO ME AVERGÜENZO

En el tiempo presente, cuando es, en general, tan fácil y seguro identificarnos como cristianos y hablar de Cristo, nos resulta difícil imaginar lo duro y difícil que resultó hacerlo para los primitivos cristianos. Eran insultados, ridiculizados, maltratados y perseguidos por su fe y condición de cristianos. Recordemos que el nombre de "cristianos" no fue al principio un título honroso que se daba a los cristianos, sino un sobrenombre, un apodo o mote. Pablo invita, en estas circunstancias, a levantar la cabeza con valor y proclamar con digno orgullo: "No me avergüenzo del evangelio" (Rom. 1:16). O de otra manera: "Estoy orgulloso del evangelio." O como otros lo expresan: "El evangelio no me dejará avergonzado, no me fallará." Pablo, por esto, sabía y podía estar seguro en quien había creído.

202. LLENA DE FE Y DE ESPERANZA

Corrie ten Boom vivía pacífica y felizmente con su padre y hermana en Haarlem, Holanda, cuando comenzó la Segunda Guerra Mundial. Pronto los tres empezaron a proveer a los judíos perseguidos de lugares donde esconderse. Como consecuencia, Corrie y su hermana estuvieron bastantes meses internadas en un campo de concentración. Allí estuvieron sujetas a toda clase de privaciones, humillaciones y malos tratos. Muchos más fuertes que ellas sucumbieron. Pero ella sobrevivió en unas condiciones tan terribles porque estaba llena de esperanza, fe y optimismo.

Al ser liberada, empezó a viajar para contar al mundo entero acerca de la realidad de Cristo Jesús. Corrie confiesa que cuando tenemos una razón espiritual para vivir, podemos soportar toda clase de dificultades en la vida. La fe y la esperanza pueden darnos fuerzas capaces de superar toda clase de experiencia por terrible y dolorosa que sea.

203. DEFINICION DEL LIDERAZGO

Harold Geneen, anterior oficial ejecutivo de la ITT, dice: "El liderazgo es la habilidad de inspirar a otros para que trabajen juntos como un equipo bajo su dirección, a fin de alcanzar un objetivo común, tanto si se trata de los negocios, de la política, de la guerra o en el campo de fútbol. Nadie puede conseguirlo por sí solo. Es necesario que otros en la organización deseen seguirle como líder. El dirigente desafía a las gentes para que se esfuercen por alcanzar esas metas que ellos pueden haber considerado que estaban por encima de ellos. Yo quería que realizasen más de lo que ellos creían posible y no solamente quería que lo hiciesen por la compañía y sus carreras, sino por el gusto de hacerlo."

John Haggai

204. SEÑOR, TU ANTES . . .

Señor, tú antes, tú después, tú en la inmensa
hondura del vacío y en la hondura interior.
Tú en la aurora que canta y en la noche que piensa.
Tú en la flor de los cardos y en los cardos sin flor.

Tú en el Cenit a un tiempo y en el nadir; tú en todas
las transfiguraciones y en todo el padecer;
tú en la capilla fúnebre, tú en la noche de bodas;
tú en el beso primero, tú en el beso postrer.

Tú en los ojos azules y en los ojos oscuros,
tú en la frivolidad quinceañera y también
en las grandes ternezas de los años maduros.
Tú en la más negra sima, tú en el más alto edén.

Si la ciencia engreída no te ve, yo te veo;
si sus labios te niegan yo te proclamaré,
por cada hombre que duda mi alma grita: "¡Yo creo!"
Y con cada fe muerta, se agiganta mi fe.

Amado Nervo

205. HAGASE TU VOLUNTAD

Lo que Vos queráis Señor,
sea lo que Vos queráis.

Si queréis que entre las rosas
ría hacia los manantiales
resplandores de la vida,
sea lo que Vos queráis.

Si queréis que entre los cardos
sangre hacia las insondables
sombras de la noche eterna,
sea lo que Vos queráis.

Gracias si queréis que mire,
gracias si queréis cegarme,
gracias por todo y por nada,
sea lo que vos queráis.

Juan Ramón Jiménez

206. SE LO MEJOR

Si no puedes ser pino alto y robusto,
que en la cumbre se baña de esplendor,
no te aflijas por ello. ¡Sé un arbusto!;
pero entre los arbustos sé el mejor.

Si eres césped tan sólo en la pradera,
embellece el camino con tus flores.
Y si tan sólo un pececillo fueras,
sé el encanto del lago donde moras.

No podemos ser todos capitanes.
Si nadie es tropa, el esfuerzo es vano.
No tan solo hay lugar para titanes. . .
Tenemos obra al extender la mano.

Si no fueras camino, sé vereda.
Sé una estrella, si no fueras sol.
No es ser grande la gloria verdadera.
Cualquier cosa que seas. . . ¡Sé el mejor!

Autor desconocido

207. LA IMPORTANCIA DE TENER UNA VISION

No te eches al camino
si no llevas siquiera
la luz de una esperanza;
si no llevas siquiera
la luz de un bello ensueño,
no te eches al camino...

No te eches al camino
si no llevas siquiera
algún ideal oculto;
si no llevas siquiera
una visión prendida,
no te eches al camino.
Viandante y peregrino,
la cumbre no se alcanza
sin un fulgor divino. . .

Autor desconocido

208. FORMULA

Un cristiano chino contó cómo ganaba él almas para Cristo. Dijo: "Me pongo de rodillas y le hablo a Dios de la gente, entonces me pongo de pie y le hablo a la gente de Dios."

209. EL PRECIO DE LA FAMA

En una ocasión se homenajeaba a un escritor famoso y alguien comentó en alta voz:

—¿No es fantástica la manera en que fulano de tal un día se despertó y se encontró con que era famoso? ¡Ya quisiera yo tener tanta suerte!

El aludido oyó y respondió:

—Recuerde que aquel que un día despierta y descubre que es famoso es porque probablemente nunca se durmió.

A veces envidiamos al hombre culto, pero no estamos dispuestos a pagar el precio de adquirir cultura. La vida nos enseña que el labrador no cosecha si primero no trabaja la tierra, la siembra y la cuida. En general, las cosas valiosas se producen como fruto del esfuerzo diligente.

210. EL FRENO Y EL ACELERADOR

La vida, en cierto sentido, es como un automóvil, pues entre otras cosas importantes se precisa de un freno y un acelerador. De un freno para evitar ir de cabeza al desastre y de un acelerador para llegar a alguna parte. En la vida tenemos a veces que frenar y decir *no* a muchas cosas. Pero también tenemos que decir *sí* a otras muchas positivas. Tenemos que dejar de hacer lo que no conviene y hacer lo que sí conviene. Algunas personas pretenden ser neutrales; no hacen nada malo, pero tampoco hacen nada bueno. Tienen el freno bien apretado, pero ignoran la enorme importancia del acelerador. ¡Bienaventurado el que sabe manejar ambos con sabiduría!

211. LA VIRTUD DE LA FE

No es una virtud peculiar y misteriosa que para obtenerla

debamos esforzarnos. Jesús dijo que es menester volvernos como niñitos, y como los niños confían en sus padres, así debemos confiar en Dios.

Supongamos que voy manejando mi automóvil a lo largo de la carretera a setenta y cinco kilómetros por hora, y llego a lo alto de un montículo. ¿Frenaría a fondo, pararía el vehículo, saldría fuera y me dedicaría a mirar si la carretera continuaba? No, no haría eso. Confiaría en el Ministerio de Obras Públicas del país. Continuaría a la velocidad normal, en la seguridad de que la carretera continúa a pesar de que no veo la continuación. Lo aceptaría por fe. Así es con la fe salvadora en Cristo.

Billy Graham

212. PODEMOS ENCONTRARNOS EN EL CIELO

Leí una biografía de la reina Victoria y averigüé que la reina iba de vez en cuando a los barrios pobres de Londres. Una vez entró en un hogar para tomar té con una anciana, y cuando la reina se levantó para marcharse, preguntó:

—¿Hay algo que pueda hacer por usted?

—Sí —respondió la mujer—, podemos encontrarnos en el cielo.

La reina se volvió y respondió suavemente:

—Sí, estaré allí; pero sólo por la sangre que fue derramada por usted y por mí.

La reina Victoria, la mujer más poderosa de la tierra en su día, tenía que depender de la sangre de Cristo para su salvación. Y también nosotros.

Billy Graham

213. UN EJEMPLO DE FE

Supe de un hombre que hace unos años, empujaba una carretilla sobre un alambre estirado de un extremo a otro sobre las cataratas del Niágara. Miles de personas vitoreaban. Puso un costal de tierra de cien kilos sobre la carretilla, la pasó al otro lado, y luego regresó con ella. Entonces dirigiéndose a la multitud, preguntó: "¿Cuántos de ustedes creen que puedo pasar a un hombre en la misma forma?"

¡Todos gritaron dando su asentimiento! Pero un espectador de la primera fila, muy exaltado, gritaba a todo pulmón, asintiendo también. Entonces el equilibrista lo señaló con el dedo y dijo: "Y ahora, ¡le toca a usted!"

¡El hombre se volvió ojo de hormiga en un instante! ¡Realmente, no lo creía! Dijo que lo creía, pensaba que lo creía, pero no estaba dispuesto a subir a la carretilla.

Así es con Cristo. Muchos dicen que creen en él y que le siguen, pero nunca han subido a la carretilla. Realmente, nunca se han entregado ni se han rendido totalmente, a Cristo.

Muchas personas preguntan: "Bueno, ¿cuánta fe es necesaria?" Jesús dijo que solamente era necesaria fe como "un grano de mostaza".

Billy Graham

214. LA MUERTE DE UN SANTO

Las últimas declaraciones de hombres moribundos, proporcionan un estudio excelente para los que buscan el realismo frente a la muerte.

Adoniram Judson dijo: "No estoy cansado de mi trabajo ni tampoco del mundo; pero cuando Cristo me llame al hogar celestial, iré con la alegría del muchacho cuando sale de la escuela."

215. VALOR

Segunda de Samuel registra un momento muy crítico y peligroso para el ejército de David. Joab, el comandante en jefe vio que "se le presentaba la batalla de frente y a la retaguardia". Entonces, él y su hermano Abisai prometieron apoyarse incondicionalmente el uno al otro y dejar el resultado final en las manos de Dios. Joab fortaleció el ánimo de Abisai con las alentadoras palabras de: "Si los sirios pudieren más que yo, tú me ayudarás; y si los hijos de Amón pudieren más que tú, yo te daré ayuda. Esfuérzate, y esforcémonos por nuestro pueblo, y por las ciudades de nuestro Dios; y haga Jehová lo que bien le pareciere" (2 Sam. 10:9, 11, 12).

216. EL CRISTIANO Y LA MUERTE

Los momentos finales se acercaban y Pablo estaba muy pensativo. Lo que escribió no es nada sutil o ambiguo, sino claro como el agua cristalina. En palabras sencillas y penetrantes el Apóstol declaró: "He peleado la buena batalla, he acabado la carrera, he guardado la fe, por lo demás, me está guardada la corona de justicia" (2 Tim. 4:7, 8). No todos pueden hablar a la hora de la muerte con esa certidumbre, esperanza y nota de victoria.

217. ¿DONDE ESTA JESUS?

Se cuenta la historia de una familia europea de alta alcurnia que hace muchos años iba a bautizar a una pequeña criatura en la gran sala de su enorme mansión. Muchos huéspedes habían sido invitados para la ocasión, y todos llegaron vestidos con sus ropas más elegantes. A medida que se iban quitando sus abrigos, éstos eran llevados al piso superior para ser colocados sobre una cama en uno de los dormitorios.

Pasada la conmoción de la llegada de los huéspedes, y luego de un largo rato de animada conversación, todo el mundo se aprestó para la ceremonia del bautismo de la criatura. De pronto alguien preguntó para sorpresa de todos: "¿Dónde está el bebé?" La institutriz corrió escaleras arriba, buscando por todos lados, y regresó con el rostro pintado de desesperación. No podía encontrar al bebé por ningún sitio. La búsqueda continuó durante unos minutos que parecieron eternos, hasta que alguien recordó haber visto a la criatura acostada sobre una de las camas. Y allí estaba todavía, bajo las ropas de abrigo de los invitados. Era irónico. El mismo objeto de la celebración había sido olvidado descuidado y por poco destruido.

Cuando voy caminando por la calle en los días navideños, a menudo me pregunto: ¿Y esto es la Navidad? ¿Dónde está el Niño cuyo cumpleaños supuestamente celebramos el 25 de diciembre? Compra de regalos y obsequios, villancicos, decoraciones especiales, brindis, arbolitos con luces de colores. . . ¿Es este el propósito de la Navidad? Las decoraciones son bonitas y coloridas,

la música navideña me atrae; pero, ¿a eso se remite la Navidad?
¿Dónde está el Niño Jesús? ¿Dónde le han puesto?

218. NO SUAVICEMOS EL PECADO

Recuerdo el incidente del oficial de una iglesia, que un día fue al
ministro para hablarle acerca del pecado.

Le dijo al pastor:

—Pastor, a nosotros los de la congregación nos gustaría que
no hablara usted tanto, ni con palabras tan precisas, sobre el
pecado. Pensamos que si nuestros niños lo oyen predicar con tanta
frecuencia de este asunto, más pronto llegarán a ser pecadores.
¿Por qué no llamarlo un "error" o decir, simplemente, que muchas
veces los jóvenes son culpables de mal juicio? Pero, por favor, no
hable usted tan abiertamente del pecado.

El ministro atravesó el cuarto, y de un alto estante tomó una
botella de veneno y la mostró al visitante. La botella tenía una
etiqueta con estas palabras en grandes letras rojas: "¡Veneno, no
toque!"

—¿Qué quiere usted que yo haga?—preguntó el ministro—.
¿Piensa que sería mejor que quitara esta etiqueta clara y pusiera otra
que dijera: "esencia de menta"? ¿No ve usted que cuanto más
suavice el nombre de la etiqueta, más peligroso se hace el veneno?

El pecado, el mismo pecado de siempre, el que causó la caída
de Adán, es lo que padecemos hoy día, y nos hará más daño que
bien el tratar de disfrazarlo con una etiqueta atractiva y elegante. No
necesitamos una nueva palabra para expresarlo.

¡Lo que necesitamos es enterarnos de lo que la palabra que ya
tenemos significa!

Billy Graham

219. ENTREGA TOTAL

Hace siglos, cuando las alas de la feroz águila romana arroja-
ban una sombra siniestra sobre el mundo, los audaces guerreros
capitaneados por César, salieron a conquistar la Gran Bretaña.
Mientras las naves enemigas aparecían en el horizonte miles de
ingleses se concentraron en las colinas para defender con bravura
su patria. Para su gran asombro, las olas del mar destruyeron la

mayoría de las naves romanas. Quedó destruida la unica vía de escape para los intrépidos invasores, pero los romanos lucharon con espíritu indomable y la conquista quedó asegurada. ¡No es de maravillar que esa insignificante aldea, a orillas del Tiber, llegara a ser la dueña del mundo!

Así que, Cristo exige entrega y devoción absolutas. "Y Jesús les dijo: Ninguno que poniendo su mano en el arado mira hacia atrás, es apto para el reino de Dios" (Luc. 9:62).

Moisés hizo la conmovedora decisión al encontrarse en el cruce de dos caminos. Su mente analítica pesó todos los hechos que influyeron en su decisión. Echó un vistazo cuidadoso y medido a cada camino, hasta el final. Consideró todos los pros y los contras, y sí fue como decidió depositar su confianza y fe en Dios.

Billy Graham

220. EL PUERCO Y EL CORDERO

Hay un viejo cuento acerca del puerco y el cordero. Un agricultor llevó un puerco a la casa. Le bañó, aseó las patas, le roció con un perfume muy fino, en su cuello puso un adorno y le dejó entrar a la sala. El puerco tenía un aspecto magnífico. Estaba tan limpio y fresco que parecía que iba a ser aceptado en la sociedad y entre los amigos. Durante algunos momentos fue un animal domesticado y muy correcto. Pero tan pronto se abrió la puerta, el puerco salió de la sala y se metió al primer lodazal que encontró. ¿Por qué? Porque todavía era puerco. Su naturaleza no había cambiado. Había un cambio exterior, pero el interior era el mismo.

Considera el cordero por otro lado. Coloca al cordero en la sala y luego mándalo al patio; hará todo lo posible para evitar todos los charcos. ¿Por qué? Porque su naturaleza es la del cordero.

Puedes vestir a un hombre muy bien y colocarlo en la primera fila de la iglesia, y casi parece un santo. Podría engañar a sus amigos por un tiempo; pero colócalo en su despacho, en su casa o en el club el sábado por la noche, y te darás cuenta de que manifestará su verdadera naturaleza. ¿Por que se porta asi? Porque no ha cambiado de naturaleza. No ha nacido de nuevo.

Billy Graham

221. MURAMOS A LA IMPUREZA

De la vieja revista *Hi Call* procede esta historia.

Un joven ministro visitaba un pueblo minero y tuvo ocasion de bajar a la mina acompañado. En uno de aquellos oscuros y sucios pasillos, observó la presencia de una bellísima flor blanca que crecia en medio de la tierra negra de la mina.

—¿Como puede haber una flor de tanta belleza y pureza en un lugar como este? —preguntó al minero.

—Arroje algo de polvo de carbon y vea lo que sucede,—fue la respuesta.

El ministro lo hizo y quedo sorprendido al ver que tan pronto como el sucio polvo tocaba aquellos petalos blancos como la nieve, el polvo resbalaba cayendo al suelo y dejando los pétalos tan bellos como eran. Eran tan suaves que la suciedad no quedaba prendida en la flor.

Nuestros corazones pueden ser así tambien. No podemos evitar el vivir en un mundo que esta lleno de pecado, como tampoco la flor podía cambiar el lugar donde habia nacido. Pero Dios puede conservarnos tan puros y limpios que aunque estemos rodeados del pecado por todas partes, este no se pega.

Podemos estar en medio de él tan bellos y blancos como la flor. ¡El secreto de la pureza es Dios mismo! La clave para conocerlo y verlo es un corazón limpio. . . ¡Un corazón limpio que procede de Dios! ¡Tened corazones limpios y seréis soberanamente felices, a pesar de las circunstancias que puedan rodearos!

Billy Graham

222. PODEMOS ESTAR SEGUROS

Siempre que alguien me pregunta cómo puedo yo estar seguro de quién y qué es Dios, recuerdo el relato del muchachito que remontaba su cometa. Era un día ideal para elevar las cometas: hacía mucho viento y grandes nubes flotaban en el cielo. La cometa subió más y más hasta que se oculto completamente en las nubes.

—¿Que estas haciendo?—preguntó un señor al muchacho.

—Estoy volando mi cometa—contesto.

—¡Ah! ¿Si? ¿Cómo lo sabes si no la puedes ver?

—No, no puedo verla, pero muy a menudo siento un tironcito, así que estoy seguro de que está alli.

No creas por la palabra de otro que Dios existe. Descubrelo por ti mismo, y entonces sabras por medio del maravilloso y amante tironcito en las fibras de tu corazon, que Dios de seguro esta alli.

223. AVERIGÜEMOS LO QUE NOS FALTA

En las clases de botánica en las universidades hacen los siguientes experimentos para estudiar las reacciones de las plantas cuando les faltan ciertos minerales: Toman una planta y le ponen todos los minerales y componentes que se sabe necesitan para ser plantas sanas. Despues toman una y le ponen todos los minerales, excepto uno de ellos; a otra planta no le ponen otro mineral, y asi sucesivamente. En otras palabras, cada una de las plantas carece de cierto mineral. De esa manera se estudia el efecto que produce la falta de dicho mineral en las plantas. La ausencia de uno hará que las hojas se pongan amarillas; la falta de otro hará que las plantas no se desarrollen en su totalidad; la falta de otro hará que el fruto sea diminuto.

De la misma manera con la vida espiritual; uno necesita examinarse detenidamente para ver cuáles son las causas de las fallas que pueden haber en uno. La razón es porque todo tratamiento empieza con la identificación del mal.

224. LA IMITACION PRODUCE MILAGROS

La imitación de lo bueno, lo noble y lo bello transforma y sostiene la vida de muchos. En este sentido se expresaba Pablo cuando decía: "Prosigo al blanco."

Se cuenta que una niña que vivía con sus hermanitos en los suburbios de una gran ciudad, en una casucha desordenada y sucia, cruzaba con frecuencia por una plaza donde había una estatua que representaba a una señorita. La escultura era preciosa, tenía una hermosa faz, los cabellos rizados aparecían bien peinados, su vestido con pliegues bien planchados. La niña estaba prendada de aquella fascinante figura de piedra y pasaba largos ratos contemplándola.

Un día, al llegar a su casa, se miró en un espejo roto y se vio tan diferente de la señorita representada en la estatua y que ella admiraba tanto, que instintivamente fue a lavarse y peinarse, imitando a su admirado modelo. Poco después hizo lo mismo con su descuidado vestido, lavándolo y planchándolo. Seguidamente hizo lo mismo con sus hermanitos. Más tarde, viendo el contraste entre sus personas y el descuido y desorden que reinaban en el cuarto, empezó a ponerlo todo en orden, hasta que quedó completamente transformado. Todo como resultado del amor a lo bello y lo limpio que la atrayente y estimulante figura había despertado en su corazón.

No hay nadie más grande, noble y digno de ser imitado que Jesucristo, el Hijo de Dios. Cuando le tomamos como modelo, y por el poder de su Espíritu, nos asimilamos a él, se cumplen las palabras de Pedro de que crecemos hasta la estatura de Cristo.

225. ¿DE QUIEN DEPENDE EL FUTURO?

Es un hombre que se hace notar poco, y que siempre camina silencioso. Evita las fotografías y las entrevistas. Prefiere el anonimato a la publicidad y la soledad, si es posible, a la multitud.

Todo su equipo consiste en un maletín de cuero, sencillo y sin pretensiones, que lleva atado siempre a la muñeca. El hombre caminaba siempre unos pocos pasos atrás del presidente Reagan, y lo acompañaba por todas partes cuando el presidente viajaba.

En ese maletín lleva un código secreto para poner en marcha todo el aparato bélico de los Estados Unidos. Si el presidente muriera en un atentado, ese código sería estudiado inmediatamente.

Cuando Reagan visitó Brasil, un periodista hizo este comentario sobre el hombre del maletín: "¡Pensar que el futuro de la humanidad cuelga de la muñeca de un desconocido!"

Amigo, singulares son las cosas que ocurren en nuestro mundo y en nuestro tiempo. Hoy la humanidad está tan regimentada, tan computarizada, tan interrelacionada por la radio y las comunicaciones instantáneas y el aparato de los gobiernos, que nadie está a salvo de nadie, y lo que ocurre en un mero punto de la tierra, repercute instantáneamente en todo el planeta.

Pero no es cierto lo que dijo el periodista brasileño. El futuro de la humanidad no depende de la muñeca de uno de los ayudantes del presidente Reagan. Ni depende del mismo presidente, como tampoco depende de ningún otro gobernante de la tierra, por más poderoso que sea.

El destino de la humanidad nunca dependió de los gobernantes que hubo en la historia, por más poder que tuvieron en su tiempo. Ni Alejandro el Grande, ni Julio César, ni Gengis Kahn, ni Napoleón, ni Stalin, ni Hitler, ni ninguno, tuvieron en sus manos el destino de la humanidad para moldearlo a su antojo.

El destino de todos los hombres está, estuvo y estará siempre en las manos de Cristo. Porque Cristo es el Arquitecto de los siglos, y el que tiene en su mano el código del final de la historia, porque él tiene el año, mes, día y hora en que le pondrá fin a todas las cosas. Hagamos de Cristo, ahora mismo, el dueño de nuestro destino personal, aceptándole como único Rey y Señor de nuestras vidas.

226. NOS OLVIDAMOS DEL ROSTRO DE CRISTO

En la tradición católica hay varias reliquias que pretenden conservar el rostro de Cristo. Pero el rostro de Cristo no es una cara o figura que tengamos conservada en alguna pintura o reliquia, sino el que el Espíritu Santo nos ha conservado en los Evangelios. Allí está siempre presente y visible. Aunque a veces queremos olvidarnos de la cara de Cristo y de la realidad de que él nos ve.

Se cuenta que durante los días cruentos de la Revolución Francesa, la multitud desenfrenada invadió el palacio real. Llenos de furia y de venganza recorrían salones y pasillos, hasta que llegaron a una magnífica sala donde, se dice, quedaron paralizados. Repentinamente cesaron las maldiciones y las blasfemias, y lo más admirable de todo, muchos descubrieron sus cabezas despojándose de gorros y sombreros, y se arrodillaban sobre la alfombra.

¿Qué había ocurrido? Una preciosa obra de arte representando a Cristo crucificado, colgaba de la pared opuesta. Al encontrarse así de pronto frente al Cristo crucificado, que les miraba de forma tan expresiva, se sintieron tocados en sus conciencias.

Pero no acaba ahí la historia. Uno más decidido, corrió a donde estaba el cuadro y dándole la vuelta gritó: "¡Adelante! ¡Prosigamos, que Cristo ya no nos ve!"

Esto es lo que frecuentemente hacemos con Jesucristo. Al entrar en contacto con él por medio de los Evangelios y del Espíritu Santo, su vida, sus hechos y enseñanzas nos conmueven y convencen. Llegamos a entender y aceptar que nos amó y se entregó a sí mismo por nosotros. Todo esto nos frena por un tiempo; pero luego, encontrando molesta la mirada de Cristo, cerramos los Evangelios para pretender no verlo ni oírlo nunca más.

227. REDENCION

La televisión norteamericana, en un programa titulado "Esto es increíble" presentó la siguiente experiencia en uno de sus programas hace un tiempo:

Un hombre joven cuyo trabajo consistía en cuidar serpientes, tenía que alimentar una de una especie muy venenosa procedente del este de Asia. En una de tantas veces, el reptil le mordió. Parece ser que el único antídoto posible era una transfusión de sangre de una persona que hubiera sido mordida por la misma clase de serpiente y sobreviviera. Aunque parezca increíble, sólo había una persona en la nación que había padecido la misma situación y se ofreció a ayudar. Fue llevada en avión urgentemente al hospital, donde se realizó la transfusión y la nueva víctima también sobrevivió.

La Biblia nos dice que por medio de la sangre de Jesucristo y sólo por medio de él, podemos ser limpiados del mal llamado pecado. "Y sin derramamiento de sangre no se hace remisión" (Heb. 9:22).

228. COMPARACIONES

Las personas negativas y desagradables son las que se comparan a sí mismas con otras. El fariseo miraba por encima del hombro al publicano; el hermano mayor de la parábola no podía entender ni aceptar la fiesta que se organizaba por la vuelta de su hermano. El deudor acaudalado, recién liberado del temor de la cárcel por sus deudas, pensó que era conveniente oprimir a los pequeños que le debían a él. Los labradores que habían recibido su paga, pensaban que ellos eran mejores que aquellos que consiguieron lo mismo sin apenas ganarlo.

La comparación correcta es cuando nos comparamos con el modelo que Dios nos ha propuesto en su Hijo Jesucristo.

229. OBEDIENCIA

Fue el gran escritor norteamericano Mark Twain quien dijo: "No es lo que ignoro de la Biblia lo que me preocupa sino lo que conozco y sé exactamente cuál es su significado." Y a mí tampoco me preocupan mucho el Apocalipsis o el libro de Daniel. Lo que me preocupa es el Sermón del monte y los Diez Mandamientos, eso está bien clarito y tengo problemas en cumplirlo.

Siempre nos vamos a encontrar con gente que formula toda clase de preguntas, la mayoría de ellas irrelevantes. Como por ejemplo: ¿Serán los negros de color blanco en el cielo? ¿Los bebés que mueren seguirán siendo infantes en el cielo? Esas mismas personas son las que nunca cumplen con sus responsabilidades en la iglesia. Ignoran por completo Hebreos 10:25 que nos amonesta que no nos olvidemos de nuestros deberes con el cuerpo de Cristo. Están muy preocupadas por conocer el significado de cada cosa en el Apocalipsis, pero no están preocupadas por dejar que Cristo reine en sus vidas y en saber que la obediencia es la actitud que más agrada a Dios.

230. EL PODER DEL AMOR

Hay una vieja fábula acerca del Viento y el Sol. Se dice que un día discutían acerca de cuál de los dos era más fuerte. Cada uno exponía sus razones defendiendo su postura. De pronto vieron un anciano que avanzaba por el camino con su capa sobre los hombros. El Viento y el Sol decidieron probar con el anciano sus respectivas teorías y acordaron que por turno emplearían sus fuerzas para ver quién era capaz de quitarle antes la capa.

Quedaron en que el Viento empezaría primero. El Sol se ocultó tras las montañas y el Viento empezó a soplar con fuerza. Al notar el fresco y la fuerza del viento el anciano se protegió mejor con su capa. Al aumentar el Viento su velocidad y fuerza, con tanta más energía el anciano se ceñía la capa alrededor de su cuerpo. El Viento sopló con violencia tal que casi tumbaba al anciano, pero éste se aferraba aún más a su capa. El Viento insistió de mil maneras pero nada logró. Por fin, se declaró vencido.

A poco, el Sol apareció otra vez por las montañas y empezó a caldear con sus rayos la tierra. Todo empezó a recobrar la tibieza que aporta el Sol con su calor. Pronto el anciano empezó a aflojarse la capa. A medida que el Sol aumentaba su calor, el anciano iba desabrochando su capa, hasta que molestándole por el calor, se la quitó y la llevaba al brazo.

Una vez más se demostró que la fuerza y la violencia no logran en definitiva arrancar nuestras capas (ideas, conceptos, hábitos, etc.); sólo el calor del amor termina convenciéndonos, y solos nos desprendemos de nuestras capas.

231. CRISTO YA LO HIZO

Varios amigos consiguieron permiso del dueño de una hermosa propiedad para realizar una fiesta en su jardín. El dueño les dio la llave de la puerta de entrada. Uno de ellos la metió en el agujero de la cerradura y procuró hacerla girar, pero todo fue en vano; no se podía abrir. Sintiéndose vencido, dio la llave a otro para ver si tenía mejor resultado; pero tampoco pudo abrir.

Probó un tercero, y así todos, sin que la cerradura cediera.

Fueron a llamar al dueño, quien corrio con la seguridad de que no tendría ningun problema en abrir una puerta que tantas veces había abierto sin la menor dificultad. Pero el tampoco pudo hacer girar la llave. ¿Que sucedía? ¡La cerradura estaba abierta!

Por eso la llave no giraba. Querían hacer lo que ya estaba hecho. Amigo, no procures hacer lo que Cristo ya hizo. No procures abrir una puerta que ya esta abierta. La obra completa de la salvacion para tu vida ya esta hecha, no te toca hacerla, sino aceptarla. ¿Cuando lo hizo Cristo? ¿Cuando te abrio la puerta para que tú libremente entraras por ella a la misma presencia de Dios? Cuando el pronuncio desde la cruz CONSUMADO ES.

Ananías Gonzalez

232. LOS EFECTOS DEL VICIO DE REGAÑAR

Dale Carnegie, en su libro *Cómo ganar amigos e influir sobre las personas,* presenta tres notables ejemplos de los efectos del vicio de regañar que tienen algunas personas. Especialmente en el hogar los resultados son devastadores.

Tres famosas figuras de la historia: Napoleón III de Francia, Leon Tolstoi de Rusia y Abraham Lincoln de Estados Unidos, fueron hombres desgraciados en sus matrimonios por el habito de sus esposas de perseguirles con sus críticas, quejas y regañinas constantes. Nunca encontraban nada bueno que alabarles. Ellos procuraron pasar la mayor parte del tiempo lejos de sus esposas. Huían del hogar.

Napoleón III se casó con Eugenia de Montijo, la mujer más hermosa de su época, pero toda su hermosura y atractivo no sirvieron para retener por mucho tiempo a su esposo. Su lengua lo ahuyentaba.

Por supuesto que lo mismo acontece también con los hombres en relación con las mujeres. La moraleja del cuento es: De todos los instrumentos infernales de que se sirve el diablo para destruir los matrimonios, la actitud negativa de criticar y regañar constantemente es quizá la más eficaz. Los que así actuan no consiguen sino sólo destruir lo que quizá más aman y desean.

233. OFRENDAS QUE CUESTAN

Cuando el rey David estaba buscando un lugar donde construir el templo cerca de Jerusalén, encontró una buena parcela de terreno que pertenecía a un tal Arauna jebuseo. Cuando este hombre supo que el rey se interesaba en su tierra se la ofreció gratis. Pero David dijo: "No, sino por precio te la compraré; porque no ofreceré a Jehová mi Dios holocaustos que no me cuesten nada" (2 Sam. 24:24).

234. DEFINICIONES

La iglesia no es una Casa de Reposo para los santos, sino más bien una Estación de Rescate y Servicio para los pecadores.

235. LAS CONVICCIONES EDIFICAN LA IGLESIA

Se cuenta que el poeta alemán Heinrich Heine estaba una vez

visitando y admirando la Catedral de Amiens en Francia junto con un amigo. El amigo le preguntó:

—¿Por qué ya no se construyen catedrales como esta?

A lo que contestó el poeta:

—En aquellos días las gentes tenían convicciones. Hoy sólo tenemos opiniones. Hace falta algo más que opiniones para edificar catedrales.

236. DEMASIADO TARDE

"¡Hijo mío Absalón, hijo mío Absalón! ¡Quién me diera que muriera yo en lugar de ti, Absalón, hijo mío, hijo mío!" (2 Sam. 18:33). El sol y el viento de los siglos no han podido secar las lágrimas ni calmar la angustia de este grito tan desgarrador. ¿Quién era esta persona tan turbada? ¿Un padre neurótico? No, era un rey, el rey David.

David fue un rey seleccionado para serlo en razón de sus habilidades, no por su nacimiento. Su carácter y su valor lo coronaron rey. Fue considerado como un hombre magnánimo y generoso. Perdonó dos veces la vida de su enemigo Saúl que le perseguía para matarlo. A pesar de sus faltas la gente de la tribu de Judá le amaba. David fue un buen rey, un gran soldado y un hombre de estado sabio. No falló como rey, fracasó como padre. Se envolvió tanto en las responsabilidades reales y en el esplendor de la corte que no cuidó adecuadamente de su familia.

Absalón se llenó de ambiciones y tramó para arrebatarle a su padre al trono. Murió cuando era perseguido por soldados leales a David. El rey quedó anonadado al recibir la noticia y mucho más al saber de su mal ejemplo.

Este es el tremendo riesgo que corren los padres tan ocupados que no pueden dedicar tiempo ni atención personal a sus hijos. Cuando se dan cuenta y quieren cumplir ya es demasiado tarde. A Elí, el buen juez de Israel, le ocurrió también algo parecido.

237. ¡LA DIFERENCIA!

Un domingo en el año 1915, en Chicago, León Trotsky, renombrado líder de la Revolución Bolchevique Rusa de 1917, asistió a la escuela dominical acompañando a un amigo. El maestro no apareció a dar su clase, y no le notificó a nadie que estaría ausente esa mañana. Trotsky se retiró de la clase, y hasta donde se sabe, nunca más volvió a asistir a otra. Dos años más tarde se encontraba intensamente comprometido en la revolución que llevó al poder al régimen comunista.

José Stalin, responsable de la muerte de millones de personas, había estudiado para ser sacerdote de la Iglesia Ortodoxa Rusa, la cual se había vuelto tan mundana y corrupta que él se rebeló y escogió el comunismo como su forma de vida.

Mahatma Ghandi, quien fuera el líder de millones de personas en la India, estudió el cristianismo en Inglaterra, pero lo rechazó porque él vio que los cristianos no vivían a la altura de las enseñanzas de Jesús.

Dos adolescentes que crecieron en Dallas, Texas, eran vagos y peleoneros. Un fiel maestro de la escuela dominical se comunicaba con uno de ellos cada semana. En cambio, otro pensaba que él no necesitaba ese tipo de muchacho en su clase.

El primer joven fue salvo y hoy es el Secretario de Evangelismo de la Convención Bautista de Florida. El otro, es el que asesinó al Presidente John Kenndy.

¡La escuela dominical hace una diferencia en la vida de las personas!

Dorothy Wilkinson

238. LA IRA INCONTROLADA

Un momento de rabia, de ira irracional, que hizo presa de dos hermanos, transformó un hogar tranquilo y feliz en una escena de tragedia. El saldo fue unos padres muertos y dos hermanos presos por homicidio.

Sucedió en Colombia en 1984, dos jóvenes estudiantes mataron a cuchilladas a su padre y madrastra. Todo fue a causa de un dinero desaparecido. Cuando el enojo crece, la sangre se calienta y la ira se enciende incontrolable, se produce lo irracional, lo brutal, lo inhumano: Dos hijos que levantan sus manos contra sus padres y dos muertes que dejan a todos consternados.

En ese momento de rabia, que dura unos minutos, dos hermanos cometen un crimen horrendo. Aquellos jóvenes no eran malos ni viciosos; eran estudiantes universitarios, jóvenes tranquilos que llevaban una buena relación con sus padres. ¿Por qué cometieron un hecho tan horrible?

Fue un momento de ira descontrolada. Ese momento fatal que a muchas personas acomete, cuando bajan las defensas morales, la conciencia se nubla, la inteligencia se embota y el individuo se convierte en un asesino, en una persona totalmente fuera de control.

Los abogados suelen encontrar excusas y disculpas. Hasta pueden sacar libre de los tribunales a uno que mató en "un momento de rabia". Pero Dios no. Dios no justifica nunca el delito cometido bajo el dominio de la ira. Dios dice en su Palabra: "Deja la ira y desecha el enojo; no te excites en manera alguna a hacer lo malo. Porque los malignos serán destruidos, pero los que esperan en el Señor, ellos heredarán la tierra" (Sal. 37:8).

En un momento de ira dos personas quedaron muertas y dos jóvenes arruinaron sus vidas, quizá para siempre. Todo pudo ser distinto y mejor en las vidas de todos, si no hubiera sido por ese breve momento. Necesitamos a Cristo para que frene y controle todos nuestros impulsos, y haga de nosotros personas de bien.

Hermano Pablo
El Luminar Bautista

239. RESOLUCION DE AÑO NUEVO

Prométase que...

1. Nada podrá perturbar su tranquilidad.
2. Hablará de salud, felicidad y prosperidad con cada persona con quien se encuentre.
3. Hará que sus amistades sientan que son especiales.
4. Vera el lado bueno de todo y su optimismo saldrá a relucir.
5. Pensará solo lo mejor.
6. Se entusiasmará por el éxito de los demás, igual que lo haría por el suyo.
7. Se olvidará de los errores del pasado y avanzará hacia los logros del futuro.
8. Su rostro siempre se mostrará alegre y brindará a todo ser viviente una sonrisa.

9. Empleará tanto tiempo para mejorarse a sí mismo que no tendrá tiempo para criticar a otros.

10. Será tan grande, noble, fuerte y feliz que no permitirá la preocupación, el enojo, el temor y la presencia de aflicción en su vida.

240. RELACIONES HUMANAS

Norman Vincent Peale sugiere diez reglas practicas para ser felices y hacer felices a los demás

1. Aprende a recordar los nombres. El nombre de una persona es muy importante para ella.

2. Se una persona abierta para que no haya tension al estar a tu lado. Se como un zapato viejo y un sombrero viejo. Se acogedor.

3. Adquiere la cualidad de tener una tranquilidad espontanea para que las cosas no te incomoden.

4. No seas egoísta. Evita dar la impresion de que lo sabes todo. Se natural y humilde con normalidad.

5. Cultiva la cualidad de ser interesante, para que la gente quiera estar a tu lado y obtener asi algun valor estimulante de tu compañía.

6. Trata de eliminar los elementos "asperos". Incluso los inconscientes.

7. Haz un esfuerzo sincero para desvanecer todos los malos entendidos que tengas o hayas tenido, sobre bases de sinceridad cristiana. Desecha tus agravios.

8. Trata de querer a la gente hasta que aprendas a hacerlo con sinceridad. Trata de que nadie te disguste.

9. No pierdas la oportunidad de pronunciar una palabra de felicitación por los éxitos de alguien, o expresar tu compasión en las penas y los reveses.

10. Adquiere una experiencia espiritual profunda, para que tengas algo que ayude a la gente a ser más fuerte para enfrentarse a la vida con más efectividad.

241. EDUCACION

Hay dos clases de educación: Una nos enseña cómo ganarnos

la vida y la otra nos enseña cómo vivir la vida. (Proverbios 3:13-16; Mateo 5:2; Romanos 15:1-6; 1 Timoteo 4:11.)

William Barclay

242. ¿DONDE ESTA DIOS?

Un pastor fue llamado a confortar a unos padres que sufrían por la pérdida de un hijo que había muerto en la guerra. El padre, llorando y llevado por su gran dolor, exclamó con rabia:

—¿Dónde estaba Dios cuando mataron a mi hijo?

El silencio prevaleció por unos segundos. Después el pastor replicó:

—Supongo que él estaba en el mismo sitio que cuando mataron a su Hijo.

Aquella calmada y profunda respuesta impactó al padre, porque sacó a Dios del círculo de la indiferencia y la lejanía y lo metió en el círculo de la vida real.

243. TIEMPO DE CUARESMA

La Cuaresma es el tiempo antes de la Semana Santa, en el que se recomienda ayunar en el medio católico.

Si queremos agradar al Señor con el ayuno que él más busca, podemos seguir los consejos de Isaías capítulo 56; allí el profeta nos habla del verdadero ayuno. Pero también podemos ayunar de la siguiente manera:

Ayuna en críticas y abunda en alabanzas.
Ayuna en mal genio y abunda en buen humor.
Ayuna en resentimiento y abunda en contentamiento.
Ayuna en celos y abunda en amor.
Ayuna en orgullo y abunda en humildad.
Ayuna en egoísmo y abunda en servicio.
Ayuna en temor y abunda en fe.
Ayuna en lamentaciones y abunda en gozo.

244. EL TIEMPO OPORTUNO

Cuando el Rector de una Universidad presentó a la facultad una propuesta de nuevos planes y recibió una respuesta positiva rápida y unánime, se dio cuenta de que aquellos planes llegaban con diez años de retraso. Toda proposición realmente original, significativa y costosa va a generar desafío y probablemente oposición.

245. DISCURSOS

Se cuenta acerca de un influyente político americano, ya fallecido, que era muy elocuente, pero que pecaba de largo en sus discursos, que una vez estaba consultando con su mujer sobre un discurso que había pronunciado. Esta, ni corta ni perezosa, le dijo: "Para que un discurso llegue a ser inmortal no precisa que sea eterno."

246. INDIGNACION

El destacado directivo de la empresa Chrysler, Lee Iaccoca, dijo durante el discurso de clausura del año escolar en la Universidad de Michigan, según refiere la revista *Time,* de 20 de junio de 1983: "Quiero que se sientan indignados y enojados con la situación actual del país. Quiero que estén tan indignados que se atrevan a dar figurativamente un puntapié en las posaderas de sus mayores y saquen al país de la vía muerta en que se encuentra. Nuestra nación nació cuando 56 patriotas estuvieron lo suficientemente indignados para firmar la Declaración de Independencia. Pusimos un hombre en la luna cuando el Sputnik nos indignó al darnos cuenta de que éramos los segundos en la conquista del espacio. La indignación y el enojo en su forma constructiva son buenos para el alma. . . y para el país."

247. LA CODICIA

Nos ayuda a pensar en sus peligros el aleccionador cuento corto del famoso escritor ruso León Tolstoi, titulado *El Mujik* (El Campesino).

El protagonista del cuento es un joven campesino ruso que heredó las tierras y casa de su padre. Nada más posesionarse de las propiedades empezó a soñar con grandezas. Quería multiplicar lo heredado. Un día, un extraño personaje le visitó; aparentaba ser alguien de gran autoridad y poder, y le dijo que le daría a cambio de nada toda la tierra que pudiera abarcar en el camino de un día.

Con la condición de que a la caída del sol tenía que estar de vuelta en el mismo punto de donde saliera y que él le señalaría. Apuntando a la tumba del padre muerto, le indicó que aquel era el lugar a donde tenía que volver.

El joven miró con codicia los extensos y ricos campos que se extendían ante su mirada. Despojándose de la chaqueta y sin despedirse de nadie, echó a andar. Su plan inicial era hacer un recorrido que le diera una parcela cuadrada de tierra de diez kilómetros de lado. Cuando hizo los primeros diez kilómetros se le hizo poco, así caminó doce y después quince.

Para el mediodía había logrado cubrir dos lados del cuadrado. Ansioso por llegar no se paró a comer. Poco después vio a un anciano bebiendo en una fuente que le ofrecía un vaso de agua, la cual rechazó en su deseo de llegar al lugar acordado y poseer la tierra. Cuando le faltaban unos pocos kilómetros para llegar sintió que le dominaba ya la fatiga.

A unos pocos cientos de metros de la meta vio cómo el sol se ocultaba ya por el horizonte y se apercibió de que apenas le quedaban unos minutos. Apresurando el paso, reunió, en un esfuerzo supremo, las energías que le quedaban y logró llegar al punto acordado cuando el sol desaparecía.

Sin embargo, el ambicioso joven cayó muerto de agotamiento nada más llegó. Mientras caía pudo ver dibujada en el rostro del extraño personaje una cruel y cínica sonrisa.

"Ya ves", dijo aquel ser extraño a su criado, "le ofrecí toda la tierra que pudiera abarcar. Y, como puedes ver, va a tener en definitiva todo lo que ahora puede abarcar, que es un pedazo de tierra de dos metros por uno. Pensando que le gustaría ser enterrado junto a su padre le indiqué por eso que le esperaría aquí."

Aquel extraño, que no era otro que la Muerte, cumplió su palabra dando al joven lo prometido, lo que éste había logrado: Una tumba de dos metros por uno.

Nadie discute al joven del cuento su derecho y su deber de mejorar la herencia recibida. Era bueno y lógico que ambicionara superarse. Su problema fue la codicia. Se le fue la vida codiciando bienes materiales y se olvidó por completo de su familia y de los bienes espirituales. El resultado final es que se encontró con lo que menos pensaba: Una tumba y las manos vacías.

248. ¿QUE PECADO ES PEOR?

Se cuenta que una vez un rey quiso saber qué pecado era peor, si el de la envidia o el de la avaricia. A fin de averiguarlo llamó a su presencia a dos de sus súbditos, reconocidos públicamente como envidioso uno y avaro el otro. Al preguntar para qué habían sido llamados, el rey les respondió que para hacerles un regalo, pero bajo las siguientes condiciones: Les daría lo que pidieran, con la condición de que al segundo le daría el doble de lo que pidiera el primero. Allí estaban el avaro y el envidioso, llenos a la vez de excitación e indecisión; ninguno quería adelantarse a pedir el primero, pues el otro conseguiría doble. Uno a otro se cedían el primer puesto con toda clase de falsa gentileza. Al fin, el avaro no pudiendo contenerse más, dijo: "Rey, yo pediré primero. Solicito que me saquen un ojo para que así a éste le saquen los dos." La moraleja del cuento es que el ansia por el dinero es tan perniciosa que nos lleva a desear el mal al prójimo aunque nosotros mismos suframos.

249. NAVIDAD

Un profesor se propuso hacer una prueba con los alumnos de su clase de sicología. Al entrar en la clase, pidió a todos los alumnos que en una hoja de papel escribieran rápidamente, sin detenerse a pensarlo mucho, la primera palabra que les viniera a la mente relacionada con la Navidad.

Todos lo hicieron en unos segundos. Las palabras que más veces aparecieron, asociadas con la idea de Navidad fueron: Exámenes, fiesta, regalos, vacaciones, pagas extra, amor. Uno escribió la palabra Jesucristo. Parece que el nombre del Señor no está muy asociado con la Navidad en la mente de muchos.

250. LA DIRECCION ES LO QUE IMPORTA

Cuando revisamos los mapas que elaboraban los antiguos exploradores, sacamos, a veces, la impresión a simple vista de que los trazaban cuando se hallaban embriagados. Aparecen rayas en zig-zag como indicando que van para arriba o para abajo sin mucha razón o propósito.

Tuve ocasión de ver uno de estos mapas correspondientes al tiempo de la exploración y conquista del Oeste de Norteamérica. Pero cuando uno se fija bien, llega a la conclusión de que los que hicieron los mapas estaban sobrios y sabían lo que hacían. Unas veces iban en una dirección buscando un paso de montañas y otras veces cambiaban radicalmente de ruta buscando el vado de un río. Pero lo que queda absolutamente claro es que siempre se dirigían hacia el oeste.

También sucede con los cristianos que a veces vamos para arriba y otras para abajo, mostrando nuestras imperfecciones. Pero el Señor no espera de nosotros perfección, sino dirección. La dirección y no la perfección es lo que cuenta. Corramos con paciencia la carrera que tenemos por delante, "puestos los ojos en Jesús, el autor y consumador de la fe" (Heb. 12:1, 2).

251. ENCUENTRAS LO QUE BUSCAS

Puede ir a cualquier ciudad importante del mundo y *encontrar* drogas, crimen, prostitución y casi toda clase de mal y, en general, la gente más desagradable del mundo. También puede ir a esos mismos sitios y encontrar las personas más cariñosas, atentas, hospitalarias y educadas de la tierra. Siempre va a *encontrar* lo que busca.

Puede seleccionar al mejor hombre o mujer, esposo o esposa, padre o madre, hijo o hija, profesional u obrero y, si se lo propone, encontrar en ellos defectos y faltas. O puede buscar a las personas más ordinarias, mirarlas con atención y encontrar en ellas cualidades muy positivas en abundancia. Todo depende de lo que busca, pues siempre nos vamos a encontrar lo que buscamos.

252. EGOCENTRISMO

Hace unos años, un médico enseñó un curso patrocinado por la Cruz Roja sobre técnicas de asistencia médica en emergencias. Participaron en el curso un buen número de damas de la comunidad.

Una tarde ocurrió un serio accidente enfrente de la casa de una de las participantes. Al día siguiente, la señora contaba al doctor cuán agradecida se había sentido en medio de la emergencia por el curso de la Cruz Roja. La señora contaba:

—Fue horrible. Había sangre en el suelo. Cuerpos heridos y huesos rotos. ¡Qué contenta estaba por el conocimiento aprendido!

El médico le preguntó:

—¿Pudo usted poner en práctica algunas cosas de las que enseñamos?

—Sí —replicó la mujer— puse mi cabeza entre las piernas y respiré profundamente, y nunca sentí que fuera a perder el conocimiento.

253. TALENTOS

En Italia, en el pueblo de Cremona, vivió durante el siglo XVI un joven llamado Antonio. Este joven se sentía frecuentemente triste porque vivía en un lugar famoso por su música, pero él no podía cantar ni tocar. Su voz no era nada especial, por lo que nunca fue invitado a cantar en el coro de jóvenes de Cremona. Cuando empezó a tomar lecciones de violín, los vecinos convencieron a sus padres de que dejara de tocar. Con todo, Antonio todavía quería tener su parte en el arte musical.

Sus amigos se burlaban de él porque parecía que el único talento de Antonio era tallar; pero él no se desanimó. Un día se enteró de que un famoso fabricante de violines llamado Amati vivía en Cremona. Al día siguiente fue a verle y le rogó que le admitiera como aprendiz en su taller. Allí estuvo trabajando y estudiando durante muchos años. La afición por tallar se desarrolló hasta llegar a ser un artista. Con paciencia hizo muchos violines, procurando que cada uno fuera mejor y más bello que el anterior.

Cuando Antonio murió dejó hechos más de 1.500 violines, uno llevando el nombre de "Antonio Stradivarius". Hoy son los violines más buscados de la tierra. Su gran calidad permanece inalterable en el paso de los siglos. Los violines de Antonio se venden hoy por cantidades astronómicas.

Antonio Stradivarius no podía cantar ni tocar, pero hizo lo que pudo; y ahora, después de trescientos años, sus violines todavía producen música bellísima.

Los cristianos están a veces preocupados porque no pueden cantar, tocar, predicar o enseñar. Sin embargo, lo más importante no es cuáles y cuántos son nuestros talentos, sino lo que hacemos con ellos. Un canto de alabanza a Dios y de servicio al hombre que esté en el corazón de un creyente dedicado encontrará, sin duda, de alguna manera la apropiada expresión.

254. COSTO

Creemos que el no hacer nada no cuesta, pero el costo de no actuar es frecuentemente alto. Y cada vez cuesta más.

En muchas ciudades le cobran un mínimo por los servicios aunque no los use. Haga uso o no de la electricidad, el agua, el teléfono, la televisión, etc., las compañías le cargan ciertas cantidades cada mes, que tiene inexorablemente que pagar.

No hacer nada moral o espiritualmente también tiene un precio. El costo de no recibir a Cristo en arrepentimiento y fe es tan alto que alcanza más allá de la muerte. No criar a los hijos en el temor del Señor va a costar muchos dolores de cabeza y de corazón. El precio por no tener nunca en cuenta la voluntad de Dios en nuestra vida puede ser astronómico. Nos jugamos la vida abundante y eterna. Está claro que no podemos seguir dándonos el lujo de no hacer nada espiritualmente hablando.

255. SERVIDORES DE DIOS Y DE LOS HOMBRES
1 Corintios 4:1

El apóstol Pablo gustaba de llamarse a sí mismo "siervo de

Jesucristo". La palabra que se usaba en griego significa literalmente "esclavo". Y era éste un término de uso muy frecuente en aquellos días. Se utilizaba, entre otros muchos usos, para designar a los remeros que manejaban los remos de las naves, llamados entonces "tirremes". Aquellos remeros eran realmente esclavos.

Las varias docenas de esclavos remeros que iban en una nave remaban al ritmo que marcaba el capitán con su tambor. El capitán establecía el ritmo. Nuestro Señor y Salvador tiene su propio ritmo para su obra. Lo que nosotros hacemos fuera del ritmo del capitán no contribuye al avance de la nave.

Además, los remeros tenían que remar juntos. Los remos, de diez metros de largo, precisaban de tres remeros para moverlos. Todos tenían que funcionar como un equipo, como un solo hombre. La iglesia debe ser también como un cuerpo bien compaginado. Cada remo requería un equipo, y todos los equipos tenían que trabajar en coordinación o el barco no se movía.

Y, por último, tenían que confiar en el capitán por completo. Los siervos estaban en el fondo de la nave. Sólo el capitán conocía el rumbo y veía por dónde convenía ir. Los remeros tenían que tener fe en el capitán y obedecerle. Cuando el tambor aceleraba podía ser señal de que estaban bajo ataque, o de una tormenta que convenía evitar, o de la necesidad de cumplir con un horario. Nadie objetaba ni preguntaba; sólo obedecían. De su confianza y obediencia al capitán dependía su seguridad.

Así es la obra del reino del Señor. Nosotros desconocemos muchas cosas. Pero Dios nos ama y posee mejor conocimiento. En la obediencia hay salvación y bendición.

Francisco Almanza

256. COLABORADORES DE DIOS
1 Corintios 3:9

Tiempo atrás encontré una especie de parábola basada en el pasaje de referencia, que nos ilustra la manera en que podemos llegar a ser buenos colaboradores. Decía así:

Un día, las herramientas del carpintero discutían entre sí. El hermano Martillo estaba en su asiento, pero los demás le decían que era demasiado ruidoso y tendría que salir.

—Muy bien, me iré —replicó— pero si me voy, el hermano Tornillo se tiene que ir también. Después de todo, siempre se le tiene que estar retorciendo para que haga algo.

A lo que el hermano Tornillo contestó:

—Si lo desean me iré, pero el hermano Cepillo tiene que irse también. Todo el trabajo que él hace es muy superficial. Nunca hace obra profunda.

A esto replicó el hermano Cepillo:

—Pues si es así, la hermana Regla tendrá que salir también. Ella siempre se la pasa midiendo a la gente, como si ella fuera la única que está bien.

A su vez la hermana Regla se quejó de la hermana Lija, diciendo:

—No me cae bien, es muy ruda y siempre lastima corrigiendo a los demás.

Estando ellos en medio de esta discusión, se presentó el Carpintero de Nazaret. Había venido al taller para hacer un púlpito desde el cual el evangelio se pudiera proclamar. Empleó la sierra, el martillo, la regla, los tornillos, los clavos, el cepillo, la lija y todas las demás herramientas. Al final del día contempló su labor terminada. La hermana Sierra se levantó entonces y dijo a los otros: "Hermanos: ¡Qué buena obra ha podido hacer el Carpintero con todos nosotros!"

Cuántos cristianos nos parecemos a estas herramientas. Mucho del tiempo nos lo pasamos discutiendo, oponiéndonos o juzgándonos unos a otros, porque creemos que los demás no hacen las cosas como debieran. No hubo ninguna acusación en contra de las herramientas que no fuera cierta, pero el Carpintero utilizó todas y cada una de ellas. No hubo lugar donde él las empleara que cada una no hiciera mejor su tarea propia que las demás. Todas, en las manos del Carpintero, cumplieron bien su cometido. El secreto está en dejarse manejar por él.

Antonio Gamiochipi

257. EL VERDADERO EXITO

El verdadero éxito no lo tuvo, por ejemplo, George Eastman, el famoso inventor e industrial que se hizo multimillonario con sus contribuciones al arte fotográfico. El descubrió el uso de la película flexible y el sistema de cámara fotográfica Kodak. Acumuló gran cantidad de dinero y cabe suponer que, a la luz de esto y de la manera con que se suele medir la felicidad, este hombre fue muy feliz. En su edad madura Eastman enfermó e incapaz de resistir las pruebas de la vida, se suicidó. Sus inmensas riquezas no pudieron comprarle la salud ni la paz mental. Bien dijo Cristo Jesús: "¿Qué le aprovechará al hombre si ganare todo el mundo y perdiere su alma?" (Mateo 16:26).

Tampoco tuvo verdadero éxito Elvis Presley, el famoso cantante, rey del rock, millonario en discos y en dólares. Los adolescentes de las décadas de los 50 y de los 60, deslumbrados por Elvis Presley, cantaron, bailaron y movieron las caderas como su ídolo. Lo que no todos saben es que a sus cuarenta años estaba dominado por las drogas y éstas le mataron. Llenó sus bolsillos de dinero pero no supo llenar el vacío de su corazón; intentó llenarlo con la falsa esperanza de la droga y ésta le llevó a la muerte.

Exactamente el mismo camino siguió la gran estrella cinematográfica Marilyn Monroe, mujer de gran belleza y atracción, símbolo sexual de una época. Tuvo belleza, cuatro maridos, fama, aplausos y dinero. . . mucho dinero. Terminó muriendo a causa de una sobredosis de anfetaminas.

George Eastman, Elvis Presley y Marilyn Monroe no tuvieron nunca aquello que no se compra con el dinero.

José Luis Martínez

258. SE PERDIO POR LA LIBERTAD

Se cuenta que había una gran pintura, en la que se veía a un tonel con sus duelas abiertas y el vino derramado sobre el suelo. Una leyenda al pie del cuadro decía: "Se perdió por la libertad." La enseñanza que trata de comunicar el cuadro es que el vino que estaba dentro del tonel se sentía incómodo allí encerrado. El vino expresaba en alta voz su disgusto por las limitaciones dentro del tonel. Quería ser libre. Entonces empezó a moverse y forcejear procurando hacer saltar los aros de hierro que mantenían las duelas del tonel unidas y permitían que él se conservara dentro del tonel.

Cuentan que tanto se movió, se quejó e insistió que, al fin, logró hacer saltar los aros y todas las duelas se desprendieron dejando que se derramara el vino. El vino pensó que ya al fin correría libre por todas partes. Pero se equivocó, pues al derramarse la tierra lo absorbió y lo hizo desaparecer y perderse.

A veces oímos decir a los jóvenes: "Tengo ganas de cumplir los 18 años para ser libre y poder hacer lo que quiera." La gente lucha por hacer lo que quiere, sin darse cuenta de que estamos creados de tal manera que lo apropiado para nuestro bienestar y felicidad es hacer lo que debemos, no lo que queremos.

Por nuestro espíritu de rebeldía nos sentimos incómodos dentro de los límites de la Ley de Dios. Pero cuando violamos los mandamientos de Dios los resultados no son de libertad, sino de esclavitud y perdición.

José Luis Martínez

259. ETERNIDAD O VIDA ETERNA

Unamuno tiene una novela titulada *Niebla*, cuya trama va alrededor de un personaje llamado Augusto. La novela tiene un desenlace original, ya que cuando llega el momento que el personaje debe desaparecer de la escena, porque así conviene al argumento, Augusto se presenta en el despacho del autor y después de una discusión don Miguel le dice:

—¡Bueno, basta! ¡Cállate! No quiero oír más impertinencias. ¡Y de una criatura mía! Y como ya me tienes harto y, además, no sé ya qué hacer de ti, decido ahora mismo. . . matarte.

—¿Cómo? —exclama Augusto sobresaltado—. ¿Que me va usted a dejar morir, a hacerme morir, a matarme?

—Sí, voy a hacer que mueras.

—¡Ah, eso nunca! ¡Nunca!

—. . .Resuelvo y fallo que mueras. En cuanto llegues a tu casa morirás.

—Es que yo quiero vivir, don Miguel, quiero vivir, quiero vivir...

—No puede ser ya. . . no puede ser. . .

—Quiero vivir, vivir. . . y ser yo, yo.

—Pero si tú no eres sino lo que yo quiera...

—¡Quiero ser yo, ser yo!

La analogía es doble: por un lado nos parece ver a Dios y a su criatura, pero por otro reconocemos al hombre y a su obra que no puede morir aunque él quiera. Hay cosas que nosotros creamos que están por encima de nosotros. Las palabras que hablamos están en el Universo, crean unas ondas que flotan en el espacio infinito. Aunque muramos, lo que hemos hablado quedará. Lo que hemos pensado no puede morir. Para morir una cosa es imprescindible que se separe en partes, que se desintegre, pero algunas cosas no tienen partes. El amor es una sola pieza: yo puedo morir pero lo que he amado no puede morir (Cant. 8:6, 7).

Sindulfo Díez

260. LA OBRA DE DIOS EN NOSOTROS

Miguel Angel podía tomar en sus manos un pedazo de mármol amorfo y transformarlo, dándole la forma de un hermoso ángel. Rubén Darío, Amado Nervo, Miguel de Unamuno y otros grandes poetas tomaron las palabras y las arreglaron de una manera maravillosa para expresar lo que sus espíritus veían y sentían. Los literatos y poetas modernos también expresan sus profundas emociones y anhelos usando las palabras en prosa o en verso.

Se dice que un famoso violinista acostumbraba pasearse por las calles de algunas de las ciudades después que presentaba sus conciertos. En cierta ocasión cuando daba su paseo acostumbrado en una ciudad, en una esquina encontró a un hombre anciano y pobre que procuraba tocar un violín viejo y desafinado. Se acercó a él y le pidió le dejara usar su violín. El anciano temeroso, reaccionó contrariamente a tal idea. Era su violín. Si lo perdía no sería fácil encontrar otro. Pero luego sintió cierta confianza hacia aquel caballero que pedía se lo prestara, y así lo hizo. El gran violinista afinó el instrumento, lo colocó sobre su hombro, y empezó a sacar de él una preciosa melodía. El anciano limosnero se quedó admirado y con la boca abierta de asombro. El nunca pensó que de su viejo violín pudiera producirse música tan bella. Las gentes al pasar se detenían a escuchar y pronto empezaron a caer monedas y billetes en el sombrero del anciano pordiosero.

Algo más sublime acontece cuando una persona pone su vida en las milagrosas y tiernas manos del Padre celestial. Nuestra vida se embellece con la presencia de Cristo el Salvador y es transformada por el poder de su Santo Espíritu. El siempre toca nuestras vidas con el amor redentor que perdona pecados, los más leves o los más horrendos; los pecados de omisión. El es el que cambia los corazones de mármol en corazones sensibles para aceptar su gran amor y misericordia.

Póngase en las manos de Dios como el barro en las manos del alfarero y que pueda orar con las palabras del himno evangélico:

> Haz lo que quieras de mí Señor;
> Tú el alfarero, yo el barro soy;
> Leal y humilde anhelo ser;
> Cúmplase siempre en mí tu querer.

261. LOS EFECTOS SICOSOMATICOS

Los científicos han llevado a cabo en los laboratorios muchas clases de experimentos. Uno de ellos consistió en meter unos cuantos ratones dentro de una campana de vidrio transparente instalada sobre una mesa, y después soltar un gato para que al ver los ratones diera vueltas alrededor de la campana de vidrio. A la vista de los ratones el gato hacía todo lo que podía por atraparlos, pero los ratones bien protegidos por la campana no podian ser cazados por el gato.

Pero los ratones no sabían nada de la campana protectora. Sólo veían demasiado cerca de ellos al temido y temible gato y corrían como locos atropellándose unos a otros dentro de la campana. La presencia y cercanía del gato provocaba en ellos un estado de terror que se manifestaba en sus cuerpos produciendoles diarrea y, posteriormente, terminaba matándolos por un ataque al corazón. El terror, la incapacidad de comprender la situación y su espanto al verse imposibilitados de escapar, les afectaba la mente al punto de producir en sus cuerpos trastornos indeseables y después la muerte.

Los brujos de las tribus africanas o de las selvas amazónicas no sabían nada de la ciencia y sicología modernas, pero sí que de alguna forma intuían o sabían acerca de lo que hoy se conoce como los efectos sicosomáticos, y los utilizaban muy efectivamente.

Los efectos sicosomáticos son aquellos cuando la mente (siquis) afecta al cuerpo (soma) o viceversa. Se sabe hoy, a ciencia cierta, que los estados de la mente (positivos o negativos) tienen su efecto sobre nuestro cuerpo. Por ejemplo, una persona con serias preocupaciones y tensiones que no logra resolver o superar, puede manifestar síntomas de úlcera estomacal. Los análisis, radiografías y otras exploraciones no descubrirán probablemente la existencia de una úlcera real, el médico entonces sospechará que todo es en gran medida producto del estado mental de aquella persona. La ansiedad puede producir también síntomas como si la persona padeciera del corazón. Y así sucesivamente. El escritor sagrado ya hablaba de esta sicología profunda cuando afirmaba: "El corazón alegre hermosea el rostro; mas por el dolor del corazón el espíritu se abate" (Prov. 15:13). Y "El corazón alegre constituye buen remedio; mas el espíritu triste seca los huesos" (Prov. 17:22).

José Luis Martínez

262. EL JABON Y LA RELIGION

Un fabricante de jabón conversaba un día con un rabi y le decía:

—Yo no creo en Dios porque tenemos la religión desde hace miles de años y mire cuántos problemas tenemos todavía en la tierra. Todavía los hombres siguen matando, mintiendo, robando y cometiendo toda clase de injusticias. La religión ha demostrado que es ineficaz, no sirve para corregir los males humanos.

Apenas terminó de hablar cuando se encontraron con un niño todo lleno de suciedad. El rabí aprovechó para decirle al fabricante de jabón:

—Mire este niño tan sucio. Usted tiene que dejar de fabricar jabón, está demostrando que no es completamente eficaz, porque todavía sigue habiendo muchas personas sucias de pies a cabeza.

—Sí —dijo el fabricante—, pero lo que sucede es que el jabón hay que aplicarlo para que surta efecto. Si las personas no lo usan no sirve de nada.

A lo que el rabí contestó:

—Lo mismo pasa con la religión, hay que aplicarla a la mente y al corazón para que puedan cambiarse los pensamientos, las actitudes y los sentimientos. Sólo sirve cuando se utiliza.

263. LA FALTA DE ALEGRIA EN LOS CULTOS

He asistido a muchos servicios religiosos en los que me he sentido como aquel niño que asistía a un culto por primera vez. En la pared del templo se veía una placa memorial en recuerdo de los hombres jóvenes, miembros de aquella iglesia, que habían muerto en el servicio militar a su país. El niño quedó atraído por aquella lápida y en medio del servicio le preguntó a su mamá.

—Mami, ¿qué es aquello?

Pensando que quizá la respuesta le dejaria silencioso para el resto del culto, la mamá le respondió:

—Hijo, es una placa en recuerdo de los jóvenes que murieron en el servicio.

El pequeño quedó aún más intrigado y volvió a preguntar:

—Mami, ¿en qué servicio murieron: En el de la mañana o en el de la tarde?

Muchos "cristianos" se entusiasman, saltan, aplauden y gritan en un partido de fútbol, pero cuando están en el templo parecen estatuas. Recordemos que Jesucristo comparó en algunas de sus parábolas al reino de los cielos con una fiesta de bodas. Y él se describió a sí mismo como el Esposo de la iglesia.

Esa falta de vida, alegría y gozo en tantos templos es lo que estimuló el famoso comentario del filósofo alemán Friedrich Nietzche: "Si queréis que crea en vuestro Redentor tenéis que parecer más redimidos."

264. ¿BENEFACTORES O DETRACTORES?

Hay personas que su vida representa una ganancia para la humanidad y otras, por el contrario, representan una pérdida. En la ciudad de París existen dos monumentos en recuerdo de dos personajes famosos de Francia. Uno es la tumba de Napoleón y otro es la estatua en homenaje del químico y biólogo Luis Pasteur. Los dos fueron hombres dotados de gran talento. Uno, llevado por su ambición negativa lo utilizó para ensangrentar Europa con sus frecuentes guerras de conquista. El otro utilizó los talentos que Dios le dio para investigar y descubrir vacunas que han sido de tremenda bendición para la humanidad al salvar miles de vidas en todo el mundo.

Cuando los turistas visitan ambos monumentos pasan por la tumba de Napoleón sin decir palabra, pero cuando visitan la correspondiente a Luis Pasteur y oyen acerca de lo que hizo a favor de todos, no pueden menos que pararse unos segundos y dar gracias a Dios en oración silenciosa por aquel benefactor de la humanidad.

En el Antiguo Testamento tenemos también otro ejemplo de lo mismo en las personas de Jacob y Absalón. Los dos fueron hombres pecadores y ambiciosos, pero a Jacob se le recordará siempre porque cavó, y dejó un pozo de agua en el que hombres y animales del desierto calmaron su sed. Cientos de años después aquel pozo todavía seguía dando agua a los sedientos caminantes (Juan 4:6). Absalón, por el contrario, dejó simplemente un obelisco para ser recordado por los demás en su vanidad y orgullo.

Todos, al pasar por la vida, vamos a poner o quitar. ¿Cómo queremos ser recordados, como benefactores o detractores de la humanidad?

265. COMPARACIONES

A veces oímos decir: "Yo no necesito a la iglesia para nada; soy tan bueno como los que suelen ser miembros en ella." Los que así se expresan deben recordar que estas comparaciones no sirven. Los violinistas no afinan sus violines oyéndose uno a otro, sino buscando la nota fiel del piano. Los constructores están constantemente usando la plomada, el nivel y la escuadra. Debemos vivir conforme a normas, no mediante comparaciones de unos con otros. Nadie puede decir que está sano porque no esté tan mal como un diabético o canceroso. Mídase con Jesucristo para saber cuán bueno o cuán malo es. Y no esté tan seguro de que es mejor que los que van a los templos. Ellos al menos han confesado a Jesucristo delante de los hombres, como él lo pidió. Usted quizá no lo ha hecho. Además, Dios nos prohíbe juzgar a otros para justificarnos a nosotros mismos. Nadie se salva o se condena por los hechos de los otros, sino cada cual es responsable de su propia vida y tendrá que dar cuentas de sus propios actos.

José Luis Martínez

266. OVEJAS Y CABRAS

Los cristianos estamos divididos en muchos grupos: católicos, evangélicos, ortodoxos, etc. Dentro del catolicismo también existen diversos grupos; como también sucede entre los evangélicos:

Metodistas, presbiterianos, pentecostales, bautistas, hermanos libres y muchos otros.

Pero según la enseñanza de Jesús en Mateo 25, Dios sólo reconoce dos grupos: Los que se aman unos a otros y los que no se aman. Es decir, ovejas y cabritos.

Cuando observamos un rebaño de ovejas vemos que todas se hacen un cuerpo y van en la misma dirección. Pero si se quisiera hacer lo mismo con las cabras sería imposible. Mientras andan se van dando cornadas unas a otras. Por ello resulta fácil distinguir entre una oveja y una cabra. No hace falta el don de interpretación o discernimiento ni nada parecido. Es suficiente hablar con la persona y verla actuar para saberlo. Si topa es una cabra. Si ama es una oveja.

¿Cómo separó Jesús a las ovejas de los cabritos? Lo hizo en base a la forma en que habían actuado: Si habían dado agua a los sedientos, comida a los hambrientos, si habían visitado a los enfermos y a los que estaban en la cárcel y, en resumen, si habían mostrado en su vida el carácter de Cristo. A los que habían demostrado amor a sus hermanos les dijo: "Benditos de mi padre" (versículo 34). A los otros en cambio no los llamó benditos sino todo lo contrario, éstos eran "malditos" (versiculo 41).

Juan Carlos Ortíz

267. FRUTOS Y DONES DEL ESPIRITU

Algunos se engañan al buscar los dones del Espiritu en vez de buscar los frutos del Espíritu. Aun cuando valoramos los dones debemos tener cuidado respecto de dónde ponemos nuestro énfasis. El Señor Jesucristo nunca dijo que nos conocerían por los dones, sino que seríamos conocidos por nuestros frutos (Mat. 7:20).

Los dones no son indicio de vida o espiritualidad, porque los dones en una persona son como los regalos que ponemos en el árbol de Navidad. A veces colgamos de sus ramas regalos costosos y están preciosos, pero no tienen vida ni dan fruto porque están muertos, bien porque son árboles cortados o porque son artificiales. Los regalos o dones no dicen mucho respecto de la naturaleza del árbol. Es solamente por medio del fruto que se puede decir algo acerca de un árbol. Si las manzanas son buenas podrán decir que tienen un buen manzano y lo mismo de cualquier otro árbol.

Por supuesto, lo ideal sería que el árbol tuviera buenos frutos y buenos regalos. Es decir, frutos y dones. Pero si esto no es posible, por lo menos el fruto debería ser bueno. Cualquier cristiano puede disculparse si no tiene dones, pero no tiene disculpa si no posee frutos. El fruto es el producto de un árbol vivo y sano; los dones son algo que se le pone al árbol.

Algunos cristianos han puesto mucho énfasis en Hechos 2:4 en vez de ponerlo, como corresponde, en Gálatas 5:22, 23. La historia ha demostrado que Hechos 2:4 divide, pero Gálatas 5:22, 23 une. El Señor dijo que seríamos conocidos como discípulos suyos por el amor (fruto), no por hablar en lenguas (don).

Sansón tenía dones carismáticos, pero era carnal. Saúl, el primer rey de Israel, tenía el don de profetizar, pero era carnal y fue desechado. Así que si usted se encuentra con alguien que tiene un don, pongamos el de resucitar muertos, no corra presuroso en pos de él. Primero acérquese a ese árbol, no preste atención a las apariencias, sino busque entre las hojas los frutos. Y si no hay frutos, desconfíe. Debemos comportarnos así especialmente en estos días en los que reina tanta confusión. Los hijos de luz deben actuar con prudencia y sagacidad.

Juan Carlos Ortíz

268. LA SANTIDAD CRISTIANA Y EL PURE DE PAPAS
Juan 17:21

Dios quiere agrupar y unir a su pueblo. El quiere que seamos "uno", como Cristo oró. Quiere que seamos como el puré de papas.

Cada planta de papas tiene tres, cuatro o cinco tubérculos. Y cada tubérculo pertenece a una u otra planta. Llegado el momento de la cosecha, la persona encargada de la recolección las va sacando de la tierra y las va echando a una bolsa. Podríamos decir que las está agrupando. Puede que estas papas muy alborozadas exclamen: "¡Gloria al Señor, ahora ya estamos todas juntas en la misma bolsa!" Pero aunque estén todas en un mismo saco, aún no son una.

Llega el momento en que el ama de casa las compra, las lava y las pela. Las papas piensan que ahora sí están más unidas, pues están juntas, peladas y limpias. "¡Qué maravilloso es este amor que existe entre nosotras!", podrían decir las papas.

Eso no es todo. Luego de mondadas son cortadas en trozos y mezcladas unas con otras. Para entonces han perdido bastante de su identidad. Lo cierto es que piensan que ya está cumplido el propósito de Cristo.

Pero lo que Dios quiere es puré de papas. No muchas papas sueltas, sino puré de papas. Cuando son reducidas a puré ninguna podrá levantarse y exclamar: "Miren, ésta soy yo." La palabra tiene que ser nosotras. Por esta razón el Padrenuestro comienza con las palabras "Padre nuestro. . ." De lo contrario diría "Padre mío que estás en los cielos..."

Con la mayor reverencia podemos decir que el Padre, el Hijo y el Espiritu Santo son entre ellos como el puré de papas. Jesús quiere que nosotros también lo seamos.

Juan Carlos Ortiz

269. ¿QUE TAL MIEMBRO DE IGLESIA ES?

La *Iglesia Evangélica Icabod* (1 Sam. 4:21) se está esforzando por cumplir la obra del Señor con miembros como los siguientes:

La familia del señor O.K. Sional llega al culto quizá una vez al mes.

El hermano D. Vez Encuando tiene el mismo nivel de lealtad al Señor y a la iglesia.

El hermano T. Meroso no puede asistir si llueve o si hace mucho calor o mucho frío, o si hay algún otro problema.

La hermana Arta de Mora llega, pero a tiempo para interrumpir el sermón con su entrada.

El hermano A. Trasado a veces entra antes, y a veces después de la hermana de Mora.

La señora Pérez Hosa dice que está pensando asistir, tal vez el "otro" domingo.

Su vecina, señora Hotra O. Casión, quizá vaya con ella.

Don T.V. Hesclabizado está dispuesto a mandar a sus hijos, con tal que alguien los pase a buscar.

El señor O.Q. Pado dice que realmente quisiera ir, pero tiene que atender un negocio.

Don Mun Dano se hizo miembro de la iglesia pero no ve por qué ella debe demandar tanto de su tiempo, dinero y esfuerzo.

El hermano Muhi D. Li Cado estaba asistiendo, pero no se le

ha visto después que eligieron a otro como superintendente de la escuela dominical.

La hermana Er Ida de Corazón tiene un gran problema parecido: Alguien no le saludó la última vez que asistió.

Con doce miembros como ésos, ¿cómo crees tu que progresa la Iglesia Ikabod?

Ahora miremos la *Iglesia Evangélica Eben-ezer* (1 Sam. 7:12). No se nos han presentado todos los miembros pero llegamos a conocer a los siguientes:

El hermano D. Dicado es tan constante como las olas del mar.

La hermana de Cidida trae consigo a sus cinco niños

El hermano Co O. Perador de buena gana busca maneras de ayudar.

El hermano Pun Tualidad es tan confiable como la salida del sol.

La hermana Traba Jadora es una joya. La congregación quisiera tener muchas "Trabas" como ella.

Y ¿qué decir del querido hennano Fidel I. Dad? ¿Qué harían sin él?

Luego ahí están los hermanos Man Sedumbre, Amparo de Muchos, Caridad del Alma, Consuelo A. Hotros, Constancia D. Animo y Evita Guerra.

¿Quieres tú ser de la Iglesia Icabod o de la Iglesia Eben-ezer?

Cecilio McConnell

270. NIVELES DE OFRENDAR

1. *Nivel de propina.* Entregan al Señor como al sirviente de mesa en un restaurante; es expresión de aprecio o para evitar que se crea que se es tacaño.

2. *Nivel de entretención.* "Pagan" cuando asisten al culto al igual como lo hacen en el teatro o el estadio.

3. *Nivel de emoción.* Ofrendan cuando se les mueven las emociones, quizá una o dos veces al año.

4 *Nivel de promesa.* Prometen ofrendar un tanto, pero no lo hacen.

5. *Nivel bíblico.* Entregan sus diezmos y ofrendas, como lo enseña la Biblia

Cecilio McConnell

271. LA ACTITUD LO CAMBIA TODO

Se cuenta que cierto hermano falleció y fue al cielo. Allí el portero le dio la bienvenida y le invitó a que pase. Pero el recién llegado tenía una petición; explicó:

—Oiga, señor, quiero entrar, pero siempre he oído hablar del infierno, y me gustaría primero saber cómo es ese lugar. ¿Sería posible visitarlo?

—¡Cómo no! —fue la respuesta, y en seguida el visitante se encontró en el lugar de tormento.

Grande fue su sorpresa al ver allí una mesa interminable cargada con toda clase de frutas y ricos manjares; pero la gente tenía caras largas y se veía raquítica, hambrienta y sin ánimo. El preguntó a uno de ellos:

—Con tanto que comer a la vista, ¿por qué no comen?

—¡Ah! —replicó el otro tristemente— es que estamos obligados a usar palitos chinos de un metro de largo y así no alcanzamos nuestras bocas para comer.

Pensando que eso de veras era muy triste, el visitante pidió regresar al cielo. Al entrar allí, se asombró al ver una mesa interminable cargada con toda clase de frutas y ricos manjares; y toda la gente se veía risueña, robusta y activa. Muy perplejo, le preguntó a uno:

—Y ¿con qué comen ustedes esas cosas?

—Con palitos chinos de un metro de largo —fue la grata respuesta del interrogado.

—Pero, ¿cómo pueden con ellos alcanzar sus bocas?

—No podemos —explicó el otro—, pero ¡nos damos de comer los unos a los otros!

Cecilio McConnell

272. A DIOS ROGANDO Y CON EL MAZO DANDO

Había una niñita que estaba muy preocupada porque su hermano había preparado unas trampas para atrapar conejos. A pesar de que le suplicó con lágrimas en los ojos, el hermano se negó a cambiar sus planes. Sabiéndolo, su madre se quedó sorprendida por la confianza con que su hijita se fue a acostar. Cuando le preguntó al respecto, la niñita le contestó diciendo:

—Le he pedido a Dios en oración que no permita que caigan los conejitos en las trampas y después salí y rompí las trampas, haciéndolas mil pedazos.

¿Oras tú de la misma manera? Si no es así, entonces te estás "olvidando de los medios".

John Bisagno

273. PRESENCIA DIVINA

La Biblia y el evangelio en particular no son una religión sino la exposición de la vida que Dios nos da. No es el hombre buscando a Dios, sino Dios buscando al hombre. En algunos cultos, el hombre se desespera para que Dios no le deje. Por ejemplo, en los grandes templos incaicos, como el de Machu Picchu, hay santuarios que se llaman "Intihuatana", o sea el lugar donde "se ata" al sol. Hay como una pequeña columna, que señala con su sombra los movimientos del astro, desde un equinoccio hasta el otro. Con sogas y otros elementos, los adoradores trataban de retener a su dios. El Dios que nos revela la Biblia, por lo contrario, es aquel que se preocupa por retener a sus hijos.

Arnoldo Canclini

274. EL PLAN DE DIOS ES SIEMPRE MEJOR

Hace años leí una historia acerca de un padre y un hijo. El padre, un granjero que era un cristiano extraordinario, no había tenido oportunidad de adquirir una educación muy elevada, pero quería asegurarse de que su hijo recibiese lo mejor. Cuando el hijo regresó de su primer año en la universidad, el padre y el hijo se encontraban debajo de un árbol, y el padre comenzó a interrogarle acerca de sus experiencias en la universidad.

El joven le dijo:

—Papá, he disfrutado mi primer año en la universidad, pero ¿sabes una cosa? He estudiado biología, filosofía y botánica y he aprendido cosas que me han molestado.

El padre sentía una tremenda curiosidad por enterarse de qué era lo que estaba inquietando a su hijo. El joven le contestó:

—Padre, he descubierto que Dios ha hecho un mundo equivocado. Por ejemplo, mira este roble tan fuerte bajo el cual nos

encontramos. Dios puso una pequeña bellota en él. Y mira a
nuestra derecha esa enorme calabaza. ¡Dios la ha colocado en unos
tallos frágiles! Yo hubiese puesto la calabaza grande en este fuerte
roble.

Precisamente en aquel momento sopló el viento, y una bellota
cayó del árbol y le pegó al universitario en la cabeza. El chico
pasándose la mano por la frente, miró a su padre y dijo:

—¡Caray, papá, menos mal que no fue la calabaza!

El plan de Dios es siempre mejor, sus caminos siempre
perfectos. Necesitamos aprender con desesperación a depositar
nuestra confianza en él cuando no encontramos una respuesta. El
salmista dijo: "Encomienda a Jehová tu camino, y confía en él; y él
hará" (Sal. 37:5).

John Bisagno

275. DESVENTAJAS

Algunas de las personas de mayor éxito a lo largo de la historia
lo han sido a pesar de sus desventajas personales.

Carlos Spurgeon, quizá el más grande de los predicadores
después de Pablo, no fue admitido en la Universidad de Cambridge.
Pero estudiando por su cuenta llegó a desarrollar tan gran conocimiento bíblico y habilidad en la oratoria, que sus sermones eran
publicados semanalmente durante cuarenta años, vendiéndose más
de 150 millones de ejemplares en Europa y América. Además,
Spurgeon escribió 135 libros.

A pesar de que era ciego, Juan Milton escribió *El paraíso
perdido*. Bethoven perdió la facultad de oir a los cuarenta y dos
años, pero él continuó escribiendo música imperecedera.

Abraham Lincoln asistió menos de un año a una escuela
pública. Pero cuando él firmó la Proclamación de Emancipación,
puso en libertad a cuatro millones de esclavos negros.

Cervantes empezó *El Quijote* en la cárcel. Juan Bunyan
escribió *El progreso del peregrino* mientras estaba encarcelado en
Bedford. Y el apóstol Pablo escribió casi la tercera parte del Nuevo
Testamento siendo un prisionero romano.

William Wilberforce atacó sin descanso el tráfico de esclavos de
Inglaterra. Enfermo y bajo cuidado médico por veinte años, tomaba

solo la dosis de opio que le permitía funcionar. Tuvo siempre el valor y el control de no aumentar nunca la dosis.

Una destacada persona británica fue a escuchar a Wilberforce y después confesó: "Vi lo que parecía una simple gamba sobre la mesa; pero a medida que le escuchaba creció la gamba hasta convertirse en una ballena." Superó sus dificultades y desventajas.

Vfctor Hugo, uno de los escritores más populares de Francia, fue exiliado por el emperador Napoleón III debido a sus convicciones políticas. Todos pensaron que aquel era el fin de Victor Hugo, pero durante su exilio escribió *Los miserables*, obra que fue publicada simultáneamente en diez idiomas.

Si alcanzamos el éxito en la vida, muchos de nosotros tendremos que hacerlo a pesar de ciertas desventajas.

276. NECIO

Uno de los más destacados gobernantes de Inglaterra fue William E. Gladstone. Un laico sobresaliente en la Iglesia Anglicana, sirvió como Primer Ministro de la Gran Bretaña desde 1868 a 1874.

Un joven le visitó un día y muy contento le decía que le gustaría estudiar leyes.

—Muy bien —replicó Gladstone— y después, ¿qué?

—Después, confío en ser admitido en el Colegio de Abogados de Inglaterra.

—Y después, ¿qué? —siguió preguntando Gladstone.

—Después me gustaría servir en el Parlamento de Inglaterra —volvió a decir el joven.

—Y después, ¿qué? —insistió Gladstone.

—Tengo la esperanza de jubilarme y vivir felizmente el resto de mis días.

—Bien y, después, ¿qué?

—Pues creo que después moriré.

—Y después, ¿qué?

—No tengo planes para después. Nunca he pensado en el más allá.

—Entonces —le dijo Gladstone muy seriamente— usted es un tonto. Márchese a su casa y piense en su vida completa.

277. FIDELIDAD

A un anciano y fiel pastor le dijeron sus superiores que algo andaba mal en su ministerio: "Sólo una persona ha sido agregada este año a la iglesia, y ésta es un niño."

Más tarde aquel día, con el corazón abrumado, el pastor estaba orando cuando alguien se le acercó. Al volverse vio al muchacho, que era su único convertido aquel año.

—Pastor, ¿cree usted que yo puedo llegar a ser un predicador o misionero? —preguntó.

Aquel jovencito era Roberto Moffat, quien estaba destinado a abrir Africa para el evangelio de Jesucristo.

Años después, cuando Moffat hablaba en Londres, un joven médico le oyó decir: "He visto en el resplandor de la mañana docenas de pueblitos donde nunca entró un misionero."

Aquel joven médico, profundamente conmovido por el mensaje de Moffat, era David Livingstone, quien en 1840 marchó también a Africa, donde sirvió al Señor por más de tres décadas.

278. LA VIDA CRISTIANA ES COMO UN VIAJE

En el año 1675 un predicador bautista rebelde llamado John Bunyan, escribió un libro que habla de las luchas del protagonista llamado Cristiano en su peregrinaje por este mundo hacia la Ciudad Celestial.

Dicho libro, titulado *El progreso del peregrino*, se ha convertido en uno de los libros populares más leidos del mundo. Ese relato sigue siendo tan popular por su tremendo sentido de la realidad. La vida cristiana es como un viaje. Hay un comienzo, las luchas del camino y un final glorioso.

En Filipenses 3:1-16, Pablo habla de la vida cristiana como un viaje. Para el apóstol el viaje comenzó en el camino a Damasco. Aquella dramática experiencia fue sólo el principio de un largo camino en el que tuvo gran variedad de experiencias y sufrió diversidad de circunstancias. Pero Pablo gritaba: "Prosigo . . ."

279. DISENSIONES

Un marinero británico confesaba hace años que la más terrible batalla naval en la que él había participado sucedió una noche cuando su barco de guerra confundió a otro barco inglés creyéndole enemigo.

Ambos barcos se atacaron el uno al otro con todas las armas disponibles. Muchos marineros murieron y otros tantos quedaron heridos, y ambas naves sufrieron grandes daños. Cuando llegó el amanecer, descubrieron su trágico error al ver ondear en las dos naves la misma bandera. Entonces las tripulaciones se saludaron la una a la otra y lloraron amargamente.

Algunas veces las iglesias cristianas cometemos el mismo error.

Joe E. Trull

280. EL ENOJO

Se cuenta la historia de un niño de cinco años que por su rebeldía y travesuras fue encerrado en un cuarto pequeño que le servía de ropero a la mamá.

Después de varios minutos de llorar, gritar y patalear, la mamá le abrió la puerta y le preguntó:

—¿Qué estás haciendo?

A lo que respondió el pequeño:

—Escupiendo en tu abrigo, escupiendo en tus zapatos, escupiendo en tus vestidos, y voy a seguir escupiendo.

Quizá sonriamos ante la reacción del niño, al propio tiempo que reconocemos cómo funciona la dinámica potencialmente destructiva del enojo en esta historia.

El enojo es una emoción normal y puede ser positiva, pero también puede ser muy destructiva. No debe ser considerado como una virtud que hay que cultivar, pero tampoco debe ser interpretado automáticamente como un mal.

El pastor y sicólogo Alan Loy McGinnis dice lo siguiente sobre el enojo: "Los sicólogos están en desacuerdo sobre casi todo, pero hay un punto sobre el que despliegan una unanimidad sorprendente: No existe ninguna persona que no se enfade o tenga momentos de ira. Sólo se dan aquellos que reprimen el enojo. Y al enviar el enojo al subconsciente (al sótano de su ser) están preparando el terreno para docenas de problemas sicosomáticos y también para algunas serias dificultades en sus relaciones con otros." Por esta razón nos conviene leer y practicar el consejo de Pablo en Efesios 4:26, 27.

281. ASPIRACIONES

En un pueblo, observaron a un niño que tiraba piedras hacia arriba. Le preguntaron qué estaba haciendo. "Estoy tratando de alcanzar las estrellas", respondió. Se rieron de él, porque —naturalmente— nunca llegó a las estrellas. Pero tampoco hubo niño en el pueblo que tirara las piedras tan alto.

Amoldo Canclini

282. VIVIR CON GRATITUD

Violeta Parra, la conocida poetisa y cantante popular chilena, escribió un sentido poema titulado: "Gracias a la vida." Sus cinco estrofas comienzan diciendo: "Gracias a la vida, que me ha dado tanto." Los cristianos podríamos subrayar todo lo que ella dice, aunque no era creyente, salvo que haríamos un cambio que parece pequeño. Más bien diríamos "Gracias a Dios por la vida", ya que reconocemos que ella es un don de Dios. La tragedia es que, por no reconocer a quien es el Autor y Dador de la vida, por razones que no vienen al caso ahora, Violeta Parra se quitó la vida disparándose un tiro en público.

Arnoldo Canclini

283. NACIDOS PARA SER LIBRES

Esta libertad de escoger puede a veces ser terrible y amenazante. Hay gente que preferiria existir en un mundo donde no se tienen que tomar decisiones. Un hombre recientemente unido en matrimonio me confesó que algunas veces deseaba poder regresar a la finca de su padre, donde cada día su padre le decía qué es lo que debía hacer. Hay algunas personas que se echan atrás de la responsabilidad de tomar decisiones, y escogen identificarse con algún gobierno autoritario, con una sociedad o con una religión que les pida únicamente que se conformen. Este curso de vida fija al individuo en un estado de perpetua inmadurez. Así nunca se alcanza el pleno desarrolto de la personalidad.

Los padres debieran ser cuidadosos en permitir que sus hijos desarrollen en el área de hacer sus escogimientos. Si el niño ha de llegar a ser un adulto responsable, debe aprender temprano en la vida a hacer buenas elecciones. Un hombre estaba instalando una antena de televisión sobre el techo de su casa y oyó un sonido como de vibración de un árbol cercano. Un pájaro pichón estaba colgando cabeza abajo del nido. Una de sus patitas se había enredado en un pedazo de cuerda que había sido usada en la construcción del nido. El hombre se acomodó en el techo hasta poder cortar la cuerda, y puso al pájaro de nuevo en el nido. Los padres pueden inocentemente atar tantas cuerdas a sus hijos, que realmente les están inhibiendo el desarrollo de su personalidad. Los hijos necesitan de guía, pero no de sofocación. Las ataduras se pueden cortar por el hecho de animarlos a aceptar la responsabilidad de tomar decisiones. Solamente ellos mismos pueden llegar a ser hombres y mujeres libres.

Vernon O. Elmore

284. LA IMAGEN DE CRISTO EN NOSOTROS

Uno de los libros del siglo veinte más ampliamente distribuidos es el que escribió Charles Sheldon *En sus pasos*. El libro anima al cristiano a ser tan semejante a Cristo en la vida diaria como sea posible. Nosotros sufrimos serias limitaciones porque no somos Cristo, y tampoco somos divinos. No obstante, en nuestra propia manera chapucera, todos podemos llegar a ser más y más como Jesús si realmente nos concentramos en ello y buscamos la ayuda del Espíritu Santo. Es su tarea recrear en nosotros la semejanza de Cristo.

Viniendo a ser más como Jesús recobramos la imagen de Dios que nuestro pecado y nuestra rebelión han obscurecido. En la iglesia de Santa Sofía, en Estambul, los antiguos mosaicos están siendo descubiertos. Cuando el templo cayó en manos de los mahometanos, cubrieron de yeso los bellísimos mosaicos de Cristo y las otras figuras religiosas. En años recientes, el yeso lo están quitando; de modo que las bellísimas obras del arte cristiano están siendo expuestas a la vista otra vez. De una manera similar, la imagen de Dios se está descubriendo cuando nos quitamos las capas de mal y andamos más y más en los pasos de Jesús. Podemos cumplir este recobro solamente en una medida limitada mediante nuestros propios esfuerzos. Cristo no es solamente el ideal, sino que él también ha enviado a su Santo Espíritu como el maestro artífice que nos quita la cáscara del pecado y repara el daño que el pecado causó en la imagen.

Vernon O. Elmore

285. LA INFLUENCIA

Josiah Elliott era un humilde predicador rural de Carolina del Norte. Por casi cincuenta años sirvió a Dios fielmente en pastorados en áreas rurales.

Pero Elliott quería ser el pastor de una iglesia en la ciudad, aunque sólo fuera una vez en su vida. Frecuentemente oraba: "Señor, no me dejes para siempre en el campo. Permíteme pastorear una iglesia en la ciudad."

Elliott nunca pastoreó una iglesia en la ciudad, pero Dios siempre bendijo su ministerio. De una de sus iglesias en el campo salieron dos hombres jóvenes que luego fueron presidentes de la Convención Bautista del Sur de los Estados Unidos y uno de ellos llegó a ser presidente de la Alianza Bautista Mundial.

Uno de ellos fue Casper C. Warren, un gran predicador que sirvió como pastor de la gran congregación de la Primera Iglesia Bautista de Tulsa, Oklahoma. El otro fue George W. Truett, quien fue durante cuarenta y siete años pastor de la Primera Iglesia Bautista de Dallas, Texas, una de las más grandes iglesias bautistas del mundo.

Estos dos hombres tocaron cientos de miles de vidas durante su ministerio.

Parece que Josiah Elliott tuvo un ministerio más fructífero en las iglesias rurales que lo que quizá jamás habría tenido en la ciudad.

J.B. Fowler

286. RESURRECCION

Arturo Toscanini ha sido posiblemente el más grande director musical de los tiempos modernos. Nació en Italia en 1867 y murió en Nueva York en 1957.

Toscanini se convirtió en el principal director de la Scala de Milán en 1898. Llegó a los Estados Unidos en 1908 y dirigió las principales orquestas sinfónicas del país hasta que se retiró en 1953.

Aunque Toscanini era un gran hombre, tenía un temor terrible a la muerte. Cada vez que veía una corona o guirnalda de flores le recordaba la muerte. Pero sus admiradores nunca supieron de este temor. Uno de ellos depositó un día una guirnalda de flores a los pies del maestro después de un concierto que Toscanini dirigía. Cuando Toscanini vio la guirnalda, palideció, quedó paralizado por un momento, después escapó rápido por una puerta lateral. Siendo ya mayor se le vio correr como un desesperado por la Séptima Avenida llena de gente.

Cuando Bruno Zirato, el gerente de la Filarmónica, vio a Toscanini escapar de aquella manera por la puerta lateral, supo qué era lo que sucedía. Quiso correr tras él pero no pudo alcanzarlo porque Toscanini corría como un joven atleta.

Cuando Toscanini llegó al hotel en el que se hospedaba se encerró en su cuarto para el resto del día y de la noche.

El temor a la muerte es el más grande de los temores humanos, pero Jesucristo conquistó nuestros peores temores. En el domingo de la resurrección, se levantó de la tumba y, desde entonces, se oyen sus palabras en todo el mundo: "Mas he aquí que vivo por los siglos de los siglos" (Apoc. 1:18).

J.B. Fowler

287. LA PRACTICA DE LA PRESENCIA DE CRISTO

Seguramente nada sino el Espíritu del Cristo exaltado, pudo ser la base para la vida de David Livingstone (1813-1873). Pasó treinta años como misionero en Africa. Viajó 45.000 kilómetros y donde quiera que iba llevaba el evangelio de Cristo. Como dijo uno de sus biógrafos: "El más grande tributo que rindieron a su carácter los traficantes de esclavos del distrito de Zambesi fue cuando, para sus propios fines despreciables, le dijeron a la gente que eran hijos de Livingstone. . . La noble conducta del grupo que durante ocho meses condujo sus restos hasta la costa, fue la prueba que coronó el amor que él supo inspirar."

Durante una visita a Blantyre en Escocia, donde nació Livingstone, vi su maltratado diario en el registro del 14 de enero de 1856, la noche anterior a su incursión en un territorio nuevo, hostil y muy peligroso: "Por la noche. Sentí mucha agitación de espíritu porque todos mis planes para el bienestar de esta gran región y de esta vasta población, pudieran ser frustrados por los salvajes el día de mañana. Pero leí que Jesús vino y dijo: 'Toda potestad me es dada en el cielo y en la tierra. Por tanto, id y haced discípulos a todas las naciones... y he aquí yo estoy con vosotros todos los días, hasta el fin del mundo'. Es la palabra de un caballero cuyo honor es lo más sagrado y estricto, y tiene una finalidad para ello. No cruzaré furtivamente de noche, como me lo había propuesto. Parecería huida, y ¿debe huir un hombre como yo?"

El registro en el diario de Livingstone el día que cumplió cincuenta y nueve años, 19 de marzo de 1872, dice: "Mi Jesús, mi Rey, mi Vida, mi Todo; nuevamente dedico mi ser entero a ti." Aproximadamente un año después, fue encontrado muerto, de rodillas junto a su cama, como si estuviera orando.

Carl C. Davis

288. EL COSTO DEL DISCIPULADO

Dietrich Bonhoeffer (1906-1945) es conocido en todas partes entre los cristianos como un mártir que pereció durante la pesadilla de Hitler. Este teólogo alemán se opuso abiertamente a Hitler desde 1933 y tuvo que abandonar Alemania ese año para enseñar y predicar en Inglaterra. Al regresar en 1935, demostró con su vida el tema central de su famoso libro *El costo del discipulado*: que cuando Cristo llama a un hombre, le ofrece venir y morir. Bonhoeffer se dio cuenta claramente de que "la voluntad propia debe abandonarse siempre a la voluntad divina, que la voluntad propia ha de ceder si la voluntad divina ha de ser manifestada" (el énfasis es mío). En 1943 fue arrestado por la Gestapo. La última nota de Bonhoeffer estando en la prisión de Tegel, que salió de contrabando el 21 de agosto de 1944, trata de su meditación matutina:

"Una vez más he tomado el Losunaen (los pasajes bíblicos para el día) y he meditado en ellos. *La llave para todo es el 'en él'*. Todo lo que podemos esperar de Dios y pedirle, ha de encontrarse en Jesucristo. Si hemos de aprender lo que Dios promete y lo que cumple, debemos perseverar en meditación quieta sobre la vida, los dichos, los hechos, los sufrimientos y la muerte de Jesús. Es cierto que siempre podemos vivir cerca de Dios y a la luz de su presencia, y que esa vida es enteramente nueva pra nosotros; que nada es, entonces, imposible para nosotros porque todas las cosas son posibles para Dios; que no hay poder humano que pueda tocarnos sin su voluntad, y que el peligro y la desgracia sólo pueden conducirnos más cerca de él."

Un oficial inglés que estaba también en prisión en Buchenwald, durante los últimos días de Bonhoeffer allí, lo describió: "Bonhoeffer era diferente; muy calmado y normal, parecía perfectamente tranquilo. . . su alma realmente brillaba en la obscura desesperación de nuestra prisión. . . Era uno de los pocos hombres que he conocido, para quien su Dios era real y siempre cercano a él."

El 9 de abril de 1945, solamente tres semanas antes de que Hitler cometiera suicidio y unos días antes de que los Aliados liberaran el campo de concentración de Flossenburg a donde Bonhoeffer había sido llevado, Bonhoeffer y otros prisioneros fueron conducidos de madrugada al lugar de la ejecución y colgados allí, en un pequeño valle arbolado. El médico de la prisión escribió, años más tarde, que había visto a Bonhoeffer cerca de una hora antes de su muerte: "A través de la puerta medio abierta de una habitación en una de las barracas, vi al pastor Bonhoeffer, todavía en su vestidura de prisionero, arrodillado en ferviente plegaria ante su Señor y Dios, la devoción y la evidente convicción de que era escuchado, que pude percibir en la oración de este hombre profundamente cautivador, conmovió hasta mis entrañas."

Earl C. Davis

289. EL SOL DE JUSTICIA

Hoy la gente busca el sol por razones estéticas. Así como antes era elegante ser pálido, hoy lo es tener el cutis tostado. Los rayos solares tienen la capacidad de hacer cambiar nuestra piel. Pero el sol cumple una función mucho más importante aun con nosotros mismos. Su luz y calor son necearios para la salud, pues nos afectan en profundidad. Bien se decia antes: "Donde entra el sol, no entra el médico." Los cristianos debemos preguntarnos si, al exponernos a la luz del Sol de Justicia (Mal. 4:2), lo que buscamos es nuestra salud plena o simplemente algo cosmético, superficial.

Arnoldo Canclini

290. LA GRACIA SUFICIENTE

Agustín de Hipona, nacido en el norte de Africa a mediados del siglo IV no fue sólo un gran dirigente, sino quizá el más humano de los santos de la iglesia. Sus *Confesiones*, un relato autobiográfico de su jornada espiritual, es una obra maestra de investigación psicológica del corazón del hombre ante Dios. Es bien conocida su vida anterior, lujuriosa e inmoral, la cual narra con verguenza en su libro. Pero en medio de su mundanalidad, había un vacío que muchos otros han sentido:

Alabado y glorificado seáis, Dios mío, fuente inagotable de misericordia. Yo cada dia me iba haciendo más miserable, y Vos cada día os ibais acercando más a mí. Ya vuestra mano diestra y poderosa me iba a asir para sacarme del cieno y lavar todas las manchas, y yo no lo conocia. Ninguna cosa me estimulaba más para salir del abismo profundo de los deleites carnales en que estaba atollado, que el miedo de la muerte y de vuestro juicio final.

En el siguiente poema, encontramos un eco de Agustín:

Busqué al Señor y luego supe
que él movia mi alma para buscarlo, buscándome;
no fui yo quien te encontró, oh Salvador verdadero,
no, yo fui encontrado por ti.

Tú extendiste tu mano y envolviste la mía;
caminé y no me hundí en el mar furioso de la tormenta.
No fue tanto que yo me asiera de ti,
como que tú, amado Señor, me asiste a mí.

Encuentro, camino, amo, pero todo
el amor es mi respuesta, Señor, a ti;
porque tú mucho antes estabas con mi alma,
siempre me amaste, Señor.

Así fue con Agustín. Como el hombre que huye, como el ciego que camina a tientas a lo largo de una pared para encontrar una puerta, donde debiera haber una; el corazón de Agustín estaba torturado. En sus *Confesiones,* compara su vida con un barco abatido y llevado por los vientos de la pasión y la codicia: "Mientras yo decía todas estas cosas, y como encontrados vientos combatían mi corazón todas estas imaginaciones, y alternativamente le impelía de una parte a otra, se iban pasando los tiempos, y yo retardaba el convertirme al Señor y dilataba de un día para otro el vivir en Vos, pero no dilataba el morir en mí mismo cada día." Durante este tiempo, Agustín oró su honesta oración, a menudo citada: "'Dadme, Señor, castidad y continencia, pero no ahora.' Porque yo temía que despachaseis luego al punto mi petición y luego al punto que sanaseis de la enfermedad de mi concupiscencia, la cual más quería ver saciada que extinguida."

La crisis espiritual suprema llegó a Agustín cuando lloraba en el jardín de un amigo. Se volvió al Señor y, en su retorno, dio este testimonio: "Pero Vos mismo lo excitáis a ello de tal modo, que hacéis que se complazca en alabaros; porque nos criasteis para Vos, y está inquieto nuestro corazón hasta que descanse en Vos." En la respuesta del corazón del hombre a Dios, pocos igualan a Agustín. Las *Confesiones* están llenas de la adoración de Agustín por Dios, y un poema de alabanza en el Libro X es un hermoso y espiritual "¿Cómo os amo a Vos?"

Después de su conversión, Agustín renunció a todas sus posesiones, fundó un monasterio y tuvo tres años de quietud antes que los cristianos de la región insistieran en que fuera ordenado sacerdote. A la edad de cuarenta y dos años, fue elevado al cargo de Obispo de Hipona y sirvió hasta su muerte, treinta años más tarde. Consintió en ser consagrado como obispo con la condición de que ciertos días de cada semana estuvieran libres para la oración y la meditación. Eso no dio resultado, pero sí nos da a entender la importancia que tenía para Agustín la vida devocional. En *La ciudad de Dios*, comenta: "Ningún hombre tiene derecho a estar tan inmerso en la vida activa, como para descuidar la contemplación de Dios."

Earl C. Davis

291. LA DEVOCION A DIOS

De todos los santos medioevales, el más conocido y amado es Francisco de Asís (1182-1226). Pertenecía a una familia italiana

rica. Como joven, anduvo errante en busca de propósito para su
vida. Un día, mientras oraba, sintió que el Hombre del crucifijo que
colgaba encima de él, lo llamaba a una nueva forma de vida, una
vida de pobreza. Este mandato lo indujo a renunciar a su familia y a
su riqueza, se despojó de su ropa ante su padre y el Obispo de Asís
y declaró su compromiso con Dios solamente. Reuniendo a unos
cuantos seguidores, recibió la bendición de Roma y así se iniciaron
los "penitentes de Asís".

Se pueden contar muchas historias maravillosas sobre
Francisco, algunas de las cuales suenan extrañas para los oídos
modernos. Todos conocemos la historia de su predicación a los
pájaros. El relato dice que, mientras predicaba a una multitud, había
pedido a los pájaros que gorjeaban que mantuvieran silencio
mientras hablaba. Después de terminar el sermón para la gente,
pasó frente a una enorme parvada que se encontraba en un árbol.
Las aves descendieron para escuchar atentamente mientras él les
predicaba. ¿El contenido? ¡Debemos alabar a Dios por todos sus
dones! Seguramente la verdad de la leyenda descansa en la
humildad y gratitud de Francisco por toda la creación de Dios.

La historia del primer compañero de camino de Francisco, que
se relata en *Las florecillas de San Francisco*, vierte luz sobre su
vida devocional. Durante un tiempo, después que Francisco
renunció al mundo, quienes lo conocían creyeron que estaba loco;
se mofaban de él y lo despreciaban, y era blanco de lodo y piedras.
Pero un noble rico de Asís llamado Bernardo, empezó a ponderar la
forma de vivir de Francisco. Lo invitó una noche a cenar y luego a
ser su huésped durante la noche. Bernardo puso otra cama en su
recámara y una lámpara que alumbró toda la noche. Francisco fue a
la cama tan pronto como entró en la habitación y, para no parecer
demasiado santurrón, fingió quedarse dormido inmediatamente.
Pronto lo siguió Bernardo en ir a la cama y pretendió roncar.
Francisco, pensando que su anfitrión estaba profundamente
dormido, se levantó y empezó a orar, elevando sus manos y sus ojos
al cielo con su suave lamento, "¡Mi Dios! ¡Mi Dios!", y llorando.
Estuvo sobre sus rodillas toda la noche, repitiendo una y otra vez la
misma frase. Bernardo se sintió tan conmovido por la devoción de
Francisco y por la presencia del Espíritu, que decidió que tan pronto
llegara la luz del día, seguiria a Cristo con Francisco.

                                                    Earl C. Davis

292. LIBERTAD

El cuadro de los negros de las islas del Caribe esperando la medianoche en que serían libres es muy impresionante. En Jamaica, el predicador bautista William Knibb hizo cavar una fosa y comenzó a exclamar: "¡El monstruo se está muriendo!" Al dar las doce de la noche, gritó: "¡El mostruo ha muerto!" y enterró un latigo y unas cadenas, que hoy pueden verse en la Casa Bautista de la ciudad de Londres, Inglaterra.

Otro hecho de esa noche ocurrió en la cercana isla de Antigua. Allí los esclavos congregados estaban tan impresionados por lo que sucedía que era como si estuvieran estupefactos. De repente, cayó un rayo y fue como si despertaran y comenzaron a cantar y abrazarse. A muchas personas les ocurre que ya son salvas y no se atreven a decírselo a sí mismas.

Amoldo Canclini

293. COMPAÑERISMO CRISTIANO

Una de las ilustraciones más hermosas de unidad y compañerismo que el Espíritu Santo crea en la iglesia, paso hace unos cuantos años en la iglesia que pastoreo. Dos pequeños, uno blanco y otro negro, estaban sentados juntos en el templo. La mama del niño negro cantaba en el coro, la única dama de color en el coro. La mamá del niño blanco escogió un asiento detras de los dos pequeños. Como los niños empezaron a hablar en voz baja durante el servicio, la mama del niño blanco se inclinó hacia adelante para darles una palabra de corrección. Un momento despues, el niño negro le preguntó a su amigo:

—¿Quién es ella?

—Es mi mama,—fue la respuesta

—Mi mamá canta en el coro, —dijo el pequeño negro, a lo cual respondió su amigo:

—¿Cuál es tu mamá?

¡Que el Espíritu nos haga a todos daltonianos, conforme mas experimentamos unidos la gracia de Dios! (Juan 17:20-26;1 Juan 1:3, 6, 7.)

Earl C. Davis

294. FELICIDAD

El poeta ingles Lord Byron es famoso, naturalmente, por la belleza de su obra. Pero no puede olvidarse que llevó una vida tormentosa, como buscando la felicidad en toda clase de placeres, que le hicieron caer en vicios muy deshonrosos. Por eso, aunque tenía fama, dinero, prestigio, elegancia, etc., poco antes de morir trágicamente dijo: "He estado contando cuántos días felices he tenido en este mundo. Sólo puedo contar hasta once y he estado preguntándome si me será posible completar la docena aquí, en este mundo de lágrimas, angustias y dolores."

Arnoldo Canclini

295. LA PACIENCIA

Longanimidad significa literalmente "largura de ánimo". Es lo opuesto a ánimo escaso, y en la Biblia a menudo se registra como rasgo del carácter de Dios (Ef. 4:2; Col. 3:13; Mr. 9:19). Es la fuerza para superar problemas, frustraciones y malos tratos en la vida. Un incidente en la vida de George Washington Carver nos muestra cómo esta gracia puede brillar en el carácter de una persona. Este gran educador y científico, cristiano negro, en una ocasión bajó de un tren en una ciudad del sur en ruta a un compromiso para dar un discurso. El conductor del automóvil, que era blanco, buscó ansiosamente a su importante pasajero, pero cuando se dio cuenta de que era negro, ¡rehusó llevarlo! El doctor Carver estudió por un momento la situación y luego anunció: "Muy bien, usted se sienta atrás ¡y yo lo llevo!" Y al decirlo, abordó el asiento del conductor y tomó las riendas. El lema del doctor Carver era: "¡No permitiré que ningún hombre me haga odiarlo!" Este es el fruto del Espíritu conocido como longanimidad. Es el poder para mantenerse en pie bajo las cargas de la vida.

Earl C. Davis

296. LA INCREDULIDAD

A finales del siglo pasado, el obispo Wright de la Iglesia Unida de los Hermanos habló en un colegio en el Medio Oriente.

Dirigiéndose a los estudiantes, el obispo declaró pomposamente: "Todas las cosas que pudieran inventarse fueron ya inventadas."

Más tarde, el presidente del colegio sugirió al obispo que tal vez pudiera aún haber alguna cosa pendiente de ser inventada. A lo que el obispo se mantuvo en su opinión.

—Nómbreme una —resopló el obispo.

—Yo creo que algún día el hombre construirá una máquina que vuele en el aire —replicó el presidente.

—Esa es la idea más estúpida que jamás oí —respondió el obispo—. Si Dios hubiera querido que el hombre volara, él nos hubiera puesto alas.

El obispo Wright tenía dos hijos; uno de ellos se llamaba Orville y el otro Wilbur. El 17 de diciembre de 1903, ellos probaron a su padre cuán equivocado estaba cuando construyeron la primera máquina de vuelo del mundo en Kitty Hawk, Carolina del Norte.

La incredulidad cierra siempre las puertas a las oportunidades y ciega los ojos de las posibilidades.

Pero la consecuencia final de la incredulidad es mucho peor, porque aparta a las personas de la gracia de Dios, que es lo que más desesperantemente necesitamos

Al tiempo que ello sólo condena el pecador al infierno.

J.B. Fowler

297. LAS AFLICCIONES

Es el tiempo más severo el que en muchas ocasiones se producen las flores más bellas.

Tomas Edison, uno de los inventores más grandes de la historia, confesó que su sordera fue la más grande ventaja para su concentración.

La ceguera de Juan Milton le inspiró su *Paraíso perdido*.

El encarcelamiento que sufrió Juan Bunyan en la cárcel de Bedford le dio tiempo para escribir uno de los libros más leídos a través de la historia, *El progreso del peregrino*.

El año completo de encarcelamiento de Marco Polo le permitió tiempo suficiente para poner sobre el papel sus exploraciones en Asia. En su libro titulado *El libro de Marco Polo*, expuso el misticismo de Asia a los ojos de los europeos.

La sordera invadió a Beethoven a los cuarenta y dos años, y en su mundo silencioso fue que produjo alguna de la música más conmovedora de la historia.

La trágica vida de José —vendido como esclavo en su adolescencia— le permitió convertirse en salvador de su pueblo.

Felipe Brooks, uno de los primeros y más excelentes predicadores de Norte América, quiso ser maestro pero nunca pudo conseguir calificaciones suficientemente altas y, asi, se inclinó por la predicación.

Santiago Whistler, quien inmortalizó a su madre en su famosa pintura, fue expulsado de West Point por aparecer un día en un pase de lista vestido únicamente con calcetines. El General Robert E. Lee le destituyó, pero ello fue la fortuna de Whistler.

Booker T. Washington, nacido esclavo, se convirtió en el más grande educador de su raza. Frecuentemente él dijo: "Las ventajas de las desventajas."

Ciega y sorda, Helen Keller inspiró al mundo con su determinación.

Sir Walter Scott, mejor conocido por *Ivanhoe*, quiso ser poeta, pero fue siempre eclipsado por George Gordon Byron. En vez de darse por vencido, se inclinó por la novela donde encontró la fama.

William Cowper, melancólico y con inclinaciones suicidas, venció sus problemas emocionales escribiendo el himno, entre otros, "Hay una fuente sin igual."

                                                                    J.B. Fowler

298. TODO TOMA SU TIEMPO

Frecuentemente es necesario que pase un poco de tiempo antes de que veamos el bien de una experiencia. Un anciano chino poseía un bello caballo. Un día el caballo se escapó del corral. Un vecino, al enterarse de lo ocurrido, comentó:

—Oh, eso es malo.

El anciano chino respondió:

—No estoy seguro de ello. Puede ser muy pronto para decirlo.

Dos días después el caballo regresó y lo hizo trayendo tras sí una docena de caballos salvajes que entraron con él en el corral. Cuando el amigo supo de esto, dijo:

—Esto es estupendo. Antes tenías un solo caballo y ahora tienes trece.

De nuevo el anciano respondió:

—No estoy seguro de ello. Puede ser muy pronto para decirlo.

Al día siguiente el hijo del anciano chino estaba tratando de domar a los caballos salvajes, pero cayó y se rompió una pierna.

Su amigo, al enterarse, dijo:

—Oh eso es terrible. Tu hijo va a tener que estar en cama varios meses.

Otra vez el hombre respondió:

—No estoy seguro de que sea terrible. Puede ser muy pronto para decirlo.

A la semana siguiente el gobernador de aquella región pasó por allí reclutando a todos los jóvenes útiles para la guerra. No se llevó al muchacho debido a su pierna rota.

Uno de nuestros problemas en la vida es que solemos valorar y juzgar la mayoría de las cosas en el momento. No debemos evaluar nuestras experiencias con tanta rapidez. Una corrección que puede ser dolorosa en un momento puede quizá verse como una bendición al día siguiente. Una enfermedad, accidente u otra circunstancia que hoy nos parece una desgracia puede ser la lección o la respuesta que necesitábamos y convertirse en una gran oportunidad para nuestra vida.

299. EL DESALIENTO

Una de las armas predilectas de Satanás es crear desaliento en nosotros y en otros, de manera que nos desanimemos y abandonemos.

Se cuenta que una vez el diablo quiso retirarse de su diabólico quehacer y puso en venta todas sus armas. En el día señalado fueron exhibidas todas sus herramientas, con el precio de cada una bien señalado.

Una de ellas tenia un precio mucho más alto que las demás. Le preguntaron por qué y él respondió porque era la "cuña del desaliento".

—Pero, ¿por qué es tan elevado el precio?

—Porque es la herramienta más útil y eficaz que tengo.

Mediante ella penetro en la mente del hombre y una vez dentro puedo hacer mi obra. Pocos creen que me pertenece.

Según el cuento, el precio era tan alto que nadie la compró y el diablo sigue usándola.

Satanás puede tomar el más dedicado de los cristianos, a ese que ha recibido a Cristo en su vida y trata con todo empeño en servirle, y meterle el desaliento en su alma e inutilizarle por completo. Un maestro de escuela dominical no ve los resultados que quisiera y se desanima. Un nuevo creyente ve los fallos y debilidades de los demás cristianos y se desmoraliza. Todo buen creyente que lucha y se esfuerza por la causa de Cristo puede desalentarse. Satanás puede meter el desaliento dentro de él y abrir la puerta para que entre el resto de su equipo. El puede romper la vida del mejor con la cuña del desaliento.

Por eso todo creyente debe ser capaz de vencer el desánimo, la crítica, el rechazo, la ingratitud o, de lo contrario, el diablo se aprovechará de esas circunstancias.

300. LIDERAZGO

La ballena Humphrey, llamada así por los científicos, estaba metida en problemas según el entender de los técnicos. Se había metido por la boca del río San Joaquín y nadando río arriba estaba ya en aguas dulces. Necesitaba regresar cuanto antes al océano.

La pregunta era, ¿cómo se puede dirigir a una ballena de 45 toneladas? Una flotilla de 33 barcos llevó a cabo muchos intentos para empujarla hacia el océano, pero nada parecía eficaz para conseguirlo.

Finalmente, los científicos colocaron un equipo de sonido en el agua para transmitir sonidos propios de la especie de Humphrey. El equipo acústico resultó efectivo y Humphrey regresó a casa siguiendo la dirección de los sonidos cuyas emisiones le resultaban familiares.

¿Podemos aprender nosotros de la experiencia de aquellos científicos marinos? Nuestra dirección será más efectiva si no empujamos o atropellamos a la gente sino que les permitimos responder a sonidos y voces familiares. Podremos estar utilizando muchos recursos de presión al dirigir a otros, pero seremos siempre más efectivos si dirigimos de tal manera que las personas pueden oír en, y a través de nosotros, la voz de Cristo. Jesús dijo: "Mis ovejas oyen mi voz" (Juan 10:27). Cuando la gente oye la voz familiar de Cristo (el Buen Pastor que da su vida por las ovejas) se encuentra más dispuesta a cambiar de dirección y seguirle.

301. IGLESIA LOCAL E IGLESIA UNIVERSAL

El gran énfasis del Nuevo Testamento está sobre las iglesias locales y, curiosamente, se habla muy poco de la iglesia universal.

Algunos hoy, por el contrario, se complacen en enfatizar mucho el concepto de que el pueblo o familia de Dios, o cuerpo de Cristo, es en realidad uno y a él pertenecen gentes de toda tradición y tendencia cristiana, raza, cultura y época. Pero me parece —al ver las vidas cristianas prácticas de ellos— que los que enfatizan la iglesia universal a costa de la iglesia local pretenden más bien escaparse de los compromisos y responsabilidades cristianos.

Uno pertenece a la humanidad pero no puede casarse con la humanidad. Estamos constituidos y llamados para unirnos y comprometernos con una mujer en matrimonio y con ella formar familia. Allí desarrollamos todo nuestro potencial y posibilidades. Y cuando un hijo nace lo hace en el seno de una familia muy concreta que le busca, ama, recibe, cuida y le ayuda a crecer y llegar a ser todo lo que puede ser.

Ambos conceptos —iglesia local y universal— son válidos, pero nunca debemos utilizar uno contra el otro. Pero si en algo debemos poner el énfasis un poquito más es en la iglesia local, pues es nuestra comunidad concreta donde obtenemos raíces y alas. Raíces para saber que pertenecemos a una familia (expresión real y verdadera del cuerpo de Cristo) y donde somos aceptados y amados; y alas para volar y llegar tan alto y tan lejos como seamos capaces en el reino de Dios.

José Luis Martínez

302. EL MANEJO DE LOS FALLOS

¿Qué factor convierte a una figura nacional en un campeón en patinaje? Al observar varias competencias en distintos lugares, he llegado a la conclusión de que la clave está en la destreza de caer con gracia y en levantarse con presteza.

Ninguno de los participantes se lanzaba a la pista de hielo con la intención de caer, pero en algún momento (tanto en momento de calentamiento, como en programas cortos, como campeonatos o exhibiciones), una gran mayoría caían. Pero pude notar que caían con garbo, levantándose rápidamente, envolviéndose otra vez en la música y yendo adelante con su programa. Su velocidad, estilo, fuerza y gracia fue justamente tan atractivo cinco segundos después de la caída como lo habían sido cinco minutos antes de ella.

Creo que esa habilidad es también una de las más esenciales en la vida. Nadie empieza un día con la intención de caer, pero siempre caemos. Unas veces somos empujados hacia los baches de la vida; otras quedamos atrapados en las tentaciones del diablo. Cualquiera que sea la causa, no hay día que pase sin fallar a nuestras posibilidades y a la glorificación de Dios.

El cristianismo puede ayudarnos a que esa caída la hagamos con gracia: Nos extiende la invitación a confesar nuestros pecados y caídas, también a levantarnos y continuar viviendo, con la seguridad del perdón.

La Biblia nos encomienda la habilidad de caer con esa gracia con las siguientes palabras: "Una cosa hago: Olvidando ciertamente lo que queda atrás, y extendiéndome a lo que está delante, prosigo a la meta, al premio del supremo llamamiento de Dios en Cristo Jesús" (Fil. 3:13, 14).

303. LA AUTENTICIDAD

¿Tiene el nombre tanto significado e importancia? ¡Muchísimo! La Xerox Corporation tiene establecido un programa protector para evitar que su nombre se convierta en un nombre genérico para designar a cualquier fotocopiadora. Para la compañía Xerox merece la pena invertir cantidades tan considerables de dinero, energía y tiempo con tal de proteger su nombre.

La compañía Coca-Cola tiene un grupo de inspectores cuyo trabajo es visitar periódicamente los establecimientos que venden su bebida a granel y pedir un vaso de "Coca". Cuando el líquido les es servido lo analizan cuidadosamente para comprobar con seguridad que es realmente "Coca". Si el líquido ha sufrido alguna alteración, notifican inmediatamente al dueño del local que ciertas medidas legales van a tener lugar si la situación no se corrige y si las bebidas no son identificadas de manera clara y apropiada.

¿Somos nosotros tan cuidadosos con nuestro nombre de cristianos? ¿Protegemos nuestra identidad para que tanto nuestras palabras como nuestros hechos nos permitan ser identificados como seguidores de Cristo Jesús? ¿O estamos en peligro de que la palabra cristiano se convierta en algo que se aplique a cualquier sentimiento o acción religiosa?

¿Cómo puede el mundo identificarnos como cristianos? Recordemos las palabras de Jesús: "Por sus frutos. . ." y "En esto conocerán que sois mis discípulos, si tuviereis amor los unos con los otros" (Juan 13:35).

304. EL TESORO MAS IMPORTANTE

La vida de Mel Fisher es una historia asombrosa, que va desde ser granjero en Indiana hasta buscador de fortunas submarinas en Key West, Florida. Fue el 30 de julio de 1985, a unos sesenta kilómetros al oeste de Key West, que Fisher encontró, con la ayuda y equipo de su propia empresa de salvamentos, el galeón español Nuestra Señora de Atocha, hundido por un huracán en 1622. El descubrimiento, muy significativo desde la perspectiva histórica, fue también muy rentable por contener un tesoro valorado en más de cuatrocientos millones de dólares.

Fisher dedicó diecisiete años de su vida a la investigación y búsqueda del desaparecido Atocha. Pleiteó durante diez años con el Estado de Florida y el Gobierno Federal por la propiedad del destrozado navío, ganando al fin el pleito por sentencia del Tribunal Supremo en 1982. Diez años antes de su descubrimiento, su hijo mayor, el hijo de su esposa y otro buceador perdieron la vida al zozobrar su barco en una fuerte tormenta cuando estaban trabajando en las investigaciones.

"A pesar de todo, mereció la pena", dijo Fisher.

Seguramente que todos quedamos maravillados con la historia de Fisher. Constituye, sin duda, un ejemplo de optimismo, perseverancia y determinación. Fue su gran dedicación la que mantuvo a la tripulación unida y en movimiento durante años de investigación sin fruto.

Como seguidores de Jesús tenemos el mandato de buscar

primeramente el reino de Dios y su justicia, y el reino es verdaderamente un tesoro que merece cualquier sacrificio.

Revista *Time*
5 Agosto 1985, pág. 21

305. COMPROMISO CRISTIANO

Un hombre que llegó tarde al templo, preguntó al ujier que estaba en la puerta:

—¿Ha terminado ya el servicio?

—No —respondió el ujier—, se acaba de terminar el culto de adoración, pero el servicio está justamente empezando.

Algunas personas confunden los dos términos, pero hay una tremenda diferencia entre culto de adoración y el servicio, como la hay entre inspiración y transpiración. Si queremos alcanzar nuestro más alto nivel espiritual debemos aprender la diferencia que existe entre ellos y mantenerlos en buen equilibrio en nuestra vida. Así que gocemos de la inspiración y luego pasemos a la transpiración.

306. JESUS NUESTRO ABOGADO

Desde el Centro Rockefeller de la ciudad de Nueva York puede apreciarse una vista aérea de la Plaza Lower y en ella una estatua de bronce de Prometeo robando el fuego sagrado para la humanidad. La historia de Prometeo es una de las más conocidas leyendas de los dioses griegos. Cuenta que en los días cuando el fuego no era aún posesión del hombre, Prometeo tomó fuego desde el cielo y lo dio como un regalo al hombre. Zeus, el rey de los dioses, se enfadó muchísimo de que la humanidad recibiera este regalo. Así, cogió a Prometeo y lo encadenó a una roca en medio del Mar Adriático, donde fue torturado por el calor y la sed del día y el frío de la noche. Zeus incluso preparó a un buitre para que rasgara el hígado de Prometeo, el cual siempre volvía a crecer, para ser rasgado de nuevo. Esta leyenda presenta el concepto de los dioses paganos, que prevaleció en el mundo antiguo, un grupo de dioses celosos y vengativos.

¡Cuánta diferencia con el título y mensaje de Cristo como nuestro Abogado defensor "Y si alguno hubiera pecado abogado tenemos para con el Padre, a Jesucristo el justo" (1 Juan 2:1).

307. LAS CREDENCIALES DE JESUS

Cuenta la historia que Penélope era asediada por sus pretendientes aun después de diez años de la marcha de Ulises. Pensando que después de ese tiempo su marido estaría muerto, ella decidió comprometerse en matrimonio con quien fuera capaz de disparar una flecha a través de doce aros con el arco que fuera de Ulises. En ese intervalo llegó Ulises disfrazado de mendigo y se acercó al lugar de la prueba. Uno tras otro, los admiradores avanzaron pero se sintieron incapaces de tensar el arco. Al final, Ulises solicitó: "Mendigo como soy, una vez fui soldado y aún hay fuerza en mis viejos músculos, dejadme probar." Los pretendientes se burlaron de él, pero Penélope consintió en su solicitud. Con facilidad cogió el arco, tensó la cuerda, ajustó la flecha y disparó sin errar el blanco. ¡Era Ulises! y Penélope corrió a echarse en sus brazos.

Para Jesús no fue suficiente el proclamarse como el Cristo. El probó con sus credenciales el cumplimiento de las divinas profecías de que él era el Mesías. Fue irrefutablemente el cumplimiento sin error de las profecías mesiánicas. Ninguna de ellas falló de ser cumplida en su vida y ministerio. Cada referencia del Antiguo Testamento acerca del Mesías ratificó las palabras de Cristo: "Yo soy", de Juan 4:26.

308. EL LUGAR DEL NACIMIENTO

El Emperador Constantino construyó un templo sobre la cueva en la que se creía había acontecido el nacimiento de Cristo. Al entrar en la cueva de la Natividad, ahora bajo el altar mayor del templo, la entrada es tan bajita que es necesario inclinarse o arrodillarse para entrar. En el suelo hay una estrella y a su alrededor la inscripción en latín: "Aqui nació Jesucristo de la virgen María." Es tremendamente significativo el simbolísmo de que los peregrinos tienen que entrar de rodillas al lugar del nacimiento de nuestro Señor, por lo que contemplar el lugar de su nacimiento impresiona y llena el alma de reverencia.

Los profetas y el pueblo de Dios se mantuvieron, durante siglos, esperando al prometido Mesias. Así, transcurrido el tiempo, aconteció en el pesebre en Belén el maravilloso milagro, el brazo de Jehová se manifestó. Aquel pesebre de madera ásperamente labrada, acuñó el destino del hombre y sus esperanzas de toda la vida. Fue el momento de la suprema revelación de Dios.

309. JESUCRISTO, EL VERBO, REVELA A DIOS

Hay en Roma un elegante fresco conocido como Aurora, pintado por Guido, que cubre toda la cúpula. Al intentar observarlo desde abajo, el cuello se queda entumecido, la cabeza mareada y las figuras terminan confundiéndose. Para evitar ese efecto, el dueño del palacio ha colocado un gran espejo cerca del suelo, de manera que los visitantes pueden ahora sentarse delante del espejo y, a través de él, disfrutar del fresco que está en la cúpula.

De la misma manera, el espejo de Cristo nos permite disfrutar de la que de otra forma seria inaccesible e invisible presencia cósmica que está tan por encima de nosotros. Jesús revela y descubre a Dios.

Juan, en su Evangelio, declara cinco grandes verdades acerca del Verbo: (1) Su eternidad, "En el principio"; (2) Su compañerismo en la divinidad, "con Dios"; (3) Su deidad, "era Dios"; (4) Su labor en la creación, "Todas las cosas por él fueron hechas"; (5) Su maravillosa encarnación, "Fue hecho carne."

Pocos años antes de la muerte de Cristo, Filón, un judío que vivía en Alejandría, unió el pensamiento griego y judío sobre la palabra logos, escribiendo ampliamente acerca de él, y vistiéndolo de un concepto metafisico. De esa manera esta palabra tuvo un significado mucho más extenso y común, comunicando de una manera más efectiva su significado a ambos, judios y griegos. Pero Cristo fue aún superior a esta importante palabra, llenándola de un nuevo significado.

310. TODAVIA NO HAS LLEGADO A CASA

Se cuenta que cuando el presidente Teodoro Roosevelt se disponía a abordar en un puerto africano el barco que le llevaría de vuelta a casa, una gran multitud se congregó para celebrar su visita y despedirle.

Una alfombra roja fue tendida por donde él debía pasar. A bordo le fue dado el camarote más elegante y fue el centro de atención durante todo el viaje. Al mismo tiempo había otro hombre en el mismo barco, quien resultó ser un anciano misionero que había dado su vida a Dios sirviendo en Africa. Su esposa había fallecido, sus hijos habían marchado y el hombre estaba completamente solo y nadie se apercibía de él. Al llegar el barco a San Francisco, el Presidente fue de nuevo agasajado. Las campanas sonaron y la multitud vitoreaba al tiempo que Roosevelt desembarcaba con pompa y gloria. Sin embargo, tampoco allí había nadie esperando al misionero. Este fue a su habitación en un pequeño hotel y se arrodilló a los pies de su cama y oró: "No me quejo, Señor, pero no lo entiendo. Di mi vida por ti en Africa y parece que a nadie le importa. No lo puedo entender." En aquel momento le pareció que el Señor bajaba su mano desde el cielo y la ponía en su hombro, y le decía: "Mi buen siervo fiel, todavía no has llegado a casa."

311. CUANDO LA VIDA NOS PRESENTA SU CUENTA
Jueces 1:57

Se cuenta de un abogado que vivió en Escocia que, en una ocasión, alquiló un caballo de un hombre pobre y tanto abusó del animal que éste murió. El hombre pobre insistió en que el abogado pagara por su caballo.

El abogado no negó su responsabilidad y le dijo al hombre pobre que estaba dispuesto a pagar. "Pero", le dijo, "en este momento estoy algo escaso de dinero y agradecería si me permitiera aplazar el pago."

El pobre labrador, que era un hombre muy comprensivo, no tuvo inconveniente en dar al abogado un poco de tiempo para cumplir con su compromiso. Ante la insistencia del abogado de no poder pagar en tiempo muy cercano, el labrador le respondió que simplemente fijara él la fecha.

Siendo una persona astuta, el abogado redactó el documento estableciendo que pagaría por el caballo el día del juicio final.

Sospechando haber sido engañado, el hombre fue al tribunal de justicia y pidió al juez que examinara su documento.

Después que el juez examinó la nota, estuvo de acuerdo en que el documento era perfectamente legal y dirigiéndose al abogado le dijo: "El día del juicio ha llegado. Pague al hombre por su caballo."

Hay momentos cuando la vida nos presenta su factura para ser pagada. Dios nos permite vivir exactamente como nosotros deseamos y pueden pasar meses y aun años sin que Dios nos pida cuentas de cómo lo hemos hecho, sin que eso signifique que Dios se ha olvidado. El día llegará cuando seguramente la vida nos presente su factura.

312. NO SEAMOS TROPIEZO PARA NADIE

Se cuenta la historia de un hombre ciego que acostumbraba a llevar consigo un farolillo siempre que salía a la calle de noche. Alguien le preguntó por qué razón usaba un farolillo, cuando no podía ver, a lo que el ciego contestó: "Para evitar que otros tropiecen conmigo." Era una idea inteligente. El nunca tropezaba con otros, al menos intencionalmente, pero tampoco quería que los otros tropezaran con él.

Esta debiera ser una preocupación para cada cristiano. Debemos vigilar que nadie tropiece a causa de nosotros. De esto habla Jesús en Mateo 17:24-27.

313. LA SUFICIENCIA

El General William Booth, un ministro metodista inglés, fundó el Ejército de Salvación en Londres en 1878. Emma, su segunda hija, se casó con un hombre llamado Tucker, quien también trabajaba para el Ejército de Salvación.

Un día Tucker predicó en Chicago acerca de la suficiencia de Jesús para consolar en cada situación. Después del servicio un trabajador arrinconó a Tucker y le dijo que era muy fácil para Tucker hablar acerca del consuelo y gracia de Jesús porque su esposa estaba aún viva.

El hombre explicó a Tucker que él había perdido a su esposa y que sus bebés lloraban por su madre, quien no volvería nunca más. El aseguró a Tucker que si él tuviera esa clase de desgracia, no podría hablar con tanto ardor de la suficiencia de Cristo.

Al poco tiempo Tucker perdió también a su esposa en un accidente ferroviario, y su cuerpo fue llevado al cuartel general del Ejército de Salvación en Chicago para el servicio fúnebre.

Al mirar Tucker el cuerpo silencioso de su esposa, le vino al pensamiento lo que aquel triste hombre le había estado diciendo pocos días antes.

Dirigiéndose a los asistentes al servicio fúnebre, y buscando entre la gente a aquel hombre sin encontrarlo, les dijo que si aquel hombre estaba allí él quería que supiera que Cristo era suficiente para sus huérfanos y su afligido corazón.

Sin Tucker saberlo, aquel hombre estaba entre la concurrencia y se acercó al estrado, se arrodilló ante el féretro y recibió al Salvador de Tucker como suyo propio.

J. B. Fowler

314. LOS PROBLEMAS

La gente que ha vivido y realizado con éxito las más grandes contribuciones a la vida, es frecuentemente aquella que ha tenido también que vencer los más grandes problemas.

Sir Walter Scott estuvo plagado de limitaciones.

George Washington tuvo que aprender en las frías nieves de Valley Forge.

Abraham Lincoln tuvo que superar la pobreza y la falta de educación académica.

Benjamín Disraeli, el único judío elegido primer ministro de Gran Bretaña, tuvo que vencer los prejuicios.

Teodoro Roosevelt tuvo que batallar con el asma a lo largo de toda su vida.

Tomás A. Edison, como resultado de un accidente en su niñez, sufrió de sordera casi total.

Robert Louis Stevenson tuvo que dejar su tierra natal en Escocia y trasladarse a Samoa por razón de su tuberculosis.

Hellen Keller luchó contra el obstáculo de ceguera y sordera.

Demóstenes, el más grande orador de la historia, nació con impedimentos para hablar correctamente.

William Cowper, el autor de "Hay una fuente sin igual", fue invadido por la melancolía.

Handel, cuyo *Mesías* es cantado por toda la cristiandad, lo escribió en un tiempo de gran decaimiento.

Juan Bunyan escribió *El progreso del peregrino* en la celda de una cárcel.

Lou Gehrigh, tal vez el mejor jugador de baseball en la historia, jugó siempre con huesos rotos en las manos.

Napoleón se graduó como el número 42 en una clase de 43 hombres.

Louis Pasteur, el padre de la medicina moderna, fue llamado por uno de sus profesores "el estudiante menos prominente de la clase".

Los problemas personales no serán nunca una barrera en el camino del éxito de aquellos que están determinados a conseguirlo.

J. B. Fowler

315. LIBERACION

Al acercase la medianoche del 31 de julio de 1838, William Knibb reunió a diez mil esclavos en la isla de Jamaica para celebrar el Acto de Emancipación que tomaría efecto el día siguiente. Llenaron un inmenso ataúd de látigos, hierros de marcar, esposas y otros simbolos de servidumbre. A la primera campanada de la medianoche, Knibb gritó: "¡El monstruo se está muriendo!" Al sonar la última campanada gritó: "¡El monstruo está muerto! ¡Enterrémoslo!" Cerraron el ataúd, lo bajaron a una tumba de dos metros y lo taparon, enterrando asi para siempre los ultimos vestigios de su horrenda esclavitud. A una voz, diez mil gargantas afónicas celebraron la libertad humana.

Ese mismo sentimiento de liberación de la opresión es una nota dominante en la experiencia cristiana de la salvación. El Nuevo Testamento parece una larga proclamación de emancipación. En sus páginas se puede oir el doblar de las campanas que anuncia una nueva era en la cual las cadenas de la esclavitud al pecado se están rompiendo y el monstruo que ha estado encadenado a la humanidad se está empezando a morir. La palabra redención recoge este sentimiento gozoso de liberación del cautiverio del pecado. El término traduce dos familias de palabras griegas que significan 1. "liberar o soltar a alguien", como de una prisión, y 2. "pagar un rescate", como al comprar la libertad de un esclavo. Las imágenes vívidas que se agrupan en torno a este concepto en las Escrituras sugieren muchas cosas acerca de la naturaleza de la salvación.

William E. Hull

316. CRISTO PAGO EL PRECIO

En el mundo antiguo se les pagaba a los dioses paganos para liberar a los esclavos, pero su benevolencia era una ficción ya que el esclavo habia trabajado para ahorrar su propio rescate y por lo tanto, en realidad, se habia redimido a sí mismo. Una inscripción en Delfos informa, por ejemplo, la manera en que "Apolo el pitio *compró* de Sosibio de Anfisa, para *liberarla*, una esclava, cuyo nombre es Nicaea, de raza romana, *por un precio* de tres minas y media de plata." Pablo aludió a esas costumbres al decir que nosotros, que por naturaleza somos *"esclavos del pecado"* (Rom. 6:17), fuimos hechos libres (Gal. 5:1) de la esclavitud cuando fuimos "comprados por precio" (1 Cor. 6:20; 7:23, itálicas del autor). La diferencia decisiva es que el dios délfico no hizo ningún pago real mientras que Cristo pagó con su vida un precio espantoso que éramos totalmente incapaces de pagar.

Eventualmente, esta gran verdad, que al principio estaba fundada en un hecho histórico, llegó a incorporarse a una doctrina sistemática de expiación. A través de los siglos de su elaboración, se han discutido muchas cuestiones teóricas, de las cuales una de las más controversiales es a quién se le pagó el "rescate" de Jesús en la cruz. Algunos han supuesto que se le pagó a Dios para "satisfacer" su ira, pero el Nuevo Testamento enseña claramente que Dios fue tanto el iniciador como el receptor del sacrificio del Calvario. Otros han conjeturado que se le pagó a Satanás para asegurar la liberación de sus rehenes, pero el Nuevo Testamento enseña que él fue derrotado decisivamente en la cruz y, por lo tanto, no estaba en condiciones de hacer tal demanda.

Cuando un gran concertista de piano deleita al público con una interpretación virtuosa, sabemos que hicieron falta innumerables horas de estudio y práctica para producir ese resultado. Pero es inútil preguntar a quién se le pagó un esfuerzo tan sacrificante, porque es el alto precio que cualquiera debe pagar si quiere tocar gran música. Del mismo modo, el soldado que da su vida en el campo de batalla, no paga ese sacrificio supremo a nadie. La pregunta verdadera no es a quién sino por quién. El pianista paga el precio por la música, para que la belleza pueda ser liberada de una caja negra con teclas; el soldado paga el precio por su patria, para que sus ciudadanos puedan ser liberados del enemigo; Jesús pagó el precio supremo por la humanidad, ¡para que aquellos que estuvieran en cautiverio al pecado pudieran ser liberados!

William E. Hull

317. LA CONFESION COMO SALVACION

Alexander Solzhenitsyn ha hablado poderosamente de esta dimensión controversial de la confesión a través de su vocación como escritor exiliado: "¿Qué puede llegar a hacer la literatura en contra del avance empedernido de la violencia abierta? No nos olvidemos que la violencia no existe por sí sola y no puede hacerlo; está necesariamente entretejida con mentiras. La violencia encuentra su único refugio en la falsedad, la falsedad su único apoyo en la violencia... Pero los escritores y los artistas... pueden vencer a la mentira. En la lucha contra la falsedad, el arte siempre ha vencido y siempre vencerá. Una palabra de verdad pesará más que todo el mundo."

La victoria de la verdad sobre la falsedad, sin embargo, no llega ni rápida ni fácilmente. De este modo, nuestra confesión no puede estar basada en el optimismo de que será fácilmente aceptada. Por el contrario, la confesión es una obligación de toda la vida que debemos cumplir porque la realidad hacia la cual apuntamos no es nuestra, sino que es un don de Dios que es cierto sin importar si alguna otra persona lo reconoce y acepta como tal. Elie Wiesel cuenta acerca de un hombre recto que fue a la ciudad pecadora de Sodoma, dispuesto a salvar a sus habitantes de la destrucción.

Día y noche caminó por las calles y los mercados predicando en contra de la avaricia y del robo, de la falsedad y la indiferencia. Al principio la gente escuchaba y sonreía irónicamente. Después dejaron de escuchar; ni siquiera reaccionaron. Los asesinos siguieron asesinando, los sabios siguieron callados, como si no hubiera un hombre justo en su medio.

Un día, un niño movido por la compasión hacia el predicador desafortunado, se acercó a él con estas palabras:

—Pobre extranjero, grita, se gasta en cuerpo y alma; ¿no ve que no hay esperanza?

—Sí, me doy cuenta —contestó el Hombre Justo.

—¿Y entonces por qué sigue?

—Te diré por qué. Al principio, pensé que podría cambiar al

hombre. Hoy, sé que no puedo hacerlo. Si sigo gritando hoy, si sigo así, ¡es para impedir que el hombre me cambie a mí!

La relación ente la confesión y la experiencia de la salvación está definida de la mejor manera en Romanos 10:9, 10. Pablo empezó por identificar a la confesión como una condición de la salvación ("si confesares con tu boca. . . serás salvo", v. 9), pero terminó por describir la confesión como una expresión de la salvación (v. 10). El original griego dice literalmente que con los labios se hace la confesión a la salvación. Es decir, por medio de la confesión uno se extiende para tomar una salvación que es esencialmente futura y la hace parte de la experiencia presente al ponerla en palabras. La cuestión no es que el decirlo lo hace realidad, sino más bien que la salvación ya está y puede ser experimentada en el grado en que es confesada.

Las realidades más grandes de la vida son invisibles: el amor, el valor, el patriotismo. Pero el amor tiene su beso, el valor tiene sus medallas, el patriotismo tiene su bandera para encarnar las realidades invisibles que expresan. La realidad más invisible de todas es Dios, pero aun él se hizo visible en la vida de Jesucristo. "aquel Verbo. . . hecho carne" (ver Juan 1:14) era la confesión de Dios a la humanidad de su naturaleza más profunda. Del mismo modo, cuando nosotros confesamos nuestra fe a otros, la salvación invisible que está en nuestro corazón se convierte en una palabra pública que permite que otros oigan y crean. Tal confesión describe no tanto a Dios o explica a Dios o recomienda a Dios, como lo transmite, nos confronta con sus reclamos y media su presencia viviente.

William E. Hull

318. LA ADOPCION
Juan 1:12-13

En el mundo neotestamentario era común que un griego sin hijos adoptara un esclavo fuerte e inteligente para perpetuar su nombre, cuidarlo en su vejez y eventualmente recibir su herencia. De ese modo, literalmente, el esclavo se convertía en hijo y el hijo en heredero (Gál. 4:7). Pablo vio que esos mismos cambios ocurrían en la vida de aquellos que habían sido adoptados por Dios para llevar su nombre en el mundo, velar por sus intereses en la tierra y, por fin, recibir la herencia que tiene para los suyos.

Fred Craddock ha relatado cómo volvió al lugar de su origen en el estado de Tennessee, para unas vacaciones en la ciudad de Gatlinburg. Una noche él y su esposa estaban cenando en un restaurante con una bella vista de las montañas cuando vieron a un caballero mayor, muy distinguido, saludando a la gente de mesa en mesa como si fuera el propietario. Siendo un extraño de vacaciones, le molestó un poco a Craddock la interrupción cuando el anciano finalmente llegó a su mesa y empezó a hablar. Cuando se enteró de que Craddock enseñaba a predicadores en un seminario de Oklahoma, la visita no invitada contestó que tenía un relato para contarle y sin más arrimó una silla y empezó a hablar.

"Naci a unas pocas millas de aqui, por la montaña", empezó. "Mi madre no estaba casada en esa época y el reproche que caía sobre ella pronto cayó sobre mi también. Tenian un nombre para mi cuando empecé la escuela que no era muy lindo, haciendo que me quedara solo en los recreos porque las burlas eran muy hirientes. Era aún peor ir al pueblo con mi madre el sábado por la tarde y sentir todos esos ojos mirándome con la pregunta: '¿De quién eres hijo?'"

Continuó: "Cuando tenia unos doce años llegó un nuevo predicador a la pequeña iglesia de nuestra comunidad y empecé a asistir atraido por su poder y elocuencia. Siempre entraba tarde y salia temprano porque le temía a esa mirada que decia: '¿Qué hace un chico como tú en un lugar como este?' Pero un domingo terminó la oración final antes de que me diera cuenta de ello y me encontré atrapado en medio de un montón de gente que iba rumbo a la puerta. Antes de que pudiera escaparme senti una mano sobre mi hombro y me di vuelta para encontrar la mirada penetrante del predicador. '¿Quién eres, hijo?', me preguntó, mientras yo pensaba para mis adentros que otra vez se repetía la misma historia. Pero entonces, al mismo tiempo que se le iluminó la cara con una sonrisa me dijo: 'Un momento. Ya sé quién eres. Veo el parecido familiar. ¡Eres un hijo de Dios!' Y con eso me dio una palmadita y me dijo: 'Hijo, tienes una gran herencia. Vé a reclamarla.' Esa oración — concluyó el anciano—, literalmente cambió mi vida."

Para entonces, Craddock estaba completamente cautivado por el relato y preguntó quién era su interlocutor, quien le contestó que se llamaba Ben Hooper. Entonces Craddock empezó a recordar que su abuelo solía contarle cómo, en dos ocasiones distintas, la gente de Tennessee habia elegido como gobernador a un hombre que había comenzado la vida como un hijo ilegítimo, un hombre que se llamaba Ben Hooper. El se dio cuenta, como lo debemos hacer nosotros, que aun esa tragedia podía ser redimida al descubrir lo que significa ser un hijo de Dios y salir a reclamar esa gran herencia.

William E. Hull

319. COMPRADOS POR CRISTO

En el mundo antiguo estaba expresamente prohibido, a veces bajo la amenaza de penas muy severas, esclavizar nuevamente a cualquiera que había ganado su libertad. Esa prohibición estaba reforzada al declarar que los esclavos liberados eran ahora propiedad y, por lo tanto, protegidos del dios que los habia rescatado de sus amos previos. De la misma manera, Pablo insistió en que los cristianos no estaban en libertad de volver a la esclavitud porque no eran suyos propios (1 Cor. 6:19b); es decir, eran propiedad del Cristo que los compró y por lo tanto estaban ligados a él por todo el tiempo y la eternidad.

Tal como lo indica este concepto espacioso de Romanos 8, la redención ha sido inaugurada pero todavía no ha sido consumada. Amaneció con la muerte victoriosa de Cristo, pero su día no ha acabado (Ef. 4:30). Hemos empezado a gustar la libertad espiritual, pero aguardamos en esperanza "la redención de nuestro cuerpo" (Rom. 8:23). Porque vivimos anticipando un cumplimiento aún mayor, no nos atrevemos a volver a la esclavitud (Gá. 2:4; 5:1; 1 Cor. 7:23).

William E. Hull

320. DIOS Y LOS HOMBRES

En la provincia de Misiones (noreste de la Argentina), hay dos magníficos espectáculos: las cataratas de Iguazú y las ruinas de las misiones jesuitas. Estas son el recuerdo de una gran civilización y de un enorme esfuerzo humano, así como una majestuosa demostración de arte y cultura. Pero hoy sólo se ven ruinas, que han sido rescatadas poco a poco de la selva que las había cubierto.

Por lo contrario, las grandes cataratas (las más grandes del mundo, con 276 saltos) permanecen imperturbables como desde el día de la creación. Es la diferencia entre las obras de Dios y las obras del hombre.

Arnoldo Canclini

321. DEDICACION

En la Abadía de Westminster en Londres, una de las primeras tumbas que se pueden ver al entrar en la catedral es la del gran misionero David Livingstone. Sobre ella están grabadas las palabras de Jesús: "También tengo otras ovejas que no son de este redil; aquéllas también debo traer. . ." (Juan 10:16).

Fue enviado a Africa como médico misionero por la Iglesia de Escocia y allí sirvió Livingstone por más de tres décadas.

Una sociedad misionera de Africa del Sur le escribió a Livingstone diciéndole que tenían algunos hombres piadosos que quisieran enviar para ayudarle. Al propio tiempo inquirían si había buenas carreteras para llegar al lugar donde en ese momento se encontraba Livingstone.

El gran misionero les contestó diciéndoles: "Si tienen ahí algunos hombres que sólo vendrán si hay buenas carreteras, no los quiero aquí. Sólo quiero hombres que vengan aunque no haya caminos."

322. EL MATRIMONIO Y UNA META COMUN

Un pastor solía aconsejar a las parejas antes de casarse, usando esta ilustración:

Ustedes no son bueyes, pero pueden aprender algo de ellos. Cuando están enyugados, si uno quiere ir en una dirección y el otro en otra, las cosas no van a andar muy bien. De modo parecido, si ellos quieren pasar su tiempo mirándose mutuamente, tampoco van a andar muy bien. Pero si los dos tienen una meta común y empujan de mutuo acuerdo hacia ella, tienen la posibilidad de avanzar.

Para una pareja que desea casarse ha de ser igual. Si andan en direcciones diferentes, no van bien. Si pasan el tiempo sólo mirándose el uno al otro, tampoco llegarán muy lejos. Pero si caminan juntos hacia una meta común, ¡cuánto se puede lograr! Y, ¿qué meta es más noble y positiva que la de cumplir el alto propósito del Señor? Está bien que de vez en cuando se miren uno al otro; pero en lo básico que prosigan "a la meta, al premio del supremo llamamiento de Dios en Cristo Jesús" (Fil. 3:14).

Cecilio McConnell

323. SE NECESITA UN CORAZON NUEVO

Una mujer le dijo una vez al doctor Moody:

—Ore, por favor, por mi esposo inconverso. Hace muchas cosas malas, pero tiene buen corazón.

A lo que respondió el gran evangelista:

—En esto está usted equivocada, señora. Hace cosas malas porque tiene un mal corazón. Del corazón proceden los malos pensamientos y las malas actitudes y acciones. Necesita un nuevo corazón (Eze. 11:19, 20).

Natanael Olson

324. EL VALOR DE LA FIRMEZA

Nunca transijas o mengües en tus normas, creencias o convicciones con la esperanza de que si no fueras "tan estricto" quizá te iría mejor en la vida. Firme, aunque respetuosamente, ocupa tu lugar y te respetarán por ello.

Se cuenta que durante la Guerra Civil norteamericana un soldado se imaginó que le iría mejor y estaría más seguro si se vestía con una guerrera de un ejército y con pantalones del otro. Así entró en batalla y el resultado fue que le dispararon de ambas direcciones. La doble identidad no le ayudó.

Tampoco nos ayuda a los cristianos ceder un poco al estilo de vida del mundo para granjeamos la simpatía de los que viven según el mundo. Recordemos las palabras de Jesús: "Estáis en el mundo, pero no sois del mundo."

Natanael Olson

325. LE TRASPLANTARON EL CORAZON DE UN NIÑO NEGRITO

John Nathan Ford, niño negro del barrio de Harlem de Nueva York, salió a jugar al balcón. Todavía con sólo cuatro años de edad no se daba cuenta de las diferencias de color. Jugando se cayó del balcón. Quizá por un mareo, o de debilidad, o de descuido, el niño cayó desde un sexto piso.

Su madre, Dorothy Ford, hizo donación del pequeño corazón de John Nathan, para que fuera implantado en el pecho de James Preston Lovette, niño blanco también de cuatro años de edad.

El niño negro, muerto en medio de la miseria, seguirá viviendo, aunque sólo sea su corazón, dentro de un niño blanco, rico y afortunado.

Amigo, ¡cuántas reflexiones podemos sacar de esta patética noticia! La primera es que no importa de qué color es la piel del individuo, si negra, blanca, amarilla, cobriza o aceitunada: los corazones siempre son rojos.

La verdad es que debajo de un par de milímetros de piel, todos los seres humanos nos parecemos. Todos tenemos la misma composición molecular y química. Todos tenemos los mismos rasgos psicológicos básicos. Todos tenemos las mismas necesidades físicas, y las mismas reacciones morales y sentimentales. La segunda reflexión es: ¿qué va a pensar el niño blanco cuando más adelante sepa que lleva en su pecho el corazón de un negro? ¿Se sentirá humillado, menoscabado, acomplejado, deprimido? O, ¿ese corazón negro que le ayuda a vivir le dará una visión de amor y comprensión universal?

Sea cual fuere su reacción cuando conozca el caso, el hecho sigue estando alli. La muerte accidental de un negrito sirvió para que él pudiera seguir viviendo. Y sea racista o no, el hecho permanecerá inalterable: un corazón de negro seguirá bombeando sangre de blanco.

Cristo Jesús, con piel de judío, murió no accidentalmente en una cruz. Su corazón fue traspasado por nosotros y su sangre, sangre judía, fue derramada íntegramente para redimir a todos los hombres, de cualquier color, raza, nacionalidad y religión y condición social.

Hermano Pablo

326. CRISTO

Carlomagno reinó sobre los franceses desde 768 al 814 d. de C. Desde el año 800 al 814 fue considerado como emperador romano. Fue el primer líder germano que llevó el titulo de emperador. Su imperio duró mil años después de su muerte. Carlomagno fue un gran líder militar que realmente mereció el título de "Grande". Después de treinta años de guerra sometió a las tribus sajonas del norte de Alemania. Esta victoria abrió estos territorios a la civilización y cristianización.

Después de su muerte en 814, Carlomagno fue enterrado con toda pompa real. Le vistieron con su manto, le pusieron su corona y le colocaron en la mano su cetro. Los Evangelios descansaban sobre su otro brazo. Fue enterrado en posición vertical en la Capilla de Aachen, Alemania.

Cuando la tumba fue abierta por Otón III en 1001, el cadáver de Carlomagno y todos los demás elementos aparecieron bien conservados. La tumba fue de nuevo abierta en 1165 por el emperador Federico I y en 1215 por el rey Federico II.

Los restos de Carlomagno fueron entonces trasladados a un sarcófago de plata y oro, e instalados en la catedral dentro de un trono de mármol. Durante los tres siglos siguientes los emperadores alemanes fueron coronados sobre el trono de Carlomagno.

Jesucristo fue crucificado sobre un monte de Judea, enterrado en la tumba prestada de José de Arimatea, y al tercer día resucitó, levantándose de la tumba.

El trono de Cristo no es un trono terrenal y su reino no es de esta tierra. Sentado en el cielo a la diestra de Dios, es Rey de reyes y Señor de señores, y millones al correr de los siglos se han inclinado reverentemente ante él.

327. ANTE LAS DIFICULTADES DE LA VIDA

Cuando las cosas vayan mal como a veces pasa,
Cuando el camino parezca cuesta arriba,
Cuando tus recursos mengüen y tus deudas crezcan,
Y al querer sonreír, tal vez suspires,
Cuando tus preocupaciones te tengan agobiado,
Descansa si te urge, pero no te rindas.

Anónimo

328. REGALOS

Lo que tú eres te lo regala Dios,
lo que tú haces de ti mismo
es tu regalo a Dios.

                                                    Anónimo

329. PARA EL AÑO NUEVO
Salmo 138:3

La vida es un VIAJE. La viviré con toda CONFIANZA.
"Aunque ande en valle de sombra de muerte, no temeré mal
alguno, porque tú estarás conmigo" (Sal. 23:4).

La vida es una TAREA. La viviré en OBEDIENCIA.
"Guardamos sus mandamientos, y hacemos las cosas que son
agradables delante de él" (1 Juan 3:22).

La vida es una MISION. La viviré en COOPERACION. "Sed
benignos, unos con otros, misericordiosos, perdonándoos unos a
otros" (Ef. 4:32).

La vida es un DESAFIO. La viviré con ENTUSIASMO. "Velad,
estad flrmes en la fe; portaos varonilmente, y esforzaos" (1 Cor.
16:13).

La vida es una BATALLA. La viviré con VALOR. "Mira, que te
mando que te esfuerces y seas valiente; no temas... porque Jehová
tu Dios estará contigo" (Jos. 1:9).

                                                Entre Nos C.B.P.

330. TRADICIONES

Cerca del estanque de Siloé, en Jerusalén, se halla un templo
de la Iglesia Ortodoxa Griega que fue edificado por los Cruzados en
la época medieval. Este templo con sus paredes de piedra y sus
techos abovedados tiene unos efectos acústicos muy interesantes.

Para demostrarlo el guía turístico se sitúa en el estrado del
santuario y desde allí habla normalmente a la concurrencia. Su voz
al chocar con las paredes y techos produce un eco que hace
imposible entender lo que se dice. Sin embargo, cuando habla en

forma de canto en un monótono tono agudo se entiende perfectamente cada palabra.

Es decir, aquellos que dirigen la adoración en estos templos cantan por razones muy prácticas. Es necesario, y era necesario para ellos hacerlo así en aquel tiempo, a fin de ser bien entendidos por los asistentes al servicio religioso.

Aquella forma de dirigir y participar en la adoración se ha convertido, sin embargo, en una tradición que ha permanecido vigente más allá de su propósito original y necesidad. Esa forma de hablar cantando continúa practicándose en muchas iglesias siglos después, aunque la razón para hacerlo ya no existe debido a los cambios arquitectónicos, cambios en la acústica y los sistemas de amplificación de sonido.

Me pregunto cuántas cosas hacemos los cristianos en la vida práctica de las iglesias que son pura tradición; que una vez tuvieron buena razón de ser, pero que ahora están completamente desfasados. ¿Es posible que continuemos esclavos de tradiciones sin razón ni significado mucho después que han cesado las razones y propósitos de tales tradiciones?

Robert L. Perry

331. LOS EFECTOS DEL PECADO

Una inolvidable interpretación silenciosa de la vida de Judas se encuentra en la magnífica catedral de Washington, la capital de los Estados Unidos. La barra de oración que divide la congregación del área del altar está sostenida por doce estatuas de madera. Estas estatuas —seis a cada lado de la nave exaltada— fueron labradas por expertos artífices para describir las vidas de los doce discípulos de Jesús. Cada hermosa entalladura de madera contiene algún detalle que identifica a ese discípulo en particular.

Cuando uno llega al lugar donde Judas es descrito, uno ve solamente un fuste de madera limpio y sin tallar. Esta fue una manera del artista de declarar que Judas es el personaje rígido y sin terminar entre los discípulos.

El pecado puede dejarnos como personas separadas de Dios, rígidas y sin concluir.

John H. McClanaham

332. UNA PEQUEÑA SEMILLA LO DESTRUYO

El aspecto más aterrador del pecado y la muerte de Judas es que él empezó tan bien. Al igual que los otros discípulos en el grupo de los doce, Jesús le había llamado en buena fe. Si nosotros concluimos que Judas llegó a ser un diablo al final, debiéramos observar también que él no fue un diablo desde el principio. El tuvo toda razón y oportunidad de conocer lo que era recto y hacerlo. No obstante, lamentablemente él cometió lo malo.

Herbert Whiting Virgin relata una historia acerca de cierto puente en su nativa Escocia, la cual puede ayudarnos a entender lo que no anduvo bien en el carácter de Judas. Una vez un puente macizo construido por el General Wade se extendía sobre un profundo barranco en las tierras altas escocesas. El puente había sido construido durante la Rebelión con el fin de aterrorizar a las pandillas de la tierra alta. Se levantaba sobre los acantilados rocosos del profundo barranco, y se le conocía en este distrito de Escocia como "El puente alto".

Por doscientos años el puente había estado abierto al tránsito que atravesaba esa área. Se sabía que era uno de los puentes de piedra más fuertes en el país. En una de las inspecciones periódicas del gobierno, sin embargo, el puente fue declarado inseguro y cerrado para el tránsito pesado. Unos pocos años después, el arco central del puente se derrumbó, y la estructura cayó en el barranco en algo así como una sepultura infame.

¿Qué fue lo que causó la destrucción de ese puente tan imponente? Una pequeña semilla de árbol de abedul. Un soplo de viento había lanzado una semilla en una grieta arriba de la piedra principal del puente. La semilla había penetrado en el mohoso calcio. Germinó y se hizo un renuevo, tan pequeño al principio que un niño podía haberlo arrancado. Pero ningún niño vino para hacer esta obra salvadora. El renuevo creció hasta ser un árbol. Excavando sus crecientes raíces cada vez más profundo en la mezcla, el árbol finalmente retorció la sólida obra de albañilería. Grietas devastadoras se extendieron a través de la subestructura del puente, haciendo un daño que no podía ser reparado. El puente que había resistido los embates de doscientos inviernos escoceses —un puente sobre el cual cruzaron ejércitos y retumbaron cañones— sucumbió por una pequeña semilla.

John H. McClanahan

333. ¡HAY ESPERANZA!

Leslie Weatherhead narró una historia de esperanza en medio de los días obscuros de la Segunda Guerra Mundial y de los bombardeos relámpagos de los nazis contra Londres, extraída de uno de los museos de arte de Inglaterra. Se habían tomado muchas precauciones para proteger los tesoros de arte en los museos de Londres, pero algunas galerías permanecían todavía abiertas al público durante esos días difíciles.

En una ocasión, un museo estaba exhibiendo la interpretación de un artista del poema épico de Goethe, *Fausto*. En la pintura, Fausto y Mefistófeles estaban sentados frente a una mesa de ajedrez. Fausto, quien es el símbolo de todos los hombres en el poema de Goethe, era el cuadro de la desesperación. Mefistófeles, quien para Goethe era la encarnación del mal, reflejaba un estado de gozo y alegría. Mirando la mesa de ajedrez, parecería como si Mefistófeles hubiera acorralado a Fausto. El rey de Fausto estaba en jaque mate. La batalla entre los dos oponentes había terminado. Mefistófeles había ganado.

Una tarde, un hombre mayor, que era un maestro en el juego de ajedrez, estaba caminando con un grupo de visitantes por la galería. El se sintió fascinado por la escena de la tabla de ajedrez y los dos jugadores. Apartándose del grupo, el hombre se sentó frente a la pintura para estudiarla en detalle. Aquella tarde justo antes de que cerraran, el hombre saltó sobre sus pies y quebró el silencio de la galería, gritando, "¡Es una mentira! ¡Es una mentira! El rey y el caballo se pueden mover!" La miserable resignación y la desesperanza de Fausto estaban mal fundadas. El alborozo demoníaco de Mefistófeles no era eterno.

Este incidente es una parábola de la experiencia de toda persona. El hombre es un pecador. El ha sido atrapado por la trampa del maligno. Pero el dilema del hombre no es una situación sin esperanza. En Jesucristo, como el Rey de reyes y el Príncipe de paz, Dios ha hecho algo para traer liberación y redención a la humanidad perdida.

Pablo expresó esto poderosamente al escribir a los cristianos en Corinto: "Dios estaba en Cristo reconciliando consigo al mundo, no tomándoles en cuenta a los hombres sus pecados, . . . por nosotros lo hizo pecado, para que nosotros fuésemos hechos justicia de Dios en él" (2 Co. 5:19a, 21).

John H. McClanahan

334. LA LEY DE DIOS

Los Diez Mandamientos son las dos cosas: leyes para vivir y leyes vivas. Ellas son para toda la gente en todas partes, porque ellos —los Diez Mandamientos— tratan con la esencia misma de la vida. Son basicos para el buen vivir, y ninguna persona puede escapar de ellos. Ellos continúan desempeñando un papel crucial en nuestro descubrimiento de la buena vida sobre esta tierra. William Barclay ha dicho que los Mandamientos no son el fin de todas las cosas, sino que son un comienzo significativo. Representan los principios mismos de autolimitación y de autodisciplina, sin los cuales es imposible que la gente viva junta en paz con Dios y consigo misma.

Barclay escribió un resumen muy bueno del alcance inclusivo de la Diez Mandamientos:

Debe decirse que este código inculca dos cosas básicas: Demanda *reverencia para Dios y respeto para el hombre.* Se conservan por igual la majestad de Dios y los derechos de la personalidad humana. Esto es intensamente significativo, porque es de la esencia misma del judaísmo, y de la esencia misma del cristianismo, que ambos tienen un enfoque bidireccional. Ambos miran a Dios y al hombre. . . Que ningun hombre se atreva a decir que ama a Dios, a menos que también ame a sus prójimos; y ningun hombre puede real y verdaderamente amar a su prójimo, a menos que vea que el verdadero valor de un hombre yace en el hecho de que es un hijo de Dios. Sin la mirada hacia el hombre, la religión puede venir a ser un misticismo remoto y desprendido, en el cual el hombre está interesado con su propia alma y su propia visión de Dios, más que de cualquier otra cosa. Sin la mirada hacia Dios, una sociedad puede llegar a ser un lugar en el cual, tal como en un estado totalitano, a los hombres se los mira como cosas y no como personas. La reverencia para Dios y el respeto para los hombres nunca pueden separarse el uno del otro.

Y así, en vez de ser reliquias silenciosas de una era pasada, o notas al pie de la historia de la cultura occidental, los Mandamientos nos hablan ahora con un consejo duro y honesto, el cual no puede ser pasado por alto o ignorado. Joy Davidman ha dicho muy bien: "Sobre las Tablas de fuego. . . la civilización de Occidente ha edificado su casa. Si la casa se tambalea hoy, difícilmente la podemos mantener firme si le sacamos de debajo el fundamento."

John H. McClanahan

335. DEFINICIONES DE PECADO EN EL ANTIGUO TESTAMENTO

La palabra del Antiguo Testamento que se traduce por pecado, viene de una palabra hebrea que significa "perder" o "fallar". En ocasiones en el Antiguo Testamento, esta palabra se usa con el mismo sentido básico. Por ejemplo, al describir la exactitud de los zurdos benjaminitas con sus hondas, el escritor dijo que "todos los cuales tiraban una piedra con la honda a un cabello, *y no erraban*" (Jue. 20:16, itálicas del autor). ¡Eso sí que era dar en el blanco!

La misma palabra se empleó para describir el errar el blanco en asuntos de moralidad. Como tal, ella se refiere principalmente a un error accidental, tal como un arquero fallara en dar en el blanco. Algunos fracasos morales y espirituales se ven como exactamente esta clase de pecado accidental, sin ninguna intención.

Otro término hebreo respecto al mal comportamiento, con frecuencia se le traduce "iniquidad". Esta palabra presenta un mal comportamiento consciente o intencionado. Una persona no comete "iniquidad" accidentalmente. La forma verbal de esta palabra significa "torcer" o "trastornar". Cuando se aplica a nuestra vida moral significa que nosotros hemos torcido o distorsionado la voluntad y el camino intencionales de Dios para nuestras vidas.

John H. McClanahan

336. DEFINICION DE PECADO

El doctor Karl Menninger, reconocido siquiatra y autor norteamericano, define el pecado de esta manera en su libro *¿Qué paso al fin con el pecado?*: Pecado es la transgresión de la ley de Dios; desobediencia de la voluntad divina; falla moral. Pecado es la falta de alcanzar el ideal moral en la conducta y el carácter, al menos tan plenamente como sea posible bajo las circunstancias existentes; falta en hacer como uno debiera hacia su prójimo. . . Pecado es una cualidad voluntariosa, desafiante o desleal; *alguien* es desafiado u ofendido o dañado. El descuido o sacrificio voluntario del bienestar de otros por el bienestar o la satisfacción de uno mismo en una cualidad esencial del concepto de *pecado*. . . El pecado tradicionalmente implica culpa, reconocimiento y, por derivación, responsabilidad. Para muchos, confesión, atrición, reparación, arrepentimiento, perdón, expiación... Yo procederé sobre el supuesto de que la palabra *pecado* implica estos corolarios, y que yo al menos encuentro estos corolarios aceptables en principio.

Muchos estudiosos serios de la Ciencia y de la Naturaleza humana, a los que no se les puede tildar de partidistas, terminan utilizando conceptos y vocabularios bíblicos. Lo cual es un reconocimiento implícito de las verdades proclamadas por la Biblia.

John H. McClanahan

337. ENFRENTANDO LA VIDA CON ANIMO

Cuando el S.S. Dorchester se hundió en el Atlántico Norte en 1943, durante la Segunda Guerra Mundial, cuatro capellanes se hundieron al mismo tiempo: un sacerdote católico, un rabino judío, y dos ministros protestantes.

Uno de los jóvenes capellanes fue Clark Poling, el hijo del doctor Daniel A. Poling, predecesor de Norman Vincent Peale en la iglesia Marble Collegiate en la ciudad de Nueva York.

Después que el torpedo explotó contra el barco, se descubrió que cuatro de los soldados a bordo no tenían salvavidas. Los capellanes se quitaron los suyos y se los dieron a los soldados. Al tiempo que los sobrevivientes remaban alejándose rápidamente del barco, la última escena que vieron fue a los cuatro capellanes en cubierta, arrodillados, abrazándose unos a otros y orando.

Robert Schuller, el famoso predicador americano de televisión y pastor de la Catedral de Cristal en Los Angeles, California, dice que él preguntó al doctor Poling cómo pudo mantener su estabilidad emocional en aquellos días después de la muerte de su hijo. Poling le respondió que fue difícil y que inclusive frecuentemente él no pudo orar.

Pero Poling añadió que al levantarse cada mañana él iba hacia su ventana y mirando la luz naciente del nuevo día en el este, decía en voz alta tres veces: "¡Yo creo, yo creo, yo creo!"

Puede que la vida no sea fácil para nosotros, pero debemos enfrentarla con ánimo. Aun cuando a veces no entendemos el porqué las cosas suceden de esa manera, debemos creer y enfrentar la vida con ánimo.

En esa situación se encontró Habacuc. Cuando se le reveló que su amada Judá sería invadida por los babilonios, el profeta se sintió perturbado. No podía entender por qué Dios iba a castigar al pueblo judío por sus pecados usando a un pueblo mucho más débil que ellos. Le resultaba difícil creer que la actuación de Dios fuera buena, justa y recta. Pero lo que Habacuc vio a su alrededor y lo que le había sido revelado acerca del futuro de Judá, le llevó a hacer algunas preguntas duras. Habacuc dirigió sus preguntas a Dios, no contra Dios. Oyendo la voz del Señor, esperó hasta que la respuesta le llegó antes de formar sus conclusiones finales acerca de la deidad y justicia de Dios. Aprendió que, si bien el mal puede prosperar temporalmente, la bendición del bien es permanente.

A pesar de lo que Habacuc entendiera o no, él enfrentó la vida con ánimo y nos dejó un buen ejemplo de ello.

338. EL DESALIENTO

El doctor Norman Vicent Peale ha sido uno de los predicadores más populares de los Estados Unidos. Inmediatamente después de haber escrito su libro *El poder del pensamiento positivo*, durante el primer tiempo de su ministerio, Peale fue criticado severamente por otros pastores que decían que era más un sicólogo que un predicador.

Peale resultó tan afectado por las críticas que estuvo considerando muy seriamente el renunciar a su pastorado en la iglesia Marble Collegiate de Nueva York. De hecho, cuando iba camino de una visita a su padre que se hallaba enfermo, Peale escribió su carta de renuncia.

Al compartir su desánimo con su padre, también ministro, éste no pudo hablarle debido a su enfermedad, pero se comunicaron con gestos; aunque Nomman no le habló a su padre acerca de su renuncia.

Pocos días después de morir su padre, la madre de Norman le entregó una carta que su padre había escrito. En la carta le decía: "No te desanimes por lo que otros ministros digan. Tú predicas el evangelio como debe ser predicado. ¡No renuncies!"

Aquella nota salvó el ministerio del doctor Peale y millones de personas alrededor del mundo han sido bendecidas y animadas con su influencia. Ha sido justamente Peale, más que ningún otro, quien en estos días ha ayudado a las personas a tratar el desánimo.

339. PERDONAR Y SER PERDONADO

El que fuera presidente de los Estados Unidos, Gerald Ford, trata en su libro *Tiempo de curación*, de la trágica y confusa penumbra de la presidencia de Nixon. Fue claro que Nixon resultó culpable de encubrimiento en el caso Watergate, aunque él se negó a admitirlo. Su soberbia le impidió reconocerlo. Si él hubiera confesado su culpabilidad y hubiera pedido perdón al pueblo americano, probablemente lo habría recibido.

Como consecuencia, el presidente Ford tuvo que enfrentar un penoso conflicto. ¿Debía permitir que los cargos siguieran su curso y Nixon fuera procesado y condenado? ¿O debía perdonarle? Si se hubiera decidido por lo primero, el proceso habría durado probablemente años, tiempo que habría enturbiado la vida del país hasta su final. Por ello se inclinó por el perdón, sintiendo que era lo mejor para la nación.

Explicó su decisión de la siguiente manera: "América necesitaba recuperación no venganza." El odio tenía que ser aplacado y dar paso al proceso de curación.

Hay ocasiones en las que todos enfrentamos la misma elección. Cuando nos han ofendido, agraviado y herido, o han mentido acerca de nosotros y nos han maltratado, ¿nos inclinamos por la venganza o, por el contrario, buscamos la recuperación? ¿Pediremos justicia o misericordia? ¿Condenaremos o perdonaremos?

Cuando esto sucede, la tendencia natural es dejar aflorar los sentimientos de venganza, resentimiento y amargura. Pero el mundo está lleno de relaciones rotas, espíritus lastimados y peleas sin resolver; hay infinidad de personas que fueron heridas una vez y nunca perdonaron, manteniendo en sus vidas el odio y el rencor. El odio es el sentimiento más destructivo de nuestra vida. Es como un cáncer en el alma. Resulta como un veneno en el cuerpo, la mente y también el alma. Es un peligro, no únicamente por lo que puede resultar en otros sino también por lo que causa en nosotros. Consume nuestro tiempo, pensamientos y energía y nos destruye física, emocional y espiritualmente. Alguien dijo que por cada minuto de odio, perdemos sesenta segundos de felicidad.

Por ello, es imperativo el que aprendamos a perdonar a quienes nos ofenden. Recordemos que si hemos de alcanzar el más alto nivel espiritual hemos de poner más énfasis en la recuperación que en la venganza.

340. COMO DESARROLLAR LA FE

Un rabí estaba aconsejando a un hombre que había venido a visitarle a su oficina con un gran problema. El rabí le aconsejaba:

—Necesita poner su fe en Dios.

—¡Fe, fe, fe, es todo lo que siempre oigo decir! Ten fe en Dios y conseguirás ser feliz toda la vida. ¡No puedo creerlo! Fe, fe, fe.

Aquel hombre saltó del sillón e iba a abandonar la habitación cuando el rabí le asió del brazo llevándole a sentarse de nuevo.

—Quiero que me escuche —le dijo—. Usted se encuentra ahora mismo en la casa de Dios, disfrutando de esa gracia. El almacén del poder de Dios está rodeándole; lo único que tiene que hacer es usarlo.

A continuación el rabí añadió:

—Permítame contarle una historia china. Había una vez un pececito que vivía en un pequeño río. Se encontraba nadando debajo de un barco en el que había dos chinitos pescando.

Un chino le decía al otro: "¿Has pensado alguna vez en lo que podríamos hacer sin agua? Sería imposible vivir. No podríamos habitar este planeta si no hubiera agua. Todas las plantas se secarían y morirían y nosotros nos moriríamos de hambre. Sin agua no podríamos existir. El agua es esencial para la vida.

Oyendo a los dos hombres nuestro pececito se entusiasmó, ya que era la primera vez que oía hablar de esa manera. Así, comenzó a nadar todo alrededor al tiempo que preguntaba a sus amigos:

— ¿Dónde puedo conseguir agua? El agua es esencial para la vida.

—No sabemos, —le respondieron ellos.

De esta manera, el pececito nadó río abajo hasta llegar a uno más grande, preguntando:

—¿Dónde puedo conseguir agua? El agua es esencial para la vida.

A lo que aquellos peces le respondieron:

—No sabemos.

Finalmente, el pececito nadó y nadó hasta llegar al océano, en cuyas profundas aguas encontró a un grande y viejo pez a quien preguntó:

—Dónde puedo encontrar agua? ¡El agua es esencial para la vida!

A lo que el viejo pez respondió:

—¿Qué quieres decir con conseguir agua? ¡Si estás justamente en medio del agua! Has estado en ella todo el tiempo. Cuando estabas en el pequeño rio, eso era agua. Más tarde, en el rio mas grande, estabas también en el agua y ahora en el océano, estás en el agua. Estás todo rodeado de agua.

El pececito de nuestra historia empezó a nadar de regreso a casa al tiempo que pensaba sobre lo que había ocurrido. Iba meditando: "¡Agua todo alrededor de mí todo el tiempo y yo nunca me di cuenta de estar en medio de ella!"

El rabí explicó a aquel hombre: "Así sucede con la fe. Usted no la recibe porque ya está dentro de usted, ¡úsela!"

341. LA IMPORTANCIA DEL TESTIMONIO

Cuando se entra en la magnífica Abadía de Westminster en Londres, la primera sepultura que se ve es la del doctor David Livingstone, misionero, explorador y médico que sirvió a Cristo por más de tres décadas en Africa. Livingstone está sepultado con los héroes más reconocidos de Inglaterra.

Uno de los recuerdos más dulces de la vida de David Livingstone fue el de su anciano maestro de la escuela dominical, David Hogg.

Cuando Hogg se sintió morir llamó al joven Livingstone a su presencia y le alentó a vivir una vida entregada a Jesucristo sin reservas.

"Haz que Cristo sea la devoción y ocupación diaria de tu vida", dijo Hogg al joven Livingstone.

La historia revela cuánto significó Livingstone en la obra del Señor. Pero lo que nunca sabremos hasta llegar al cielo es cuánto significó el testimonio cristiano de David Hogg en los años de formación de Livingstone.

342. FALTA DE PODER

Hace algún tiempo, tuvimos una fuerte tormenta de nieve y viento en la ciudad donde vivíamos. Los transformadores de electricidad quedaron averiados y muchos postes del tendido eléctrico abatidos por la fuerza del viento. Sin electricidad muchas familias tuvieron que iluminar y calentar sus casas y cocinar sus comidas recurriendo a otros recursos.

Se tiene un sentimiento bastante extraño al vivir en una casa repleta de toda clase de aparatos electrodomésticos que uno desea y, sin embargo, son inútiles por falta de fuerza o poder. Así son muchas vidas sin Cristo. Pueden tener de todo: apariencia y atractivo físico, personalidad, oportunidades, educación, ambición, etc.; de todo, excepto el poder interno, moral y espiritual, para llegar a ser lo que pueden y deben ser. En última instancia, el poder de llegar a ser es el poder de cambiar. Jesucristo no sólo ve nuestro potencial y trabaja pacientemente en nosotros, también nos da el poder para llegar a ser todo lo que podemos ser conforme al sueño y diseño de Dios, cuando le permitimos que él nos moldee (Juan 1:42 y Jer. 18:6).

El apóstol Pablo, quien fue un ejemplo precioso de este poder transformador, dijo: "Todo lo puedo en Cristo que me fortalece" (Fil.4:13). Aunque sucede que frecuentemente sólo leemos lo que nos gusta o interesa, o estimulados por ciertos conceptos sicológicos de moda, leemos y llegamos a creer que "todo lo podemos. . . por nosotros mismos". Así mucha gente queda frustrada y casi destruida física, emocional y espiritualmente por pensar y actuar de ese modo. La Biblia y el testimonio de Pablo nos dicen. "Todo lo podemos en (o por medio de) Cristo que nos fortalece."

343. LA MADUREZ

La madurez cristiana no se mide por sus caballos de potencia como en los motores, sino por la efectividad de sus amortiguadores. Nos impresionan las personas que parecen vivir una vida llena de potencia. Aparecen dinámicos, con carisma y seguros. Pero la experiencia en el cuidado pastoral nos dice con rapidez que en muchas ocasiones las personas de mucho empuje no funcionan bien cuando el camino es escabroso.

Los amortiguadores ayudan a dar estabilidad al coche, contrarrestando el efecto de los baches. Son ellos los que hacen posible mantener la estabilidad del vehículo a pesar de la desigualdad del terreno.

He llegado a considerar la madurez espiritual en mí mismo y en otros en base a la función de sus amortiguadores, es decir, en razón de cómo son tratadas las crisis.

¿Soy capaz de manejar las crisis con estabilidad? O, por el contrario, ¿me vence el desánimo dejándome fuera de combate? Una fe genuina y madura provee del mejor recurso para ayudar a un cristiano a absorber y sobrevivir los golpes de la vida.

344. LA AMISTAD

Se cuenta la historia de un filósofo que estaba sentado en el porche de un comercio en un pueblo fronterizo. Pasó por allí un hombre con su familia conduciendo una carreta cargada con todas sus posesiones terrenales, y le preguntó:

—¡Eh!, señor, ¿es la gente de este pueblo amigable?

A lo que el filósofo, manteniendo la misma postura, le respondió:

—¿Cómo era la gente de donde usted viene?

Respondió el hombre de la carreta:

—No eran muy amigables por eso nos marchamos.

El viejo filósofo, se acomodó echándose para atrás en su asiento, y replicó:

—Probablemente encontrarán que la gente de este pueblo es de la misma manera.

Sin siquiera dar las gracias, el hombre marchó con su carreta.

No mucho más tarde, la misma escena fue repetida. El viejo

filósofo fue de nuevo interrogado por otro hombre que viajaba con su familia:

—¿Es la gente de este pueblo amigable?

A lo que él respondió con la misma pregunta:

—¿Cómo era la gente en el pueblo del que usted viene?

El hombre en la carreta sonrió:

—Oh, eran las mejores personas del mundo. Sentimos muy de veras el tener que marcharnos.

El viejo sabio, sonriendo maliciosamente, respondió:

—Probablemente la gente que encuentren en este pueblo sea de la misma manera.

Y es que es una verdad comprobada que generalmente encontramos lo que buscamos. Por esta razón el libro de los Proverbios afirma: "El hombre que tiene amigos *ha de mostrarse amigo*" (18:24).

345. SOBRE LA COSTUMBRE DE SENTARSE EN LAS ULTIMAS BANCAS

No soy partidario del boxeo, ya que me parece un deporte muy cruel. Pero si yo fuera a una pelea y encontrase a toda la gente en los asientos alejados del "ring", creería que el "match" no les interesa mucho. Asimismo, cuando asisto a un culto y encuentro a la gente sentada en las últimas bancas, por lógica se me ocurre pensar que. . .

Cecilio McConnell

346. FE QUE VENCE E INSPIRA

Cuando yo era joven falleció un hermano anciano, el primer caso de mi pastorado. Al acercarme a la puerta de la casa de la nueva viuda, mi corazón palpitaba fuertemente, mientras pensaba en qué le iba a decir para consolarla. Ella me tomó de la mano y me condujo al féretro donde descansaban los restos de su finado marido. Entonces, con una sonrisa entre sus lágrimas, me comentó: "Mi pérdida es su ganancia." Yo fui para consolar y volví consolado. Ahora, después de más de medio siglo, todavía no lo he olvidado. "Esta es la victoria que ha vencido al mundo, nuestra fe" (1 Jn. 5:4).

Cecilio McConnell

347. LOGICA SOBRE LA HIPOCRESIA

Cuando las personas se excusan diciendo que no hacen esto o aquello porque no quieren ser como muchos hipócritas, se me ocurre la siguiente comparación que lleva a una conclusión lógica:

Si alguien quiere escudarse tras un árbol, tiene que ser más pequeño que el árbol. Y si alguien quiere escudarse tras un hipócrita tiene que ser...

Cecilio McConnell

348. EL MAS GRANDE EVENTO DE LA HISTORIA

James Irwin, comandante del Apolo 15, dijo que nunca antes se había sentido tan cerca de Dios como durante su vuelo al espacio. Añadió que mientras andaba por la luna un pensamiento surgió en su mente acerca de que aquel estaba siendo el más grande evento en la historia del mundo, ¡el hombre andando en la luna! Pero aconteció que el Señor le habló diciéndole: "Yo hice algo más grande que eso, anduve en la tierra."

349. LA LUZ

En el epilogo del libro *A touch of wonder*, (Un toque de asombro) de Arthur Gordon, se lee lo siguiente: "No hay suficiente oscuridad en el mundo para apagar la débil luz de una velita."

Esta misma inscripción fue encontrada en una pequeña sepultura después de la devastadora invasión aérea en Inglaterra durante la Segunda Guerra Mundial. Al leerla podríamos pensar que se trata de una inscripción famosa, pero no es así. Las palabras fueron escritas por una solitaria anciana cuyo perrito fue muerto por una bomba nazi.

Aquellas palabras son tan conmovedoras por su poesía, y fantasía, como por la verdad de su contenido. En momentos de desánimo podemos siempre evocar ciertas cosas como la risa, la carita de un niño dormido, o algún recuerdo de algo profundamente querido.

Ningún ser humano es tan pobre que no tenga esas pequeñas velitas. En el Sermón del monte Jesús dijo: "Así alumbre vuestra luz delante de los hombres, para que vean vuestras buenas obras y glorifiquen a vuestro Padre que está en los cielos" (Mat. 5:16).

Cecil Clegg

350. ANIMO

Un grupo de sicólogos llevó a cabo un estudio entre un grupo de hombres de negocios, cuyos resultados fueron altamente interesantes. Se les dieron instrucciones de registrar las opiniones que recibieran de otros. Siempre que recibieran una queja o una crítica debían colocar una marca negativa al lado del hombre y siempre que recibieran un elogio o alabanza, lo marcarían con un signo positivo. Al final los resultados contabilizados daban como resumen del referido estudio el que un 67 por ciento de las opiniones recibidas fueran negativas.

Lo que indica que la crítica ocupa una parte importante de la vida diaria. Siempre que una persona intenta hacer algo, habrá alguien allí para dirigirle una palabra de crítica. Un grupo de una iglesia llamó a uno de sus miembros señor Forúnculo porque se había convertido en un auténtico dolor para todos.

En medio de este mundo de críticas, muchas de ellas negativas, la iglesia debe ser un estímulo de los valores positivos. Ese fue el reto que el apóstol Pablo lanzó a los cristianos en Roma: "así que, sigamos lo que contribuye a la paz y a la mutua edificación". (Rom. 15:19).

Brian L. Harbour

351. RESPONDIENDO AL LLAMADO DE DIOS
Jeremías 1:4 10

El doctor George Washington Carver, un científico negro que enseñó durante muchos años en el Instituto Tuskegee, hizo más por la agricultura del Sur de los estados Unidos que ningún otro hombre en la historia. Carver nació en la esclavitud en el estado de Missouri, sin haber conocido nunca a su padre; luchó contra corriente para hacer algo provechoso con su vida. Aunque fue una constante contienda, tuvo éxito viviendo con el lema, "Haz uso de lo que tienes aunque no sea perfecto."

Carver no hizo únicamente algo provechoso para sí, sino que, además, dio su vida para estimular a otros a hacer lo mejor con lo que la vida les había dado.

Cuando Henry Ford le ofreció cien mil dólares al año, lo que significaba una cantidad muy considerable en aquellos días, y el mejor laboratorio que el dinero pudiera comprar, Carver lo rehusó. Y cuando Tomás Edison le ofreció ciento setenta y cinco mil dólares al año por trabajar en su laboratorio en Nueva Jersey, el humilde científico cristiano rechazó la oferta. Permaneció en el Instituto Tuskegee en donde le pagaban solamente mil quinientos dólares al año porque sentía que Dios no había terminado su trabajo a través de él en Tuskegee. Todavía había abundancia de trabajo que Carver podía hacer por el Señor en aquel lugar.

Al igual que el profeta Jeremías, Carver creía que Dios tiene un propósito para cada uno de nosotros y que es lo más importante en nuestras vidas el conocer la voluntad de Dios para cada uno.

J. B. Fowler

352. LAS TRETAS DE SATANAS

Veamos la serie de tretas nefastas que Satanás usa para impedir que la gente adore, aunque estén físicamente en el culto. Y, afecta, con demasiada regularidad, virtualmente a millones de miembros de iglesias.

La familia se prepara para ir al culto. Ya empiezan el sábado con baños, lavadas de cabello, planchado de la ropa dominguera, y el estudio de la lección de la escuela dominical.

Pero, a pesar de toda la preparación, el domingo por la mañana es un caos. Todos quieren usar el baño al mismo tiempo, alguno se demora en levantarse y, por culpa de él, todos corren el peligro de llegar tarde. Se rompe el tacón de un zapato, descubren que se terminó el azúcar y no hay para el café. Finalmente, todos llegan al templo pero, ¡de qué humor! A los mayores, durante toda la mañana les persigue un sentido de culpa al repetir: "Este es el día que hizo Jehová…"

¿Qué podemos hacer para solucionar este poblema? Primero, tenemos que ponerlo en su correcta y práctica perspectiva. Por lo general, durante la semana padres e hijos tienen distintos horarios. El domingo, todos tienen el mismo. ¿Resultado? Confusión y reacciones negativas. Bueno, admítalo. Sucede. Espérelo. Acéptelo y sepa que Dios comprende. Si puede hacer esto, Satanás no gana. Cuando la impaciencia y la ira persisten y nos acompañan por la puerta, por la calle y entran con nosotros a la casa de Dios, deja de ser la confusión normal de una familia y se convierte en algo pecaminoso y destructivo. Es el triunfo de Satanás. ¡Piense qué sucedería si millones de familias lo combatieran! Un ataque devastador sobre el enemigo sería esperar que suceda, aceptarlo, olvidarlo y agradecer a Dios por haber podido vencer una tentación. La victoria dominical de Satanás se convertiría en un fracaso y la victoria sería de Dios.

Prepárese para adorar a Dios. No sólo recibirá el mensaje, sino que querrá compartirlo. Será como los de la parábola del Sembrador que "con corazón bueno y recto retienen la palabra oida, y dan fruto con perseverancia" (Luc. 8:15).

Lucille Lavender

353. LAS BUENAS COSTUMBRES

Las buenas costumbres incluyen comprensión, cortesía, bondad y también buenos modales. En la iglesia, donde estas virtudes debieran encontrar su más elevada expresión, muchas veces brillan por su ausencia. Cuando visitamos un hogar observamos cierto comportamiento. Lo respetamos y conscientes de que no somos los dueños de casa, cuidamos de que nuestros niños no toquen ni ensucien nada.

Cuando asistimos a un concierto no conversamos, ni escribimos notas, ni codeamos al que está a nuestro lado, ni nos reímos. Si lo hiciéramos, nuestra conducta sería condenada por irresponsable. Pero en el templo, nuestro santuario y casa de Dios, parece que todo se permite. La gente conversa durante el preludio que es el momento de prepararse para el encuentro con Dios. Los jóvenes y adultos se codean, cuchichean, escriben notas y no disimulan su indiferencia y aburrimiento. Los niños corren por los pasillos mientras los padres esperan que las maestras los disciplinen. (Y si lo hacen, se quejarán al pastor.) Nuestros modales en el templo durante el culto de adoración y otras reuniones pueden mejorar bastante.

Y peores son los modales de los miembros que se dedican a

complicar la obra de la iglesia. Han confesado su fe en Cristo, han sido bautizados y reclaman los privilegios y derechos de miembros. La mayoria toma en serio su compromiso con el Señor. Y tienen conciencia de que la iglesia es la única institución que abre sus puertas a todo el mundo con un solo requisito para ser aceptado como miembro: manifestar su fe en Cristo. La mayoría de los miembros no llenarían los requisitos para ser aceptados en otros grupos o clubes. Pero en la igesia, hasta el más indeseado es bienvenido. El pastor y los hermanos se deshacen en atenciones para recibirlos con calidez.

Lucille Lavender

354. DEDICACION

La ciudad de Caucete quedó destruida por un terremoto en 1978. Las calles, los edificios, la plaza, los templos, todo quedó arrasado. Los hermanos de la iglesia bautista del lugar se acercaron a ver su templo, sólo quedaban montones de piedras y escombros del amado edificio que tantos esfuerzos les había llevado construir.

Los mayores derramaban lágrimas de tristeza al sentir que la casa de su Dios, que era una parte de ellos, de su vida, no les podía ya cobijar. No hubo ayuda oficial para poder reconstruirlo. Pero empujados por la fe en que Dios vive y es poderoso, comenzaron la reedificación. Consiguieron un pequeño préstamo, compraron materiales, trabajaban donando su servicio los hermanos profesionales, las mujeres acarreaban material, limpiaban el lugar, los niños preparaban mate, recogían ladrillos.

En poco tiempo ya tenían las reuniones allí. Pero, faltaba una parte del techo y las terminaciones. Y su deseo era tan grande por acabar el templo que algunos de ellos donaban sus anillos, sus joyas, de manera que con su venta se pudieron comprar los materiales para su terminación. ¡Qué gozo sintieron aquellos hermanos al ver su amado templo reconstruido! Alabaron con todas sus fuerzas y posesiones al Señor.

A veces debemos aprender a confiar en que Dios proveerá no milagrosamente desde afuera, sino que la provisión para las necesidades es parte de los recursos que Dios ha dado en mayordomía a los hermanos. Dios hace milagros en y por medio de nosotros.

Alberto D. Gandini

355. MINISTROS Y SACERDOTES

El mismo Señor nos dio ejemplo. Caminó largas distancias para sanar y enseñar, se llenó de polvo, tuvo hambre y sintió cansancio. Lavó los pies sudorosos de sus discipulos, una costumbre hospitalaria de su tiempo y una tarea que ninguno de los doce ofreció hacer. Ministró a los niños que eran una molestia para los adultos. Ayudó a un anfitrión en apuros en ocasión de una boda y logró que un hombre pequeño subido en un árbol llegara a ser grande.

Fue magistral al incluir lo sencillo y común en sus enseñanzas. Habló de dar un manto, llevar la bolsa del viajero cansado, compartir alimento, el cuidado de las aves y de remendar un vestido viejo. Su papel fue el del siervo sufriente y sacrificado.

Este es el ejemplo que dejó: Ministrar no es sólo tarea del pastor. Su muerte marcó el comienzo del sacerdocio y ministerio de todo creyente.

¿Es usted cristiano? Entonces, usted es un ministro. ¿Es un vendedor cristiano? Entonces, es un ministro. ¿Es un ingeniero cristiano? Es un ministro. ¿Es una madre o un padre cristiano? Es un ministro. ¿Es un maestro cristiano? Es usted un ministro con una tremenda resonsabilidad hacia sus alumnos. En cualquier condición o situación, usted es un ministro. No se requiere ninguna habilidad especial para servir al prójimo que tiene necesidad, hacer un favor a quien lo necesita, ser amigo, preparar una comida para un enfermo, o visitar al que está solo. Cuando hace cualquiera de estas cosas, usted es ministro de Cristo, sirviendo a otros como Cristo lo hubiera hecho si estuviera aquí personalmente. Con acciones como éstas motivadas por el amor, edificamos el cuerpo de Cristo y abrimos las puertas a los que se hallan fuera.

Lucille Lavender

356. SERVICIO CRISTIANO

Hace un tiempo mi esposo y yo participamos en una misión de evangelización en Escandinavia. Nos hospedamos en el hogar de un próspero hombre de negocios durante los días que pasamos en la pequeña y encantadora ciudad de Croas, Suecia. "Conversamos" con el poco inglés de nuestro anfitrión, el poco sueco de parte nuestra y muchos gestos. Mi esposo preguntó a nuestro anfitrión a qué se dedicaba. Con un acento muy cargado, este simpático y afectuoso caballero contestó:

—Soy cristiano, señor.

Pensando que no había entendido la pregunta, mi esposo volvió a preguntar:

—Amigo, no le pregunto a qué iglesia va, ni cuál es su fe. Le pregunto sobre su trabajo, su negocio, su carrera.

Sin pestañear, el hombre lo miró fijamente y le respondió cortésmente pero con firmeza:

—Soy cristiano, señor. Vendo automóviles Ford para poder pagar las cuentas.

Sin lugar a dudas, aquel hombre había encontrado la llave de su ministerio.

Jesús dijo: "El hijo del hombre no vino para ser servido, sino para servir, y para dar su vida en rescate por muchos" (Mat. 20:28). Nuestro Señor no esperó que le sirvieran. Después de todo, a los ojos de la gran mayoría de judios y romanos, era un pobre carpintero palestino de Nazaret, ¿y qué cosa buena podia salir de alli? Jesús fue claro sobre el significado de ministrar cuando dijo a una madre que ambicionaba honores para sus hijos: "el que quiera hacerse grande entre vosotros será vuestro servidor" (Mat. 20:26). ¡Se imagina qué sucedería si los creyentes de nuestra época tan competitiva tomaran en serio este mandato! ¡Volverían a revolucionar al mundo!

Una mirada más detallada a los Evangelios nos da otras pautas interesantes sobre el servicio: que no es algo exclusivo de nuestro Salvador, ni de sus doce discípulos ni del pastor. "Vino Jesús a casa de Pedro, y vio a la suegra de éste postrada en cama, con fiebre. Y tocó su mano, y la fiebre la dejó; y ella se levantó, y les servía" (Mat. 8:14, 15). "También había algunas mujeres mirando de lejos,... quienes, cuando él estaba en Galilea, le seguian y servían" (Mar. 15:40, 41).

Lucille Lavender

357. DIFERENTES CLASES DE MIEMBROS

En todas las congregaciones hay un núcleo de *nómadas*. Son los que van de una congregación a otra buscando la iglesia perfecta.

Y claro, tiene que ser como ellos la imaginan. Son como los nómadas en el desierto que ven un espejismo. ¡Ah! ¡Por fin! ¡Hemos encontrado la iglesia perfecta! Pasan unas semanas o meses y ya andan otra vez en el desierto. ¡La iglesia no era perfecta!

La tragedia es el efecto que tienen sobre los hijos. Una maestra de escuela dominical notaba que uno de sus alumnos asistía por unas semanas y luego desaparecía, para reaparecer después. Al preguntarle por qué faltaba, el chico respondió con altanería: "Papá está buscando una iglesia mejor. No le gusta esta, pero es mejor que otras que hemos visitado." Se río, y la clase con él.

Podemos adivinar el futuro del niño. No será la primera ni la última vez que sucede. Crecerá teniendo una actitud cínica hacia las iglesias, los maestros y pastores. No tomará en serio lo que le enseñaron de la Biblia. Finalmente, rechazará totalmente a la iglesia. ¡Qué responsabilidad la de ese padre que no puede encontrar una iglesia que lo satisfaga!

También están los *enojados*. Son los miembros de la iglesia que siempre buscan una razón para enojarse. En cuanto la encuentran se sienten felices. Se creen que la iglesia los persigue. Si se contentaran con su enojo, no sería tan grave. Pero quieren que todos los demás se enojen también y que se sientan tan miserables como ellos. Buscan la aprobación de sus actitudes y conducta. Asi que alteran a otros, tratando de fomentar el descontento con pequeñeces que ordinariamente no tendrian la menor importancia.

Algo interesante acerca de los enojados. Uno siempre puede contar con ellos para que estén enojados por algo. La mayoria de los hermanos evitan su compañía. Y los creyentes superespeciales oran por ellos y por el pastor demostrando una gran dosis de amor por los que agregan una carga de tensiones sobre él. Las presiones legítimas representan un desafío para el pastor. La mezquindad lo debilita.

Y están los *aprovechadores*. Se aprovechan de todo lo que la iglesia les puede dar gratuitamente. Mandan a los niños a la escuela dominical que hace de niñera mientras ellos se quedan en casa. Llaman al pastor para que ore por el pariente enfermo o para que regañe a los niños o para que componga sus matrimonios. Mayormente no se molestan en ir al templo. Puede que quieran que sus hijos participen en las actividades juveniles, pero no dan nada de sí ni de su dinero para colaborar.

Entre los miembros más irritantes figuran los *hay-que-hacer*. Los *hay-que-hacer* trabajan como hormigas para encontrar tareas que hay que hacer y que, por supuesto, deben hacer el pastor, su esposa y sus hijos.

Otra categoría son los *usadores*. Usan el templo para una hermosa boda, pero no vuelven hasta cuando quieren presentar al primer hijo.

Esta es la historia verídica de un hombre que se jactaba de que, aunque era miembro, hacía treinta años no pisaba el templo. Cuando se citó a una reunión administrativa para decidir si vender o no la propiedad y comprar otra más espaciosa para suplir las necesidades de la creciente congregación, decidió que era el momento de volver. Marchó adelante por el pasillo y se sentó en el primer banco. A la hora de votar gritó: "¡No!" Se levantó y salió, seguramente para no volver hasta dentro de treinta años más.

Otra clase de miembros es la de *buscadores de emociones*. Estos son como la hiedra con sus raíces superficiales y sus ramas que van en cualquier dirección buscando esta experiencia espiritual, aquel éxtasis, o la otra emoción. Son los catadores de cualquier grupo religioso que aparece en la comunidad, y les cuesta mantenerse prendidos hasta que llegue la próxima emoción. No se quedan con nadie el tiempo suficiente como para echar raíces en tierra fértil. Después de correr de un lado a otro terminan tan condicionados que si no sienten excitación o éxtasis dicen que la iglesia no tiene la verdadera religión y empiezan a correr de nuevo. Se pierden la satisfacción más grande de todas que no necesitan andar buscando ya que está siempre a su alcance: "Estad quietos y conoced que yo soy Dios" (Sal. 46:10).

La tragedia de estos tipos de "creyentes" es que aunque el pastor sea comprensivo y los demás miembros oren por ellos, el mundo los observa.

La misión de la iglesia no es contestar hasta la saciedad, el pedido "aliméntame", "entretenme", "ayúdame". El clamor de todos los que dicen amar a Cristo debiera ser: "Tengo que servir, no alimentar mi propio ego con pensamientos negativos sino alimentar a otros con actitudes positivas, sabiendo que soy parte de una congregación amorosa y servicial."

                                                      Lucille Lavender

358. LA ESPERANZA
Romanos 8:24, 25

Viktor Emil Frankl era un sicólogo judío de Viena, Austria, que fue internado como prisionero en el campo de concentración de Auschwitz, Alemania, durante la Segunda Guerra Mundial. Frankl observó a sus compañeros de prisión y evaluó su comportamiento en las condiciones extremas de la prisión. Vio que muchos prisioneros enfrentaban las circunstancias con pesimismo. Estos generalmente se rendían en su lucha por la sobrevivencia y prácticamente se dejaban morir. También observó cómo otros prisioneros triunfaban sobre aquellas horribles condiciones. Rehusaban rendirse al pesimismo, se aferraban tenazmente a una esperanza optimista. Sobrevivieron a la tragedia del campo de concentración y pudieron desarrollar vidas significativas después de la guerra.

Frankl dedicó mucho tiempo y reflexión a la evaluación de las diferencias entre estos dos tipos de prisioneros. Escribió mucho de sus investigaciones en su conocido libro *La búsqueda humana del significado: Una introducción a la logoterapia*. Encontró que la reacción no se debía a la procedencia de los prisioneros. Sacó la conclusión de que la mayor diferencia entre los optimistas y los pesimistas estaba en la esperanza del futuro. Aquellos que creían que sus presentes sufrimientos no cesarían sino que aumentarían en el futuro, se abandonaban y morían. Aquellos que sobrevivieron eran los que creían que los nazis terminarían por ser derrotados y que los prisioneros hallarían una vida mejor. Esta esperanza les dio ánimo y valor para perseverar. La esperanza del futuro les dio el valor para enfrentar las durezas del presente.

Los hijos de Dios pueden enfrentar muchas circunstancias adversas de la vida. Las razones no son tipos de personalidad o grado cultural o condiciones de otra clase. La razón es que los creyentes creen que el mal será al final derrotado y que les espera siempre una vida mucho mejor.

359. RELIGION A LA CARTA

Muchos pretenden tomar a Cristo como una especie de religión a la carta. Es decir, elegir lo que les apetece o les gusta y lo que no quieren rechazarlo. Eso lo podemos hacer en un restaurante porque allí el cliente paga y tiene el derecho de elegir. Pero con Cristo es todo lo contrario, él lo paga todo y, por consiguiente, también señala las condiciones. El que quiera tomar a Cristo tiene también que caminar con él por la senda de la obediencia. El es el Salvador de nuestras almas, pero también es el Señor. No podemos pretender recibirle como Salvador e ignorarlo como Señor, o lo tenemos completo o no tenemos nada.

360. COMPASION

El doctor Albert Schweitzer empezó en 1913 su trabajo como médico misionero en Lambarené, en el Africa Ecuatorial Francesa. Con el tiempo Schweitzer edificó allí un gran hospital y estación misionera. Miles de africanos fueron atendidos en dicho hospital cada año.

En 1952 ganó el Premio Nobel de la Paz por su trabajo en Africa. Pero en vez de usar la elevada cantidad del premio en sus propias necesidades, utilizó el dinero para ampliar y mejorar el hospital y edificar una colonia para leprosos.

Cuando Schweitzer se hallaba por primera vez a Africa, estaba tratando una vez a un hombre que aunque gravemente enfermo, tenía todavía esperanza de que el misionero cristiano fuera capaz de curarle.

Mirando al rostro tranquilo del médico, el africano preguntó:

—¿Quién te envió aquí?

A lo que el compasivo médico respondió:

—El hombre de Nazaret me envió.

361. EL ESTANQUE DE BETESDA
Juan 5:1 9

Betesda es una palabra hebrea que significa "casa de misericordia". ¡Cuán apropiado es el nombre para describir el lugar donde la misericordia de Dios se manifestó tan claramente con aquel hombre tan necesitado!

Tanto en Palestina como en el resto del mundo, los antiguos creían que los estanques y los ríos eran lugares predilectos de ciertas divinidades, quienes otorgaban a las aguas algunas propiedades curativas. Si los espíritus que allí se guarecían estaban airados, sus aguas poseían poderes mortíferos, lo que obligaba a realizar ciertos sacrificios para desagraviarlos.

Cuando los ejércitos del rey persa, Jerjes, tuvieron que cruzar el río Strimón, en la Tracia, sus sacerdotes sacrificaron caballos blancos para aplacar al dios de dicho río. Cuando el general romano Lúculo tuvo que cruzar el río Eufrates, sacrificó un toro antes de hacerlo. Cuando los habitantes de Gales tenían que atravesar un río, escupían tres veces en el suelo para evitar las iras del dios de aquel río.

Cerca del monte Líbano se halla un estanque donde la tradición dice que la diosa Astarté había descendido en forma de estrella, dando a las aguas un gran poder curativo. Asimismo, la gente de Hierápolis, antigua ciudad de Siria, creía que una de sus diosas, llamada Atargatis, se había caído con su hijo en un estanque cercano a su templo. Ellos se habían ahogado, pero su vida se había comunicado a las aguas transformándolas en aguas medicinales. En la Edad Media se creía que quien se bañaba en el río Eufrates durante la primavera, quedaba libre de enfermedades durante el resto del año.

Todavía en nuestros días, los hindúes acuden, en el Oriente, a bañarse en sus ríos sagrados, como el Ganges y Bramaputra, porque, en cierta época del año, sus aguas purifican y sanan, según sus tradiciones, limpiándoles de sus pecados y curándoles de sus enfermedades.

No sabemos cómo explicarlo, pero es posible que algún manantial o corriente de agua intermitente se conectaba con el estanque de Betesda y, de vez en cuando, se apreciaba un movimiento especial en aquellas aguas, movimiento que los judíos atribuían al ángel del Señor que les otorgaba un transitorio poder curativo.

José Borrás

362. EL ARTE DE DAR Y TOMAR

Franklin D. Roosevelt dijo una vez: "Siempre me ha parecido a mí que el mejor símbolo de sentido común es el puente."

Si quieres ser un líder de éxito tienes que aprender a edificar puentes en todas tus relaciones con otras personas

Dos muchachos discutían acerca de un pedazo de pastel. Después de acalorado debate sobre cómo repartirlo, se acercaron a su padre quien había escuchado su discusión. Los pequeños le pidieron que arreglara el pleito.

—¿Por qué no partís el trozo de pastel en dos mitades iguales? —propuso el padre.

—¡No! —gritaron a coro los muchachos—, nunca salen iguales.

El padre propuso entonces una solución creativa.

—Lanzar una moneda al aire para decidir quién corta el pastel. Después el otro tendrá el privilegio de elegir el trozo que prefiera.

Los chicos estuvieron de acuerdo y lanzaron al aire la moneda y el pastel fue cortado. Después resultó que el pastel quedó cortado en dos partes prácticamente iguales.

Este es un buen ejemplo de cómo edificar creativamente puentes. Al proceso se le suele llamar "negociación". Y bien sea que estemos cerrando un contrato, comprando una casa, supervisando, solicitando en matrimonio, estamos siempre negociando. Abarca desde disputas infantiles hasta tratados sobre armas nucleares entre superpotencias. Aquellos líderes que dominan el arte de dar y tomar son los más exitosos.

Este arte de dar y tomar está basado en un simple hecho: Todos necesitamos la cooperación de los demás para alcanzar nuestras metas. Y cada uno de nosotros llevamos a la mesa de las negociaciones algo que es valioso para los demás.

Un líder de éxito gana la cooperación que precisa para alcanzar sus metas edificando puentes que son acuerdos en los que todos ganan.

En el área de lo espiritual-religioso, recordemos que Jesucristo es nuestro Pontífice, es decir nuestro "puente" que nos permite acercarnos a Dios, y que él es el mejor ejemplo que podemos encontrar de "puente" entre los hombres y los hombres y Dios.

363. EL ALTO COSTO DE ORAR

A veces no oramos porque somos plenamente conscientes del alto costo de orar con devoción y sinceridad. No podemos pasar mucho tiempo orando constante y fervientemente por algo o por alguien, sin tardar mucho en sentirnos impulsados a comprometernos personalmente y hacer algo por aquella situación o persona por la que oramos. Y eso es lo que a veces no queremos que suceda: ¡Involucrarnos personalmente en el asunto!

Quisiéramos más bien que la oración fuera una especie de esfuerzo de nuestra parte para persuadir a Dios de que hay que hacer algo y que esperamos que él lo haga. Pero en el transcurso de la oración frecuentemente oímos que Dios nos habla diciendo: "Vé y hazlo tu, yo estoy contigo."

Por eso es mucho más facil hablar, escribir o predicar acerca de la oración que orar personalmente. La oración y el compromiso personal son dos cosas que siempre van juntas.

364. DIEZ MANDAMIENTOS DE SATANAS

1. *Créeme* porque yo sé lo que te digo.
2. *Cree* en Dios a *tu manera*, vive como tu quieras.
3. *No leas la Biblia mucho,* tienes que descansar y la letra pequeña te puede dañar los ojos.
4. *No ores tanto*, recuerda que Dios sabe lo que tu necesitas, a el no se le olvida, no lo molestes.
5. *No vayas al templo*. En tu casa puedes adorar a Dios con mas comodidad sin tener que levantarte temprano.
6. *No des diezmos ni ofrendas*. Dios es muy rico.
7. *No aceptes cargos en la iglesia*. Otros lo hacen mejor que tu.
8. *No digas siempre la verdad*. Hay que ser prudentes.
9. *No te preocupes*, otros viven peor que tú.
10. *No te preocupes por tus hijos*, alguien les enseñaría en la iglesia.

Entre Nos CBP

365. LA FIESTA DE SAN VALENTIN

San Valentin fue un obispo y mártir cristiano, que vivió en Italia y, segun la tradicion, murió en Roma por causa de su fe en el año 270 de nuestra era.

San Valentín era un cristiano que se interesaba y preocupaba bastante por sus semejantes, especialmente por aquellos que eran perseguidos por su fe en Cristo. La tradición afirma que les ayudaba personalmente y se arriesgaba por ellos, al punto de que él también fue perseguido por el gobierno romano. Se dice que estando en la prisión se interesó por la hija del carcelero que estaba ciega. Parece que Valentin oró por ella y la joven recuperó la vista.

¿En qué sentido y hasta qué punto continuó después interesándose por ella? No lo sabemos. Lo único que la tradición y la leyenda agregan es que en la víspera de su ejecución, le escribió una nota que firmó diciendo: "De tu Valentín."

De ahí empezó a surgir, en un larguísimo proceso de tradiciones y costumbres, el día de San Valentín como el Día de los Enamorados o el Día de la Amistad.

En aquel entonces los jóvenes de ambos sexos se juntaban en grupos en la citada fecha y cada uno de ellos sacaba un nombre de una vasija. A cada joven varón le correspondía en suerte una señorita. Así el joven se convertía en el San Valentín de la señorita durante todo aquel día.

La costumbre de que los enamorados se den regalos en el día de San Valentín es, pues, muy antigua. Una vieja creencia que ayudó al desarrollo de la costumbre es que los antiguos creían que en la fecha del 14 de febrero empezaban su apareamiento los pájaros. Parece ser que esto era una creencia con cierto arraigo popular. Quizá una hipótesis que podemos aventurar es que los cristianos usaron a San Valentín para cristianizar una costumbre y fiesta paganas.

José Luis Martfnez

366. PIENSALO

No puedes controlar la longitud de tu vida, pero puedes controlar su anchura y profundidad.

No puedes controlar el contorno de tu rostro, pero puedes controlar sus expresiones.

No puedes controlar las oportunidades de otras personas, pero puedes aprovechar las tuyas propias.

No puedes controlar el clima, pero puedes controlar la atmósfera moral que te rodea.

No puedes controlar la distancia que media entre el suelo y tu cabeza, pero puedes controlar la "altura" del contenido de tu cabeza.

No puedes controlar las faltas exasperantes de los demás, pero puedes tratar de evitar que se desarrollen en ti hábitos irritantes.

No puedes controlar los tiempos malos, pero puedes ahorrar dinero para cuando lleguen.

¿Por qué preocuparte por lo que no puedes controlar? Ocúpate de controlar lo que depende de ti.

El Hogar Cristiano

367. ORACION DE UN PADRE

Dame, oh Señor, un hijo que sea lo bastante fuerte
para saber cuando es débil, y lo bastante valeroso
para enfrentarse consigo mismo cuando sienta miedo;
y humilde y magnánimo en la victoria.

Dame un hijo que nunca doble la espalda
cuando deba erguir el pecho;
un hijo que sepa conocerte a ti...
y conocerse a sí mismo,
que es la piedra fundamental de todo conocimiento.

Condúcelo, te lo ruego,
no por el camino cómodo y fácil
sino por el camino áspero,
aguijoneado por las dificultades y los retos.
Ahí déjale aprender a sostenerse firme en la tempestad
y a sentir compasión por los que fallan.

Dame un hijo cuyo corazón sea claro,
cuyos ideales sean altos;
un hijo que se domine a sí mismo,
antes que pretenda dominar a los demás;
un hijo que aprenda a reír,
pero que también sepa llorar;
un hijo que avance hacia el futuro,
pero que nunca olvide el pasado.

Y después que le hayas dado todo esto,
agrégale, te lo suplico,
suficiente sentido de buen humor,
de modo que pueda ser siempre serio,
pero que no se tome a sí mismo demasiado en serio.

Dale humildad para que pueda recordar siempre
la sencillez de la verdadera sabiduría,
y la mansedumbre de la verdadera fuerza.
Entonces yo, su padre, me atreveré a murmurar:
¡No he vivido en vano!

Douglas McArthur

368. LA NECESIDAD DE PACIENCIA

Phillips Brooks fue un gran predicador en otros tiempos. El era normalmente, muy tranquilo y seguro de sí mismo, pero en una ocasión un amigo lo encontró paseando por la habitación como un león enjaulado.

—¿Cuál es el problema, señor Brooks? —le preguntó.

—El problema es que tengo prisa y Dios no la tiene —respondió Brooks.

Cuando estos sentimientos nos invaden, y nos sucede a una buena mayoría, debemos recordar aquellas labores a las que algunos cristianos llegaron solamente después de años de paciente espera. Guillermo Carey sirvió siete años antes de que el primer hindú se convirtiera a Cristo en Burma. Adoniram Judson trabajó el mismo tiempo antes de ver fruto a su esfuerzo. En el oeste de Africa pasaron catorce años antes de que un convertido fuera añadido a la iglesia cristiana; en Nueva Zelandia transcurrieron nueve años, y en Tahiti dieciséis.

Los cristianos diligentes e impacientes cuyos problemas no ceden rápidamente, harán bien en recordar que puede que Dios no esté con prisa pero que sí está interesado. Dios puede estar haciendo funcionar las cosas con un horario satisfactorio hasta un punto que ahora no podríamos alcanzar a comprender.

369. ¿PENDIENTE O PERDONADO?

Estuve recientemente sentado en una sala de justicia en donde un miembro de mi iglesia presidía el tribunal como juez. Varias personas fueron citadas acusadas de robar, manejar el automóvil bajo los efectos de droga o alcohol, o crear perturbaciones en la comunidad. Trató cada caso con extremado cuidado, dando apropiada consideración a las necesidades de cada individuo y a los requerimientos de la justicia.

En uno de los casos, el juez dijo a uno de los individuos: "Voy a pasar los cargos a los archivos. Pero, si usted en el futuro, vuelve de nuevo acusado ante este tribunal, estos cargos serán reactivados y será juzgado por ellos también."

El acusado recibió misericordia, pero cierto temor estaría siempre con él. Si volvía a infringir la ley se vería envuelto en serios problemas.

Una razón por la que los cristianos tenemos paz y gozo es que nuestros pecados fueron tratados una vez y para siempre en el Calvario. Nuestro Señor no los "retiró a los archivos" solamente para volverlos a encarar más tarde. Por eso cantamos: "Borrados todos mis pecados son, mi culpa él llevó. Ya vivo libre de condenación, mi culpa él llevó."

"Porque con una sola ofrenda hizo perfectos para siempre a los santificados" (Heb. 10:14).

370. EDIFICADO POR FE

El pastor Roldan dirigía una congregación pequeña en Buenos Aires, pero un día comenzó a sentir en su mente la idea de hacer algo por los niños abandonados. Ver a los niños deambulando por los trenes, durmiendo en las estaciones, le rompía el corazón. No sabía qué hacer con esta carga, la compartió con su esposa, pero se preguntaba ¿de dónde sacaremos el dinero para comenzar el orfanato?

Por un tiempo permanecieron orando, hasta que un día se le ocurrió ir a pedir permiso a una radio, para utilizar una parte del terreno donde tienen sus antenas. Se lo otorgaron y con gran alegría se pusieron a buscar materiales, pidieron en los corralones y con la ayuda de unos hermanos comenzaron a edificar una casa para cobijar a los muchachos. A los seis meses ya tenían más de 45 niños que eran atendidos por él, su esposa y otras personas de la iglesia.

¿Cómo se sostenían? Por la provisión de Dios. Una lechería les regalaba la leche, una panadería pan, otras iglesias que visitaba les donaban ropa, chapas, artefactos, comida.

La sociedad nos ha enseñado que cuando nosotros queremos hacer algo primero tenemos que contar con los medios. Cuando emprendamos una cosa para el Señor tenemos que romper esa ley. Dios quiere que comencemos con lo que tenemos y él nos ayudará a la provisión de lo que necesitamos. Ninguna gran obra para el Señor se empieza fundada en la seguridad del hombre, todas dependerán de la fe en Dios.

Alberto D. Gandini

371. RESULTADOS DEL PERDON

El doctor Loring T. Swaim, antiguo presidente de la Asociación Americana de Medicina, escribió un libro titulado *Artritis, Medicina y las Leyes Espirituales*. Después de largas observaciones el doctor Swaim quedó convencido de que la artritis frecuentemente proviene del odio y el resentimiento crónicos. En su libro da muchos ejemplos de esta clase de enfermos que fueron curados como consecuencia de haber vencido sus sentimientos hostiles. Los profesionales de la medicina aceptan generalmente que el enfado, el resentimiento y las hostilidades no resueltas son factores principales en la depresión y otros desórdenes emocionales.

Las consecuencias espirituales de la falta de perdón son igualmente serias. Si Satanás puede retenernos de perdonar a otros, si puede sembrar el odio, el resentimiento, está separándonos a unos de otros. Cuando esta separación se produce, consecuentemente, nos separa de Dios, ya que no es compatible el estar bien con Dios y enemistados con nuestros compañeros. Es imposible. Así, pues, cuando no perdonamos estamos dando a Satanás el dominio en nuestras vidas. Con ello, él interrumpe nuestra adoración, impide nuestro perdón y estorba nuestras oraciones. Todo ello hace que el ejercitar el perdón sea más que una recomendación. Es un deber.

Paul W. Powell

372. PERDICION

Al saberse perdido —y aun inconscientemente— el hombre tiende a olvidarlo dedicándose al placer. Esto está retratado muy bien, por ejemplo, en la famosa novela de Albert Camus, el escritor francés, *La peste*. Cuando la ciudad sabe que está condenada, primero viene el horror, pero luego todos se entregan a la diversión y el desenfreno, como diciendo: "Comamos y bebamos que mañana moriremos."

Amoldo Canclini

373. DIOS AMA A LOS QUE LE RECHAZAN Y CRUCIFICAN A JESUS

Mientras que estaba en la prisión en Alemania durante la opresión nazi, Martín Niemoller, pastor alemán, escribió: "Me llevó algún tiempo aprender que Dios no era el enemigo de mis enemigos. El ni siquiera es el enemigo de sus enemigos." El es amor y ese amor se extiende a aquellos que le odian y que se le oponen más.

La escena de Jesús llorando sobre Jerusalén en Mateo 23:37, deseando recoger a sus moradores como la gallina recoge a sus polluelos, y las escenas antes y durante la crucifixión, cuando el pueblo gritaba: "¡Crucifícale! ¡Crucifícale!", y él respondió desde la cruz: "Padre, perdónalos, porque no saben lo que hacen", muestra el amor de Dios que sobrepuja todo entendimiento. Esto es contrario a la clase de amor que la mayoría de nosotros tenemos. Amamos mientras nos aman; hablamos bien de ellos mientras ellos hablan bien de nosotros. Pero aparte de eso, solemos mostrar muy poca compasión. Pero Dios ama a aquellos que le rechazan a él y crucifican a Jesús.

374. ES POSIBLE IGNORAR QUE TENEMOS MALA VISTA

Sí, es posible para una persona tener mala visión y no saberlo. Esto me ocurrió a mí. Cuando estaba en la universidad tenía problemas para ver lo que se escribía en la pizarra. Pensaba que era debido a los reflejos de la luz u otra causa. Creía también que quizá todos tenían el mismo problema. Un día estando en un acto público, un amigo me comentó algo que estaba escrito en un anuncio. Le pregunté:

—¿Puedes tú leer lo que está allí escrito?

—Claro que sí —me respondió—. ¿Tú no puedes?

—No, no puedo leer ni una letra.

—Hombre, estás casi ciego —comentó.

Así que fui al oculista y, por supuesto, necesitaba lentes. Tenía miopía y ni siquiera lo sabía.

Muchos hoy están en la misma condición en cuanto al espíritu se refiere. No ven su propio pecado. Nunca han tenido visión de la gloria de Dios. Viven en la oscuridad, cegados por Satanás. Pero Jesús puede abrir sus ojos a la realidad espiritual (Juan 8:12). Si vamos a él, él puede dar vista a los ciegos. Eso es parte de la razón de su venida.

375. EL PECADO ES ESCLAVITUD

El historiador griego Herodoto, registra el hecho de que el rey persa Darío se torció una vez un tobillo mientras andaba cazando. Se le hinchó y le dolía bastante. Los más distinguidos médicos de entonces lucharon por aliviar al rey. Pero todos sus tratamientos no lograron otra cosa que agravar la condición del tobillo. El rey se pasó siete días y noches sin dormir. Al fin, alguien le dijo que un tal Demócedes de Croton tenía gran habilidad y conocimiento como médico. Demócedes era un esclavo en aquellos días. Fue llevado a la presencia del rey sujeto con cadenas. Demócedes logró que cediera la hinchazón y que remitiera el dolor. A los pocos días el rey estaba curado. Darío en recompensa le regaló dos pares de grilletes de oro.

El pecado es así. Nos lleva a la esclavitud. Algunas veces sus cadenas son de hierro y otras de oro, pero al fin producen la misma esclavitud. La única diferencia es el precio de la cadena.

376. CEGUERA ESPIRITUAL

Jesucristo dijo que él también había venido para dar vista a los ciegos. Hay, según la Biblia, dos clases de ceguera: física y espiritual. Ceguera de los ojos y ceguera del alma. Handell, después de haber escrito *El Mesías,* se quedó ciego. Al estar en esta situación dijo: "Creo que mi habilidad para ver a Cristo crece a medida que decrece mi capacidad para ver a otros."

Cristo rastauró la vista de muchos que estaban físicamente ciegos. Pero él vino ante todo para curar a los espiritualmente ciegos. Debido a que Cristo vino muchos se han logrado ver a si mismos, a Dios, a la eternidad y a otros por primera vez.

377. "CRISTO ME AMA, LA BIBLIA DICE ASI"

Hace años, cuando el renombrado teólogo Karl Barth visitó por primera vez los Estados Unidos de Norteamérica, después de su mensaje en la capilla del Union Theological Seminary en Nueva York, Barth se reunió con un grupo de miembros de la facultad y estudiantes para un diálogo informal. Durante la conversación, uno de los estudiantes le preguntó:

—Doctor Barth, usted ha dedicado su vida al estudio y enseñanza de las Escrituras, y usted sabe mucho relacionado con la Biblia, ¿podría resumir para nosotros su vasto conocimiento biblico en unas pocas frases? ¿Podría, en unas pocas palabras, compartir con nosotros lo que usted cree que es el corazón de la fe cristiana?

Barth, que entonces era ya un anciano, se recostó en su silla, le dio una larga chupada a su pipa y después desapareció en una nube de humo como Moisés en el Monte Sinaí. Cuando el humo se disipó, Barth dijo:

—Sí, creo que puedo resumir para ustedes lo que creo en unas pocas frases.

Después respondió, para asombro de los estudiantes, con palabras que les eran familiares desde sus días en la escuela dominical:

—Es esto: "Cristo me ama, bien lo sé. La Biblia dice así."

Esta es la gran verdad de la Biblia y el corazón de la fe cristiana. Esta verdad es expresada majestuosamente por Jesucristo en su lamento sobre la ciudad de Jerusalén: "¡Jerusalén, Jerusalén, que matas a los profetas, y apedreas a los que te son enviados! ¡Cuántas veces quise juntar a tus hijos, como la gallina junta sus polluelos debajo de las alas, y no quisiste!" (Mat. 23 37).

Paul W. Powell

378. LA AUTORIDAD PARA CORREGIR

En cada área de la vida, tanto en la secular como en la espiritual, necesitamos y debemos tener una autoridad a fin de evitarnos confusión sin fin.

Greenwich significa la autoridad última en materia de horario. Por la hora de Greewich se establece la hora de todos los relojes del mundo. ¿Se imagina lo que ocurriría si cada país insistiera en que su reloj es el que marca la hora para todos? Sin un modelo o norma para todos nos complicaríamos la vida muchísimo y terminaríamos todos locos. El mundo necesita ponerse de acuerdo en un solo punto de referencia, indiscutible para todos, a fin de fijar y observar la hora.

De manera similar, los barcos y aviones en el hemisferio norte tienen un punto de referencia indiscutible para todos: La Estrella Polar.

Así también necesitamos una autoridad en asuntos de fe y práctica para evitarnos confusión y extravíos. Tal autoridad es Cristo Jesús. Su palabra es como la Estrella Polar que nos orienta y guía sin temor a perdemos.

Paul W. Powell

379. OBEDIENCIA

Mientras estábamos de vacaciones en una ciudad de montaña, compartimos la reunión y el mensaje con los hermanos de la iglesia del lugar. Allí recibí una enseñanza inolvidable. Era Nochebuena, nos congregamos para alabar a Dios. Mi familia y yo nos preparamos, subimos al auto y llegamos en diez minutos.

El templo estaba lleno, adornado con flores, campanas, el arbol de Navidad. El culto nos acercó a todos al Señor y a adorarle por su amor y entrega hacia los hombres.

Luego del culto saludé a los hermanos y allí conocí a Quetriel y su familia. Mis hermanos indios, para adorar al Señor en su día, se habian levantado a las cinco de la mañana, comieron algo y comenzaron a caminar los cuarenta y ocho kilómetros que separan su casa de la ciudad. Llegaron en doce horas y allí estaban para rendir culto a Dios. ¡Cuántas veces nosotros nos quejamos porque tenemos que viajar media hora para llegar al templo! O no vamos porque estamos cansados, o llegamos a la mitad del culto.

Allí aprendí que el amor se muestra en la obediencia a pesar de todos los obstáculos.

Alberto D. Gandini

380. APROVECHE LA OPORTUNIDAD

Cuando el 15 de abril de 1912 el lujoso transatlántico Titanic chocó con un iceberg y se hundió, lanzó desesperados S.O.S. por radio solicitando ayuda. El vapor Californian se encontraba sólo a 15 kilómetros del Titanic cuando esto sucedía. Pero un amigo del radiotelegrafista estaba jugando con los aparatos y el mensaje no fue escuchado ni recibido. Mientras tanto 1.517 vidas se perdían en el mar. Por otro lado el buque SS Carpathia se encontraba a mucha mayor distancia del Titanic, pero nadie estaba jugando con la radio, por lo que el mensaje se pudo oír y recibir. El SS Carpathia llegó a tiempo de recoger y salvar de la muerte a varios cientos de vidas. El Californian sólo a 15 kilómetros, se apercibió de la tragedia cuando ya era muy tarde. Perdieron su oportunidad de ser recordados como benefactores y no como negligentes.

En estos días de crisis debemos procurar no ser sorprendidos jugando con la vida, las oportunidades y con Dios. Hay que estar alerta y aprovechar las oportunidades y lo que tengas que hacer, hazlo hoy.

John W. Powell

381. MAYORDOMIA

R. G. La Tourneau, un hombre de negocios cristiano bien conocido, que daba el 90% de sus ganancias para la obra del Señor, dijo en una ocasión: "No es cuestión de cuánto de mi dinero voy a darle a Dios, sino cuánto del dinero de Dios voy a guardar para mí."

Albert W. Lorimer

382. SEGURIDAD

David Livingstone que sirvió como misionero en Africa por más de tres décadas, nació en Escocia en 1813 y murió en Africa en 1873. A petición suya le sacaron el corazón del tórax y lo enterraron en Africa. Su cuerpo fue entonces llevado hasta la costa en un recorrido de casi 1.500 kilómetros y embarcado en un buque que lo trasladó a Londres; Livingstone fue sepultado en la Abadía de Westminster.

Después de recibir su título de médico de la Universidad de Glasgow, Livingstone fue para Africa del Sur como misionero bajo los auspicios de la Sociedad Misionera de Londres. El no sólo quería llevar a Cristo a los nativos africanos, sino también terminar con el horrible tráfico de esclavos y descubrir las fuentes del Nilo.

Una vez fue rodeado por un grupo de negros enojados y furiosos. Parecía que aquel era el fín del valiente misionero. Livingstone se metió en su tienda y puesto de rodillas oraba y releía en su Biblia la promesa de Jesús que le había llevado a Africa: "Y he aquí yo estoy con vosotros todos los días, hasta el fín del mundo" (Mat. 28:20).

Poniéndose en pie, Livingstone escribió en su diario: "Esta es la palabra de un caballero y él la guardará conmigo." Con esta seguridad se desvistió, se fue a dormir y tuvo una buena noche de descanso.

Cuando Livingstone regresó a Africa en 1866, después de un breve período en su país, se propuso un largo y tortuoso viaje, descubrir las fuentes del Nilo. Como los meses pasaban y nadie sabía nada de él, un periódico neoyorkino envió a Henry Morton Stanley a buscar a Livingstone. Casi todos saben del encuentro en Africa de Livingstone y Stanley y de cómo sus nombres han quedado unidos en la historia.

Livingstone rehusó volver a la civilización con Stanley en 1872 y continuó sus viajes y labores por un año más. Pero la edad y la dureza de la vida que llevaba lo abatieron en el lago Bangwenla donde murió el 30 de abril de 1873.

Durante los treinta años que paso en Africa, Livingstone descubrió que Dios es digno de confianza. Este es un descubrimiento que cada uno de nosotros debe hacer. Pero una vez que lo hemos descubierto, la vida nunca es igual para nosotros.

383. ELOCUENCIA

Un elocuente predicador desarrollaba su mensaje con gran exquisitez de palabra. En un momento dado levantó la vista y se sorprendió de ver que la gente se había ido. Pocos minutos después observó que las personas se reunían nuevamente. Antes de proseguir con su discurso inquirió acerca del porqué de lo sucedido. La respuesta a coro, fue: "Hemos ido a cambiar las Biblias por diccionarios para poder entenderle."

A veces los oyentes quedan admirados de lo bien que habla el orador, pero si les preguntan de qué habló confesarán que no lo saben. Si el mensaje no llega a la mente y corazón de la persona, todo se ha perdido.

Oscar Vargas

384. SIEMPRE PREPARADOS

Cierto hermano se negó una noche a participar en la Cena del Señor. Al ser interrogado sobre su actitud, respondió: "Es que no estoy espiritualmente preparado para ello." Mientras los demás hermanos compartían el pan y el vino, llegó el Señor Jesucristo e invitó a todos los que estuvieran listos a irse con él a la casa del Padre. El que había rechazado participar en la Santa Cena, fue el primero en levantar la mano con orgullo. Al verle, el Señor le dijo: "No entiendo cómo puedes estar preparado para algo tan grande, siendo que no lo estás para algo tan sencillo."

Oscar Vargas

385. VARIAS REGLAS FACILES PARA CONSEGUIR QUE SU HIJO SEA UN DELINCUENTE

1. Comience en la infancia dándole todo lo que quiera. Crecerá creyendo que el mundo entero tiene obligaciones para con él.
2. Ríase cuando dice palabras sucias. Esto le hará pensar que él es muy gracioso y lo que dice muy chistoso.
3. Nunca le dé enseñanza espiritual. Espere hasta que tenga 18 años y que él "decida por sí mismo".
4. Evite la palabra "equivocado", porque puede desarrollar en él un complejo de culpabilidad. Esto le llevará a creer después, cuando es arrestado por robar un automóvil, que la sociedad está contra él y le persiguen injustamente.
5. Recoja todo lo que él deja tirado por todas partes: zapatos, calcetines, juguetes, libros, pañuelos, etc. Haga usted todo lo que tiene que hacer él, para que crezca pensando que puede tirar siempre las responsabilidades sobre otros.
6. Permítale leer cualquier cosa que caiga en sus manos. Sea muy cuidadoso de que las cucharas y los vasos estén siempre bien limpios, pero no se preocupe si su mente se revuelca en la basura.
7. Discuta frecuentemente con su cónyuge en presencia de sus hijos. Así no se sorprenderá cuando un día el hogar quede destruido.
8. Dele a su hijo todo el dinero que quiera. Nunca le permita ganárselo por sí mismo. ¿Por qué va a tener que sufrir como usted sufrió?

9. Satisfaga todos sus deseos de comida, bebida y comodidades. Así sabrá que todo deseo sensual es gratificado. Negárselo puede llevarle a dolorosas frustraciones.

10. Póngase de su lado en contra de vecinos, maestros y policías. Ellos le han tomado manía y tienen prejuicios contra su hijo.

11. Cuando se meta en serios problemas, nunca le eche la culpa de nada, échese usted mismo la culpa de todo. Obrando así prepárese para una vida de continuo dolor porque eso es lo que probablemente va a conseguir.

Circular escrita y distribuida por el Departamento
de Policía de la ciudad de Houston, Texas

386. PARA PENSAR

El obstáculo más grande, el miedo.
El día más bello, hoy.
El mayor error, darse por vencido.
El más grande defecto, el egoísmo.
La mejor distracción, el trabajo.
La peor bancarrota, el desánimo.
Los mejores maestros, los niños.
El sentimiento más vil, la envidia.
El regalo más hermoso, el perdón.
El mejor conocimiento, Dios.
Lo más maravilloso del mundo, el amor.
La felicidad más dulce, la paz.

Anónimo

387. SEGURIDAD

La confianza y seguridad en Dios es tanto espiritual como física.

Por ejemplo, la tierra gira sobre su eje a una velocidad fija por hora. Si lo hiciera a menos velocidad nuestros días y noches serían mucho más largos. Las noches serían tan largas y frías que todo lo que crece se congelaría y los días serían, a la vez, tan largos y calurosos que lo que sobreviviera de la noche se quemaría durante el día.

La temperatura de la superficie solar y la distancia del sol a la tierra están también sabiamente equilibradas. Es suficiente para caldearnos. Pero si estuviéramos más cerca, causando que la temperatura de la tierra aumentara, los seres humanos y la vegetación quedarían arrasados.

La tierra está inclinada sobre su eje en un ángulo de 23 grados. Esto permite que sucedan las cuatro estaciones. Si no fuera así, los polos estarían en permanente media luz. El agua de los océanos se movería de norte a sur y viceversa, y se formarían enormes continentes de hielo. Los movimientos bruscos de los océanos transformarían el régimen de lluvias en muchas partes del mundo y los resultados serían catastróficos.

La luna, a más de 350.000 kilómetros de distancia, nos recuerda cada día su presencia por medio de la pleamar y bajamar. Teniendo también su atracción y efecto sobre la corteza de la tierra. Pero es hecho de una forma tan suave que nosotros difícilmente notamos que el nivel de los océanos se eleva bastante hacia la luna al mismo tiempo que la corteza terrestre se mueve.

Pero si la luna estuviera sólo a 100.000 kilómetros de la tierra, su atracción sería tan grande que la altura de las olas sería enorme. Cada día las olas inundarían los continentes del mundo y dañarían tierras y montes. Bajo la poderosa atracción de la luna la corteza terrestre se resquebrajaría, se formarían tremendos huracanes y gigantescas olas y miles de personas morirían cada día.

Pero el universo es confiable y seguro porque su creador, el Dios Todopoderoso y sabio, es digno de confianza e inspira seguridad.

388. LO QUE HACE LA EDUCACION

El doctor J. W. Storer, antiguo pastor de la Primera Iglesia Bautista en Tulsa, Oklahoma, escribió una vez: "La educación genera poder, bien para servir o para explotar a los hombres. Hablando en sentido general, una forma de educación enseña a los hombres a ser algo a fin de hacer algo; la otra enseña a hacer algo con el fin de ser algo. La primera es educación cristiana, la segunda es educación secular."

Boletín del IBBI, El Paso

389. LA PROVIDENCIA

En cierta ocasión, Cristóbal Colón estuvo muy desanimado. El creía que más allá del Mediterráneo y el Paso de Hércules se extendía un mundo vasto e inexplorado; sin embargo, nadie le creía y, por tanto, nadie financiaba su expedición.

Un día, regresando para su tierra, se detuvo en un convento no lejos de la ciudad de Granada. Cansado y sediento pidió a un monje un trago de agua. Aprovechó para contar al monje sus sueños y su falta de capacidad para encontrar a alguien que financiara su expedición.

El monje no solamente dio a Colón un vaso de agua, sino que también intermedió con la reina Isabel. La reina española estuvo de acuerdo en financiar la expedición de Colón, proveyéndole del equivalente a unos catorce mil dólares de su tesoro. De aquella ocasión de solicitar un vaso de agua nació el descubrimiento de América.

En su camino a Italia, Juan Calvino tuvo que desviarse por Ginebra a causa de que el camino normal para este viaje estaba cerrado debido a la guerra entre Francia y Florencia.

Una vez en Ginebra, Calvino conoció a Guillermo Farel, un dinámico y famoso reformador, quien persuadió a Calvino para que permaneciera en Ginebra. Trabajando allí juntos dieron lugar a la reforma religiosa y política que después tuvo influencia mundial.

Debido a aquel camino cerrado y a la oportunidad de conocer a Farel, Juan Calvino se convirtió en uno de los más distinguidos líderes de la Reforma Protestante en Europa en el Siglo XVI.

390. FELICIDAD

El conde León Tolstoy encontró por si mismo que las cosas no nos dan la felicidad.

Tolstoy fue quizá el más grande escritor ruso de ficción, y sin duda fue uno de los más grandes escritores de la literatura universal. Algunos críticos literarios afirman que su novela *Guerra y Paz* es la obra de ficción más importante producida en Rusia y otros dicen que *Ana Karenina* es una de las obras románticas mejor escritas.

Tolstoy parecía tenerlo todo, pues era rico, famoso y descendiente de una familia distinguida. Aunque lo había probado todo —moral e inmoral— era un hombre infeliz.

Deprimido por su búsqueda infructuosa de satisfacción personal, Tolstoy estuvo muy tentado de quitarse la vida. El conservaba una cuerda larga y fuerte en su cuarto como auxilio para escapar del cuarto en caso de incendio, pero una noche guardó la cuerda en un armario y entregó la llave a un amigo, por si acaso la tentación del suicidio era más fuerte de lo que podia resistir.

En su hábito diario de darse largas caminatas por los bosques y campos de su tierra natal, se dio cuenta de algo extraño. Los campesinos rusos tenian una paz y felicidad de la que él carecia.

En esta experiencia él encontró la respuesta para su vida.

Dispuesto a buscar a Dios, el Señor vino a él un dia que él estaba sentado en el bosque y le liberó de su gran carga. Tolstoy se sintió tan feliz que tenia deseos de saltar y correr al ritmo de la nueva música y canto que sonaba en su alma.

Sin duda, lo más grande que León Tolstoy escribió no fueron sus obras maestras *Guerra y Paz* o *Ana Karenina*, sino: "Conocer a Dios es vivir."

391. ¡HAS VENCIDO, GALILEO!

El emperador romano Juliano (331-363 d. de J.C.), es conocido en la historia como "el apóstata". Era el nieto de Constantino el Grande, quien con su conversión oficializó el cristianismo en el Imperio Romano. Cuando Juliano trató de restaurar la adoración pagana del emperador, quedó señalado como "el apóstata". Murió de las heridas sufridas en la guerra contra los persas.

Juliano, un hombre ilustrado y querido por sus soldados, marchó contra Persia en el año 362. Se había propuesto conquistar el viejo imperio persa y nada consiguió disuadirle.

El emperador tenía un joven ayudante cristiano, y un día Juliano le preguntó:

—¿Qué supones que tu amigo Jesús anda haciendo hoy?

A lo que respondió el siervo:

—Señor, como Jesús es carpintero quizá ha dedicado este día a edificar mansiones para los fieles y una sepultura para ti.

Antes que el día terminara, Juliano y su ejército habían sido cercados por los soldados persas, y en la sangrienta batalla que siguió el emperador romano fue gravemente herido.

Se dice que antes de su muerte, Juliano tomó un puñado de polvo del campo de batalla, polvo humedecido con su propia sangre, y lanzándolo al cielo, exclamó: " ¡Has vencido, Galileo! "

392. AMOR

Un querido y respetado monje de la Edad Media, anunció que un determinado día él predicaría un sermón sobre el amor de Dios.

Cuando llegó el día anunciado, la catedral se llenó de gente, deseosa de escuchar el sermón que su amado maestro predicaría.

Cuando el sol se puso, y los últimos rayos de luz desaparecían, el monje encendió una vela y se acercó hasta la cruz de tamaño natural, de donde pendía una estatua de Cristo.

Sin decir ni una sola palabra el monje acercó la vela para que se vieran las manos clavadas en la cruz. Después mostró la herida de la lanza en el costado del Salvador. Seguidamente llevó la vela hasta la cabeza para que se viera la corona de espinas clavada en la frente y sienes de Cristo.

Sin más, el monje se bajó, colocó la vela en su lugar y abandonó la catedral.

Ni una sola palabra fue dicha, pero el pueblo nunca olvidó el sermón del monje sobre el amor de Dios.

393. MI ENFOQUE

Un veterinario, empleado por el gobierno federal como inspector de sanidad, dijo que su responsabilidad durante varios años había consistido en inspeccionar setenta y cinco mil pollos por semana al tiempo que eran enviados a una compañía de distribución y venta de alimentos.

Un día este inspector hizo el interesante comentario de que "nunca había visto un pollo bueno". Después explicó aquella afirmación. A través de los años de inspeccionar millones de pollos, se había hecho necesario para él el entrenar sus ojos para ver sólo los pollos malos, aquellos que debían ser rechazados.

Entrenando los ojos para ver sólo lo malo es permisible para un inspector de sanidad. Pero, frecuentemente, también nosotros caemos en el hábito de ver solamente lo malo, lo feo y lo torcido en las personas. Cristo nos llama a entrenarnos a nosotros mismos para ver lo bueno. Pablo nos amonesta a que dejemos al Señor ser nuestro ejemplo en lo que nuestra actitud tiene que ser. "Haya, pues, en vosotros este sentir que hubo también en Cristo Jesús" (Fil. 2:5).

394. EL ESPIRITU SANTO

Carlos estaba contándole a Marta acerca del mensaje que el pastor había predicado el domingo anterior sobre el Espíritu Santo. Marta se reía, pues a pesar de haber asistido por algún tiempo a las reuniones de la iglesia, aún no había recibido a Jesús como Señor y Salvador. Ella le dijo:

—¿Cómo puedes creer en algo tan intangible?

Después de un momento Carlos contestó originando el siguiente diálogo:

—¿Crees en la electricidad?
—¡Por supuesto!
—¿Cómo puedes creer en algo que no has visto nunca? ¿Cómo puedes demostrar que la electricidad pasa por el cable de una lámpara?
—Muy sencillo, ¡enciendo la luz!—contestó Marta.
—Así es con el Espíritu Santo. No podemos verlo personalmente pero podemos ver sus consecuencias.

395. NUEVO NACIMIENTO

Supongamos que un hombre tiene un árbol de manzanas agrias y quiere que produzca manzanas dulces.

Para este proceso intenta practicar tres acciones:

a. Cuando comienzan a nacer las primeras manzanas, sabiendo que son agrias las arranca y espera la próxima cosecha.

b. Antes de la primavera, abona y cultiva la tierra alderredor del árbol y espera que llegue la siguiente cosecha.

c. Corta las ramas del árbol y en el tronco injerta una rama de un árbol que sabes da manzanas dulces.

Como es de notar, este último proceso es el que produce en el árbol un cambio radical. Apliquemos esto a la vida espiritual; un hombre puede arrancar sus vicios, uno por uno, con la esperanza de que su vida cambie, pero tarde o temprano producirá el mismo tipo de vida (opción a). Además de dejar sus vicios puede asistir al templo y hasta bautizarse, pero eso tampoco lo regenera (opción b). Solamente la persona que ha experimentado el nuevo nacimiento está en posibilidad de experimentar un CAMBIO TOTAL, por el poder regenerador del Espíritu Santo (opción c).

396. DIOS ES MUESTRA FUENTE DE FORTALEZA

Un piadoso matrimonio judio tenia dos hijos. Un dia, mientras el esposo estaba ausente, trajeron a su casa, ya muertos, a los dos jóvenes. Habian perecido en un accidente. Ya se imagina usted el dolor intenso de la madre; pero sobre el dolor prevaleció su fe en Dios.

Cuando el esposo llegó, ella le hizo esta extraña pregunta:

—Esposo mío, si alguien nos hubiese prestado dos valiosas joyas y hoy a viniera por ellas, ¿qué harías?

—Pues entregarlas a su dueño —contestó el esposo.

—Pero, ¿y si nos hubiésemos encariñado con ellas?

—De todos modos nuestro deber era entregarlas.

Entonces ella tomando de la mano a su marido lo pasó al cuarto donde estaban los cuerpos de sus amados hijos. El comprendió que las extrañas preguntas de su esposa eran una preparación para recibir la terrible noticia, y dando gracias a Dios por tener una esposa creyente, se arrodilló para pedir fortaleza al Todopoderoso.

Como humanos que somos, estamos sujetos a las circunstancias de esta vida. Enfrentamos diferentes crisis.

Lo más importante es saber que no estamos solos, que hay una fuente inagotable de bondad y misericordia que está a nuestro alcance. El salmista dijo: "Dios es nuestro amparo y fortaleza, nuestro pronto auxilio en las tribulaciones" (Sal. 46:1).

397. MONEDA CHISTOSA

Aquí donde ustedes me ven, pequeñita como soy, con valor de veinte centavos, yo he habitado en lugares lujosos y en otros que no lo son tanto.

Tuve amistad con un peso, del cual mi amo me separó para darme de propina a un sastre. Mi nuevo dueño fue a la peluquería y al ir a dar la propina me echó mano, pero pensó: "Me da vergüenza" y, devolviéndome a la cartera, sacó a una hermana mía, más crecidita, y la dio. Más tarde, luego de tomarse un café con los amigos, estuvo a punto de darme de propina; pero temiendo que lo tacharan de tacaño volvió a dejarme a un lado y entregó una de más valor.

Esa noche, en el culto, al hacerse el ofertorio, salí de nuevo a relucir; estaba acompañada de otras monedas más grandes, pero mi amo me escogió con todo cuidado, por ser la más pequeñita, y me puso en el platillo de la ofrenda para el sostén del culto a Dios y para el pago de todos los gastos de la iglesia.

Dios ha confiado en las manos de sus criaturas bienes para administrarlos adecuadamente. Asimismo, nos permite el tiempo para aprovecharlo con sabiduría.

La fidelidad del mayordomo determinará su recompensa.

398. CARACTER

Voltaire, el conocido y antirreligioso filósofo francés, dijo una vez: "En lo que toca al dinero, todos somos de la misma religión."

Pero eso no es cierto. Baruch Spinoza, el filósofo holandés del

Siglo XVII, se ganaba humildemente la vida puliendo lentes. Y mientras trabajaba pensaba grandes pensamientos acerca de Dios y del hombre. Cuando el rey de Francia Luis XIV le ofreció una pensión si el filósofo le dedicaba uno solo de sus libros, Spinoza rehusó dejarse comprar.

En la convicción de que el carácter personal era más importante que la protección real, Spinoza continuó viviendo en la pobreza, puliendo lentes, y elaborando sus grandes pensamientos sobre Dios y el hombre.

De manera que, en contra de la tesis de Voltaire, no todos son de la misma religión en lo que atañe al dinero.

399. ANGELES

Corrie ten Boom cuenta una notable experiencia que sucedió en el campo de concentración nazi de Ravensbruck, donde ella y su hermana fueron internadas durante la Segunda Guerra Mundial.

Cuando una larga fila de mujeres era internada en el campo y registrada minuciosamente, Corrie y su hermana Betsi solicitaron permiso para ir a los servicios. Una vez allí ambas se despojaron de sus prendas íntimas de lana y las utilizaron en envolver su pequeña y preciosa Biblia. Seguidamente dejaron todo en un rincón de los aseos. De vuelta en la línea de mujeres, Corrie susurró al oído de su hermana que el Señor contestaría sus oraciones y protegería la Biblia.

Más tarde, después de ducharse y ponerse la ropa de la prisión, Corrie recogió las prendas con la Biblia y las escondió debajo de su ropa. Viendo que abultaba demasiado, pidió al Señor que enviara a sus ángeles para cubrirla y que los guardas no la pudieran ver.

Los guardas registraban a todas muy cuidadosamente.

Nada se escapaba de su vigilancia. A varias mujeres antes que Corrie les habían quitado algunas cosas que llevaban escondidas. Pero a Corrie le dejaron pasar, aunque a su hermana Betsie, que seguia después, la registraron de arriba a abajo.

Después pasaron por otro punto de control igualmente riguroso. Los guardas no dejaban nada por mirar, pero de nuevo Corrie pasó sin que la vieran ni la tocaran.

Reconfortada por esta intervención angelical, Corrie oró con gozo en su corazón: "Señor, si tú respondes asi a las oraciones, puedo enfrentar también Ravensbruck sin temor."

400. TODO SERVICIO ES IMPORTANTE

Los dos grandes héroes de las traducciones de la Biblia al idioma castellano fueron Casidoro de Reina y Cipriano de Valera. Su amplia y sólida preparación académica les permitió llevar a cabo tan gran empresa. Luego, otros se encargaron de imprimir las Biblias en imprentas fuera de España.

Otros muchos cooperaron también para lograr la meta principal: Poner las Sagradas Escrituras en manos del pueblo. La gran tarea de Reina y Valera no habría tenido tanto alcance y beneficio sin la habilidad práctica y dedicación de hombres como Julián Hernández que se responsabilizaron de su distribución.

Tenemos la tendencia, tan humana, de fijarnos en Reina y Valera y reconocer y aplaudirles su aportación. Ellos hicieron su parte y la apreciamos mucho. Pero la labor de esos otros muchos que apenas aparecen en las páginas de la historia fue también de vital importancia.

Nuestra vanidad humana nos lleva siempre a pensar en las categorías más distinguidas. Sin darnos cuenta de que Dios no mira tanto lo que hacemos sino las actitudes, la fidelidad y la dedicación con que hacemos nuestra parte en la tarea.

José Luis Martinez

401. MISIONES

Guillermo Carey, el padre de las misiones modernas nació en Northamptonshire, Inglaterra, en 1761. A los catorce años trabajaba como aprendiz de zapatero. Se convirtió en una pequeña iglesia bautista y a los dieciocho años ya predicaba.

Carey aprovechaba cada minuto disponible para leer ampliamente. Llegó a dominar el latin, griego, hebreo, francés y holandés. También adquirió un buen conocimiento de botánica y zoología.

Cuando un ejemplar del libro *Viajes alrededor del mundo* del capitán Cook cayó en sus manos, sus ojos se extendieron más alla de su ciudad natal a las tierras distantes. Carey recogió informacion acerca de estos distantes lugares y los estudiaba en un mapa del mundo que tenía colgado en el taller de zapatería. Así empezó a quemarle en el corazón el deseo de llevarles el evangelio.

Un día, Carey participó en una reunión de pastores y el presidente preguntó si habia algún asunto que convendría discutir. Carey propuso que se hablara sobre "el deber de los cristianos de llevar el evangelio a los países paganos".

Mostrando el antagonismo de aquel tiempo hacia el trabajo

misionero, el presidente se levantó y regañando a Carey, dijo: "Joven, siéntese. Cuando a Dios le plazca convertir a los paganos, lo hará sin su ayuda y sin la mía."

Pero la pasión de Carey por las misiones no menguó. El 31 de mayo de 1792 comenzó el movimiento misionero moderno cuando Carey predicó su ahora famoso sermón basado en Isaías 54:2, en el cual él hizo dos profundas declaraciones: "Espera grandes cosas de Dios. Intenta hacer grandes cosas para Dios."

Poco después de predicar su mensaje, doce ministros comprometidos con la causa misionera, se reunieron y formaron en Kettering la primera Sociedad Bautista Misionera. Carey fue el primero en ofrecerse para el servicio misionero.

Un año después, en junio de 1793, Carey se embarcó para la India en un barco danés, desembarcando en Calcuta cinco meses después. Antes de partir de Inglaterra, su último mensaje a sus amigos, fue: "India es una mina de oro para el evangelio. Yo descenderé y cavaré, pero ustedes aquí en casa tienen que sostener la cuerda."

El movimiento misionero había empezado. La influencia de Carey estaba destinada a ser sentida en todo el mundo y en toda época después de él.

402. SI QUE PODEMOS CAMBIAR

¿Cuántas veces hemos oído decir que la naturaleza humana nunca cambia? El otro día un amigo me explicó que su punto de vista era muy distinto al mío porque no estamos "conectados" de la misma manera, como si cada uno tuviera que obedecer a un mecanismo interno inalterable. Hace muchos años un diácono muy mayor de nuestra iglesia se ofendió profundamente con su nuera, sintiendo que ella le había tratado mal, injustamente. Cuando yo, como pastor, le animé a tomar una iniciativa cariñosa para restaurar su relación quebrantada, explotó:

—¡Eso sencillamente no está dentro de la naturaleza humana!

—Es cierto —contesté—, ¡pero ahora usted tiene una naturaleza cristiana!

En este momento nos enfrentamos con una de las paradojas más profundas de nuestra experiencia de salvación. El apóstol Pablo lo dijo sencillamente: "Ya no vivo yo, mas vive Cristo en mí" (Gál. 2:20). Por una parte, Pablo no vivía porque había sido "crucificado con Cristo".

Por otra parte, sí vivía porque el Cristo resucitado vivía "en él". Lo que esta paradoja afirma de la manera más fuerte posible es que la naturaleza humana puede ser cambiada.

William E. Hull

403. EL PERDON DIVINO
Salmo 103:12

El carácter perdonador de Dios está en contraste marcado con la forma en que se entendían las deidades paganas del mundo antiguo. Las guerras que surgían casi constantemente en el Cercano Oriente se veían como conflictos entre dioses rivales y el objetivo principal de la lucha era la victoria total sobre el enemigo. Era impensable que una deidad perdonara a la otra. En el paganismo, los dioses luchaban para aniquilar a sus adversarios, no para perdonarlos. Contra ese fondo, cuán revolucionaria parecía la enseñanza de Jesús de que debemos amar aun a nuestros enemigos porque eso es precisamente lo que Dios hace (Mat. 5:44, 45). Que Dios pudiera otorgar el perdón a sus enemigos representaba un cambio radical de la idea pagana de la deidad como un ser que infligía su venganza en cada enemigo.

Una expresión notable de esta gracia se encuentra en el concepto que tiene el Antiguo Testamento de que Dios "olvida" nuestras iniquidades. "Yo, yo soy el que borro tus rebeliones por amor de mí mismo, y no me acordaré de tus pecados" (Isa. 43:25; comparar con Jer. 31:34). Al seguir el consejo proverbial de "perdonar y olvidar", generalmente nos resulta más difícil hacer esto que aquello. Sin embargo, Dios, el Omnisciente, está dispuesto a practicar una especie de "amnesia divina" intencional por nosotros. Así como Dios perdona el pecado más bien que al pecador, esto no significa que él deja de recordarnos a nosotros, sino que borra toda memoria de nuestras faltas.

William E. Hull

404. LA REALIDAD DE SATANAS

No hace mucho tiempo visité el Pink Place, que es un museo en la ciudad de Memphis. Ya había pagado mi entrada cuando, al sentir un movimiento a mis espaldas, me di vuelta y vi un triceratops, enorme dinosaurio con tres cuernos y con un aspecto horrible, dirigiéndose hacia mí, la cabeza inclinada y paso estruendoso y amenazador. ¡Me di cuenta de que el suelo temblaba cuando ponía su pata! Si he de ser honesto, viví un momento de pánico antes de darme cuenta de que se trataba de una ingeniosa imitación mecánica del monstruo. Valía la pena pagar el precio de entrada al museo, sólo por ver la reacción de los niños ante la bestia. Mediante una moneda de veinticinco centavos de dólar que se depositaba en un aparato cercano, la criatura aquella cobraba vida dando unos cuantos resoplidos y uno o dos pasos. Pero aquel dinosaurio no era real.

Satanás sí es real. La tragedia, sin embargo, es que muchos cristianos actuamos como si no lo fuera. Pero la Biblia no nos enseña esa actitud. Sin excepción, cada uno de los escritores del Nuevo Testamento se refiere al diablo o los poderes demoniacos.

La dimensión maligna de los poderes de las tinieblas no es mera superstición del siglo primero; está en el corazón de la historia del Nuevo Testamento. Jesús creía en el maligno y luchó con él durante todo su ministerio. Si nuestro Señor aceptó la realidad del maligno, el que nosotros lo neguemos o ignoremos es ciertamente para nuestro daño

Earl C. Davis

405. COMO DEFINIR A UN CRISTIANO

Hace algunos años, cuando visitaba la ciudad de Boston, fui al templo de la Iglesia Trinity donde fue pastor el gran predicador Phillips Brooks. Fue un día entre semana. Entré al templo y medité por unos cuantos minutos. Luego me deslicé calladamente tras los cordones y me subí al viejo púlpito de Brooks, ¡Qué santo era! Al salir del templo, me detuve fuera, ante la estatua de Brooks, hecha al tamaño natural parado en el púlpito predicando. Junto a la estatua de Brooks se encuentra la figura de Cristo, con su mano sobre el hombro del gran predicador. El escultor dijo que, al estudiar al gran expositor de la Palabra, llegó a darse cuenta de que el secreto de su vida era la presencia de Cristo. Un día, un estudiante en la Universidad de Harvard, le preguntó al filósofo Josiah Royce: "¿Cuál es su definición de cristianismo?" El filósofo hizo una pausa, buscando cómo construir su respuesta, mientras Phillips Brooks pasaba casualmente frente a la ventana del estudio. "No sé cómo definir a un cristiano. . . pero espere, ¡allí va Phillips Brooks!" Pluguiera a Dios que el fruto del Espíritu estuviera tan desarrollado en todas nuestras vidas que nosotros, también, ¡pudiéramos ser usados como definición de un cristiano!

Earl C. Davis

406. MISIONES

Guillermo Carey, el primer misionero modermo a tierra extranjera, desembarcó en Calcuta, India, en 1793. Llegó allí casi veinte años antes que los esposos Ana y Adoniram Judson llegaran como misioneros procedentes de América. Influidos por Carey al leer acerca de su vida y obra misionera, marcharon para la India en 1817.

Cuando visitaban a Carey en Serampore, India, se hospedaron en su casa, disfrutaron de su bello jardín y hablaron con él acerca del servicio misionero.

Carey había sufrido ya tres atentados contra su vida. Un incendio provocado había matado a cinco colaboradores en la misión. Su imprenta y traducciones de la Biblia en las que él había estado trabajando fueron todas destruidas. Los Judson querian saber cómo Carey había sido capaz de enfrentar y superar tales adversidades.

Cuando la joven Ana Judson, que estaba destinada a morir en el campo de misión, preguntó a Carey cómo podía él proseguir, él respondió: "Oh, sólo pudo ser por la gracia de Dios. . . permítanme mostrarles el camino a la fortaleza divina."

Los llevó después a un lugar tranquilo del jardín y reverentemente dijo: "Vengo aqui cada mañana a las cinco a orar en voz alta, hablándole a Dios y escuchándole a él en medio de estas flores que él ha creado con toda su belleza. Dejo el jardín a las 6 de la mañana para ir a desayunar y empezar mi trabajo del dia. Después de la cena vuelvo al jardin para orar y meditar con mi Biblia en la mano."

La obra de Carey fue monumental. Bajo su supervisión la Biblia, en todo o en parte, fue traducida a más de treinta y cinco lenguas o dialectos. También recopiló gramáticas en sánscrito, bengali, marathi, telugo y sikh; sólo para mencionar unos pocos de sus muchos logros literarios.

En 1832 Carey completó la octava edición del Nuevo Testamento en bengali. "Mi obra está hecha", dijo. "Sólo me queda esperar que se cumpla la voluntad de Dios."

Carey murió el 9 de junio de 1833, después de servir al Señor en la India durante cuarenta y tres años. En la lápida de su tumba en Serampore está el epitafio que él mismo escribió: "Un pobre y miserable gusano. En tus manos amorosas descanso."

407. HAMBRE EN EL MUNDO

Una de las situaciones sociales más patéticas en nuestro mundo es el padecimiento de hambre de millones de individuos. No importa que el hambre ocurra en nuestra comunidad o en algún país distante a miles de kilómetros de nosotros, los que lo sufren son seres humanos que merecen que los compadezcamos y que nos decidamos a la acción de llevar el pan a sus bocas. Un estudio hecho por la Academia Nacional de Ciencias informa que 750 millones de individuos en las naciones más pobres del mundo, viven en una pobreza extrema con apenas un ingreso anual de menos de setenta y cinco dólares. El informe dice también que por lo menos 462 millones de personas actualmente se están muriendo de hambre. Alrededor de 40.000 seres humanos mueren cada día después de un período doloroso de hambre. Se estima que cerca de la mitad de esa cantidad son niños. Esto nos habla bien del interés del hombre por sus prójimos. El que fuimos creados a imagen de Dios presupone que nosotros no podemos mirar a nuestros infortunados hermanos sin buscar las maneras cómo aliviarles sus necesidades. La imagen divina puede cubrirse de sombras, sin embargo, estrictamente por el letargo y la indiferencia humanos. Leí acerca de un misionero que fue a la India y se sintió tan aterrado de toda la miseria que vio, que escasamente podía comer. Después de un tiempo se dio cuenta de que podía pasar sobre los muertos y los moribundos en las aceras, sin prestar mucha atención a ello. Llegó a sentirse tan perturbado de su propia insensibilidad, que oró así: "Señor, ayúdame a interesarme en los demás." Esta es una oración apropiada para quienes ostentamos el sello divino.

Vernon O. Edmore

408. LOS EFECTOS DEL PECADO

Una vez escribí un tratado evangelizador y lo titulé: *El rapto de lo profundo*. La expresión viene del buceo, en el cual una persona con la ayuda del equipo de respiración puede explorar bajo las aguas del mar. Hay un peligro, sin embargo, que uno pueda descender tan profundo, que sea vencido por una clase de adormecimiento o por un estado de euforia. Se le llama el "rapto de lo profundo". El pudiera quitarse su boquilla en la ilusión de que puede nadar allí con libertad como si fuera un pez.

Puede también confundirse hasta el punto de que no sepa de cierto si está subiendo o si está descendiendo a su muerte. Yo señalé el punto de que uno puede hundirse tanto en el pecado que pierda todo sentido de responsabilidad moral. Ya no puede señalar la diferencia entre lo que es bueno y lo que es malo. Los poderes de la percepción espiritual se disminuyen hasta el grado peligroso del cual no se pueda regresar.

En Romanos 1:21, el apóstol Pablo describe los repugnantes efectos del pecado en la vida humana. "Pues habiendo conocido a Dios, no le glorificaron como a Dios, ni le dieron gracias, sino que se envanecieron en sus razonamientos, y su necio corazón fue entenebrecido." Cuando los seres humanos repudian a Dios, pierden su orientación espiritual. Los aspectos espirituales de la imagen divina se embotan. Si ellos persisten en esta dirección pecaminosa, escasamente pueden decir cuál es la diferencia entre la luz y las tinieblas, el bien y el mal, la verdad y la falsedad.

Vernon O. Elmore

409. NUESTRO TRAJE DE BODAS
Mateo 22:1 14

El doctor William Barclay cuenta la historia de un pastor que iba repetidamente a visitar una casa donde la joven hija estaba siempre cosiendo lentejuelas en un traje.

—¿No te cansas nunca de tu trabajo? —le preguntó el pastor.

—No señor —le contestó—, me estoy cosiendo mi vestido de novia.

También nosotros estamos tejiendo un traje nupcial, en nuestra obra de fe, anticipándonos al banquete nupcial con el novio al que durante tanto tiempo hemos estado esperando.

John Bisagno

410. ¿ESPERAMOS LO QUE PEDIMOS?

Es preciso que la oración tenga un hondo significado para nosotros si es que ha de tener algún significado para Dios.

La oración es como el cántaro que trae el agua del arroyo con la cual regar las hierbas. Si se rompe el cántaro no será posible ir a buscar el agua, y si no se riega el jardín acabará por secarse.

La oración no implica el vencer la mala gana de Dios, sino el conseguir que esté dispuesto al máximo a ayudarnos.

Hubo un predicador que comenzó su predicación con las siguientes palabras: "Mis hermanos y hermanas, habéis venido aquí con el propósito de orar, pidiéndole a Dios la lluvia. Me gustaría haceros tan sólo una pregunta: ¿dónde están vuestros paraguas?"

Si no estamos dispuestos a hablarle a Dios en un día despejado, de nada servirá que le estemos gritando cuando se desencadene una tormenta.

No es posible que un motivo insignificante viva en una oración profundamente importante.

John Bisagno

411. EL PODER DE LA ORACION

No podremos nunca calcular en esta vida los resultados de largo alcance que pueden tener nuestras oraciones. La oración y el llevar la Palabra de Dios a otras personas son los poderosos instrumentos de que se vale Dios para salvar a las almas. Piensa en el ejemplo de la extraordinaria conversión de J. Hudson Taylor, que cuenta en sus propias palabras. Muestra de qué modo prevalecieron las oraciones de la madre a su favor. Con unos dones y unos talentos con los que no estaba especialmente dotada, supo que Dios podía valerse del ministerio que se lleva a cabo tras las puertas cerradas. El incidente ha sido explicado de la manera siguiente:

"Poco podía imaginarme yo en aquel entonces lo que pasaba por el corazón de mi querida madre, que se encontraba a más de cien kilómetros de distancia. Aquella noche se levantó de la mesa con un intenso anhelo por la conversión de su hijo y sintiendo que, estando ausente del hogar y sobrándole a ella el tiempo, se le presentaba una oportunidad especial para suplicar a Dios a favor de su hijo. Se fue a su dormitorio y cerró la puerta con llave, con la firme intención de no marcharse de aquel rincón hasta que no hubiesen sido contestadas sus oraciones. Hora tras hora aquella amada madre estuvo suplicando por mí, con todo detalle, hasta que ya no podía orar más, pero se sintió costreñida a alabar a Dios por lo que su Espíritu le enseñó que se había realizado ya, la conversión de su único hijo.

"Cuando mi querida madre vino a casa a la noche siguiente, fui el primero en recibirla a la puerta y en decirle que tenía muy buenas noticias que darle. Casi puedo sentir los brazos de mi madre alrededor de mi cuello, mientras me estrechaba contra su pecho y me decía:

—Lo sé, hijo mío. Me he venido gozando durante todo un día por las felices noticias que me vas a dar.

—¿Cómo es eso? —le pregunté—. ¿Acaso Amelia ha quebrantado su promesa? Me dijo que no se lo diría a nadie.

"Ella me aseguró que no había sido de ninguna fuente humana de donde le había llegado la noticia, y me relató el pequeño incidente que ya he contado más arriba. Estarás de acuerdo en que sería realmente extraño que yo no creyese en el poder de la oración."

¡Cuán grande es nuestra responsabilidad! ¡Qué maravillosos los recursos de que disponemos! Hay almas que se están perdiendo por todas partes y muchos de nuestros familiares y de nuestros conocidos se encuentran todavía fuera del redil. Les hemos hablado y les hemos animado a que acepten a Cristo, pero todo ha sido en vano. Ojalá que tomemos sobre nosotros la carga que sentimos por ellos y que no dejemos descansar a Dios hasta que conteste nuestras oraciones y estas personas se conviertan. Si somos realmente conscientes del poder que tiene ese instrumento que ha puesto Dios en nuestras manos lo utilizaremos para obtener resultados. Puede que falle todo lo demás, pero la oración de intercesión habrá, sin duda, de obtener resultados, porque Dios no puede negarse a sí mismo.

"Conozco a un padre", escribió Charles G. Finney, "que era un buen hombre, pero que tenía una opinión equivocada en lo que se refiere a la oración de fe; de ese modo se criaron todos sus hijos sin que uno solo de ellos fuese convertido. Pero sucedió que un día uno de sus hijos se puso enfermo y parecía que se iba a morir. El padre oró, pero el hijo se puso peor, dando la impresión de que iba a morir irremisiblemente. El padre estuvo orando hasta que su angustia se hizo indecible. Entonces siguió orando (aunque parecía que no había esperanza alguna de que su hijo siguiese con vida) de tal manera que le abrió totalmente su corazón a Dios, como si no pudiese consentir no ser escuchado, hasta que por fin no solamente se sintió seguro de que su hijo viviría, sino de que se convertiría y que no solamente este hijo, sino toda la familia se convertiría a Dios. Llegó a la casa y le dijo a toda su familia que su hijo no se iba a morir. 'La familia se quedó muy sorprendida. 'Os digo', les dijo, 'que no se va a morir, y ninguno de mis hijos morirá jamás en sus pecados.' Hace ya muchos años que los hijos de ese hombre se convirtieron."

John Bisagno

412. LA INFLUENCIA

Un folleto escrito por Alfred Boegner fue elemento importante en la decisión de Albert Schweitzer para dejar París y marchar a Africa.

Un día, tarde en la noche, Schweitzer regresó de la universidad donde trabajaba como profesor. Estaba tan cansado que prestó poca atención a las cartas que su ama de llaves había depositado sobre su escritorio, de manera que las hojeaba de prisa, hasta que una revista con una cubierta verde llamó su atención. Hojeándola le llamó la atención un artículo escrito por Alfred Boegner titulado: "Las necesidades de la Misión en el Congo."

"Aquí sentado en Africa", escribía Boegner, "oro a Dios pidiendo que los ojos de alguien sobre quien la mirada del Señor ha caído ya, lea y responda a este llamado diciendo: 'Heme aquí, Señor.' "

Conmovido por la poderosa y ferviente invitación de Boegner para ir al Congo y ayudarles, Schweitzer inclinó su cabeza aquella noche y oró: "La busqueda ha terminado. Yo iré."

Aquello le inspiró para convertirse en un misionero-médico. Schweitzer estudió medicina en la Universidad de Strasburgo, y en 1913 marchaba para Africa donde empezó a servir en Lambarene, en el Africa Ecuatorial Francesa. Su primer hospital en la selva empezó en una cocina.

Cuando él tomó la decisión de ser un misionero-médico, Schweitzer era el director de la Escuela Teológica Santo Tomás en la Universidad de Strasburgo. El era ya un escritor, teólogo, pastor y músico reconocido. Era el mejor intérprete al órgano de las composiciones de Juan Sebastián Bach. Pero sintiendo el llamado de Dios, dio las espaldas a todo prestigio y promesa de éxito y enterró su vida en la oscuridad de Africa.

El compromiso total de su vida de servicio en el nombre de Jesucristo tuvo su comienzo en el artículo que escribió un misionero desconocido que ministraba en el Congo.

413. LA PROVIDENCIA

Si no hubiera sido por la divina Providencia, James Garfield nunca se hubiera convertido en el vigésimo presidente de los Estados Unidos.

En su adolescencia, Garfield trabajó como barquero en el *Evening Star*. Una noche en 1847, el joven Garfield sintió que le despertaban de un profundo sueño para cumplir con su guardia en cubierta. Al intentar recoger una cuerda que había en cubierta, tirando de ella, ésta quedó aprisionada en una grieta del barco. Tirando más fuerte, la cuerda se soltó, tirando a Garfield en las oscuras aguas del canal.

Al mismo tiempo que salía despedido por la borda y se hundía en las frías y oscuras aguas, Garfield, instintivamente, se agarró de la cuerda pudiendo escalar en ella hasta llegar de nuevo a la cubierta.

Después de salir a salvo de su peripecia, intentó practicar en el lugar en donde él quedó enredado la noche anterior. Cinco, diez, quince y cien veces tiró la cuerda a la hendidura, intentando que quedara aprisionada, sin conseguirlo. Enrollando la cuerda, el joven Garfield llegó a la conclusión de que su vida había sido salvada por la divina Providencia.

Si Dios lo había salvado de perecer ahogado, Garfield razonaba, debía ser con algún propósito. Renunció a su trabajo y regresó a su hogar en Ohio. Al atravesar la puerta de su casa encontró a su madre arrodillada orando por él. Profundamente conmovido, contó a su madre que estaba completamente convencido de que debía hacer algo provechoso, empezando por adquirir una educación.

Garfield hizo algo provechoso. Se graduó de la Universidad Williams, en donde fue conocido como un alumno tan brillante que, se decía, podía escribir simultáneamente griego con una mano y latín con la otra.

Más tarde se enlistó en el Ejército de la Unión llegando a alcanzar el rango de general de brigada. Fue elegido como miembro del Congreso y, tiempo después, elegido como el vigésimo Presidente de los Estados Unidos en 1881.

Cuando el 2 de julio de 1881 Garfield estaba en la estación de ferrocarril de Washington preparándose para asistir a la reunión del 25 Aniversario de su clase en la Universidad Williams, Charles J. Guiteau, a quien Garfield denegó su nombramiento como Cónsul de Estados Unidos en París, se paró bruscamente entre la multitud y disparó dos balas al presidente.

Una de las balas le rozó en un brazo, pero la otra se alojó en su espalda. Los cirujanos no pudieron localizarla, ni aun Alejandro Graham Bell, el inventor del teléfono, con su artificio eléctrico. Ocho días después del atentado, el 19 de septiembre de 1881, James A. Garfield moría. Pero él nunca hubiera sido elegido presidente si no hubiera sido por la divina Providencia que salvó su vida en una noche oscura, teniendo 16 años cuando trabajaba en el *Evening Star*.

J. B. Fowler

414. LA PREPARACION

Abraham Lincoln nació en una cabaña en los bosques de Kentucky en 1809. Hijo de un labrador, Lincoln no pudo tener más de un año de enseñanza académica.

Los libros eran muy escasos en el lugar donde Lincoln vivía, pero

Robinson Crusoe, El progreso del peregrino, Las fábulas de Esopo y la Biblia fueron leídos ávidamente y absorbidos rápidamente por su mente joven.

Estudiaba a la luz del fuego por las noches, y practicaba su aritmética en una pala de madera, borrando los números en ella para poder escribir otros nuevos. Lincoln se esforzaba todo cuanto podía. "Estudiaré y me prepararé y algún día aparecerá mi oportunidad", se decía a sí mismo en aquellos difíciles días.

Fue en 1825 cuando Lincoln se trasladó con su familia a Illinois. Se establecieron en las orillas del rio Sangamon, en donde Lincoln trabajó ayudando a su padre a limpiar la tierra para ararla.

Fue en aquella época cuando un comerciante llamado Denton Offutt se trasladó a las cercanías de la cabaña de Lincoln, ofreciendo un trabajo a aquel muchacho de diecinueve años.

Offutt tenía cerdos y maíz que necesitaban ser enviados a Nueva Orleans. Cuando él ofreció a Lincoln juntamente con otros dos muchachos cincuenta centavos por día a cada uno por llevar la carga río abajo por el Mississippi, los muchachos aceptaron. El patrón les prometió, además, veinte dólares a cada uno si la carga llegaba segura a su destino.

Probablemente Lincoln ya había visto esclavos antes, pero fue al llegar a Nueva Orleans cuando él vio la esclavitud en gran escala. Fue más tarde, a los treinta y un años de edad, cuando, en otro viaje a Crescent City, pudo ver de nuevo el horror de la trata de esclavos.

En uno de esos viajes, los historiadores no están seguros de en cuál, Lincoln tomó la determinación de que si en alguna ocasión él tuviera la menor oportunidad, arremetería contra el abuso hacia los negros. "Si alguna vez tengo oportunidad pelearé contra ello y pelearé fuerte", se dijo a sí mismo.

A Lincoln se le presentó esa oportunidad cuando la Convención Nacional Republicana se celebró en Chicago el 16 de mayo de 1860 y Lincoln fue nombrado candidato a la presidencia.

Dejando su casa en Springfiel, Illinois, el 11 de febrero de 1861, llegó a Washington el 23 del mismo mes y el 14 de marzo del mismo año Lincoln comenzó su presidencia, siendo el décimo sexto presidente a los cincuenta y dos años de edad.

Fue en enero de 1863 —casi dos años después— cuando fue firmado el documento por el cual es más recordado. El Documento de Proclamación de Emancipación de Esclavos.

Lincoln declaró que los esclavos "serían hombres libres de entonces en adelante".

Sin embargo, únicamente unos pocos esclavos fueron libertados como resultado de la Proclamación de Emancipación. Aquello afectó solamente a los Estados confederados, en donde oficiales federales estuvieron presentes para imponer su cumplimiento. Los esclavos en los Estados fronterizos no fueron afectados, si bien Lincoln urgió a sus dueños a ponerlos en libertad.

Sin embargo, lo que la Proclamación de Emancipación no pudo conseguir debido a la guerra, fue conseguido de otras maneras. Fue como resultado de dicha proclamación que la Enmienda número 13 fue añadida a la Constitución. Adoptada en diciembre de 1865, la enmienda terminó para siempre con la esclavitud en los Estados Unidos.

La preparación de Lincoln dio sus resultados. Si bien no hubo un presidente en la historia de los Estados Unidos más odiado y más amado, el efecto de Lincoln en la nación fue profundo e innegable.

J. B. Fowler

415. EL PECADO

Estamos acostumbrados a pensar que el pecado es una lista de cosas feas que no hay que hacer y por ello no podemos comprender lo que la Biblia enseña acerca de su gravedad.

El pecado es muy grave y destruye la vida de manera semejante a como lo hace el cáncer. El pecado comienza en cualquier parte de la personalidad, donde empieza a deformar conductas. Esa pequeña célula atrofiada genera otra y otra y así se va multiplicando y formando un tumor. De manera que nuestras conductas erradas van formando decisiones autodestructivas que se van reproduciendo y te invaden la vida, sin que se puedan detectar al principio.

Generalmente, podemos diagnosticar el cáncer cuando afecta una parte del organismo, lo mismo sucede con el pecado. Tú a lo mejor ni te das cuenta, es otro quien te examina y te dice que hay algo malo en ti. Puedes prestarle atención o no, pero si no lo tratas te llevará a la muerte.

A lo mejor no le das importancia al pecado, tú no haces nada demasiado grave, pero te irá dominando poco a poco hasta atrofiar tu vida. Tienes que hacer algo rápidamente, necesitas un tratamiento aunque no creas en el cáncer.

La Biblia dice que la paga del pecado lleva a la muerte, mas el remedio de Dios puede sanarte y llevarte a la vida eterna por Jesucristo. Hoy puedes curarte y comenzar una nueva vida.

Alberto D. Gandini

416. ALABANZA

Joni Eareckson Tada quedó trágicamente tullida como resultado de un accidente buceando. Joni se rompió el cuello cuando buceaba en las aguas poco profundas de la Bahía Chesapeake, quedando paralizada de los hombros para abajo.

Pero, a pesar de ello, Joni es un testimonio viviente del poder de la oración y la alabanza. Después del accidente se llenó de amargura culpando a Dios de sus problemas. Fue a través de la oración y el estudio de la Biblia que su fe en Dios comenzó a reavivarse, tomando un nuevo significado.

Logró llegar a ser una artista, quien desarrolló una amplia línea de tarjetas de felicitación, completando cientos de dibujos originales. Joni pinta sujetando la pluma entre sus dientes.

Cuando la compañía Guillette supo que Joni usaba sus plumas Papermate para dibujar, le ofreció hacerla parte de la nómina de la empresa.

Debajo de cada una de sus pinturas Joni puso su nombre, añadiendo las letras en inglés PTL. Cuando alguien le preguntaba por el significado de aquellas letras, Joni fielmente respondía: "Significan —traducido al castellano—, ¡Alabado sea el Señor!"

Esta nueva actitud abrió las puertas para Joni, quien sigue contando el porqué puede alabar al Señor y lo que Jesús hizo en su vida.

417. EL UNIVERSO

A finales de la década de los 50, se expuso en el Ayuntamiento de Copenhague, Dinamarca, el reloj más complicado del mundo. Tardaron cuarenta años en construir dicho reloj y costó el equivalente de más de un millón de dólares. Tiene diez caras y contiene quince mil piezas.

El mencionado reloj no sólo da la hora sino que dice el día de la semana, el mes y el año. Informa del movimiento de los planetas y es capaz de calcular la posición de las estrellas durante los próximos veinticinco mil años. Al tiempo que hace todo eso, es tan exacto en su funcionamiento que no se altera más de las dos quintas partes de un segundo cada trescientos años.

Pero, ¿cómo conocemos que este reloj es tan exacto y digno de confianza? Porque ha sido ajustado por el universo mismo. Dicho universo, puesto a punto por el toque de Dios, funciona bajo programación.

418. OPTIMISMO

Tomás A. Edison fue uno de los grandes inventores en la historia. Aunque sólo tenía tres meses de escuela formal, le dominaba un intenso deseo de triunfar y una fuerte determinación a no abandonar.

Cuando un amigo intentó consolar a Edison por los diez mil experimentos que fracasaron, la optimista respuesta de Edison fue: "¿Por qué? Yo no he fracasado, únicamente he encontrado diez mil fórmulas que no funcionan."

Años más tarde, su laboratorio en Nueva Jersey quedó destruido por el fuego, esfumándose con ello toda una vida de investigaciones. Cuando su hijo fue a consolarle, Edison, optimistamente, le dijo que fuera a buscar a su madre. "Dile que venga inmediatamente", ordenó Edison, "porque debido a que todo se ha destruido podemos tener un nuevo comienzo. "

419. OPTIMISMO

El misionero Adoniram Judson estaba tendido en una sucia prisión birmana. Prisionero por su fe en Jesucristo, Judson tenía sujetos sus tobillos con cadenas muy pesadas y sus pies atados a un palo de bambú a un metro de altura, y la temperatura era de 40^0.

Un compañero de prisión —no creyente— sabiendo que Judson era un misionero cristiano, con sorna le preguntó:

—Bien, señor Judson, ¿qué piensa usted ahora sobre sus esperanzas de convertir a los paganos?

Sin titubear un momento Judson respondió:

—Señor, las expectativas de convertir a los paganos son tan brillantes como las promesas de Dios.

Judson tenía suficientes razones para sentir lástima de sí mismo. Pero, aun en prisión y con su vida pendiente de un hilo, Judson podía mirar hacia el futuro optimistamente, sabiendo que su vida estaba en las manos de aquel que nunca desampara a sus hijos.

420. PERSEVERANCIA

Guillermo Carey, el padre de las misiones modernas, ministró varios años en la India antes de bautizar a su primer convertido. Lo mismo le pasó a Adoniram Judson en Birmania y a Roberto Morrison en China.

El médico, misionero y explorador David Livingstone pasó catorce años en Africa antes que pudiera ver su primer convertido.

Adam Clark dedicó cuarenta años de su existencia escribiendo su comentario sobre las Escrituras.

Noah Webster trabajó durante treinta y seis años en su diccionario, cruzando dos veces el océano a fin de investigar y recoger material.

Edward Gibbon gastó veintiséis años de su vida antes de poder terminar su obra *La declinación y caída del Imperio Romano*.

Charles Goodyear trabajó durante diez años, sumido en la pobreza y el ridículo, para perfeccionar el material con el cual después se han fabricado millones de llantas en el mundo. Y George Stephenson trabajó durante quince años desarrollando la locomotora.

Así que merece la pena cultivar la virtud de la perseverancia.

421. MISIONES

David Brainerd nació en Massachusetts en 1718. Aunque sólo vivió veintinueve años, el joven Brainerd caminó con Dios.

Brainerd sirvió como misionero entre las tribus indias a lo largo de los ríos Hudson y Delaware, y aunque sólo predicó cuatro años, sirvió al Señor de una manera muy especial.

Cuando el joven Guillermo Carey leyó en Inglaterra acerca de la vida de David Brainerd y de su trabajo misionero entre los indios americanos, su influencia le movió a aceptar el llamamiento de Dios para ir a la India.

Robert M. McCheyne también leyó la biografía de Brainerd y le inspiró para el ministerio en su tierra en Escocia. A pesar de que McCheyne murió antes de los treinta años, ha sido reconocido como uno de los grandes predicadores de la cristiandad.

Jonathan Edwards fue también tocado por Brainerd. Fue el suegro de Brainerd y le vio morir. Más tarde Edwards dijo: "Alabo al señor que en su providencia Brainerd murió en mi casa a fin de que yo pudiera oír su oración, ser testigo de su consagración y ser inspirado por su ejemplo."

Aunque era quince años mayor que Brainerd, Edwards quedó profundamente influido por la vida y ejemplo de su yerno. Tiempo después Edwards fue presidente de lo que hoy se conoce como la Universidad de Princeton y fue reconocido como uno de los más grandes predicadores de América en la época colonial.

Juan Wesley, el fundador del metodismo, fue también profundamente afectado por Brainerd. Cuando Brainerd fallecía en Massachusetts, Wesley estaba predicando en una conferencia en Inglaterra y al preguntar a sus oyentes qué se podía hacer para avivar la obra de Dios en Inglaterra, la respuesta de Wesley fue: "Que cada predicador lea cuidadosa y detenidamente la biografía de David Brainerd."

422. LA ORACION

Judson Taylor, fundador de la Misión del Interior de China, nació en 1853. En su viaje a China para servir como misionero, el barco de vela en el que Taylor viajaba quedó parado en el océano.

Durante días el viento no sopló y, como consecuencia, la embarcación no pudo navegar. El capitán —hombre no creyente— ya desesperado fue hacia Taylor y le dijo:

—Señor Taylor, quiero que ore a Dios para que envíe los vientos y podamos empezar a movernos de nuevo.

Taylor respondió que estaría encantado de orar, pero bajo la condición de que el capitán primero izara las velas. A lo que éste replicó:

—¿Por qué? Mis hombres pensarían que me estoy volviendo loco si lo hago con esta calma.

—Entonces —dijo Hudson Taylor— no pediré a Dios que nos envíe el viento. Si voy a orar por viento, debo tener suficiente fe para elevar las velas.

Unicamente bajo aquella condición el misionero pidió al Padre que les enviara los vientos. No tardó mucho Dios en responder a la oración de Taylor, llenando las velas de viento y empujando el barco en su camino.

Orar no es suficiente. Cuando oramos debemos creer que Dios actuará y al mismo tiempo caminar con fe.

423. LA FUERZA

Uno de los grandes líderes cristianos del Siglo XX fue Martín Niemoller. Niemoller fue un judío cristiano que sobrevivió a la prisión alemana de Adolfo Hitler durante la Segunda Guerra Mundial. Murió en Weisbaden el 6 de marzo de 1984 a la edad de noventa y dos años.

Niemoller se levantó contra Hitler y como resultado fue arrestado y arrojado en confinamiento solitario. La hediondez diaria de la carne humana quemada y la visión de la muerte le perseguían.

Al terminar la guerra Niemoller marchó a los Estados Unidos y en una ocasión en la que fue interrogado por la estación de radio de Chicago, le preguntaron cómo había podido soportar tanto tiempo en la prisión sin haber perdido su salud física y mental. A lo que él replicó que nadie sabe la capacidad de sufrimiento de una persona hasta que la ocasión llega. Cada persona puede aguantar más de lo que ella piensa, declaró.

"Si Dios mora en su vida", dijo, "usted puede soportar mucho más de lo que usted piensa."

424. EL PLACER DE SERVIR

Toda la naturaleza es un anhelo de servicio.

Sirve la nube, sirve el viento, sirve el surco.

Donde haya un árbol que plantar, plántalo tú; donde haya un error que enmendar, enmiéndalo tú; donde haya un esfuerzo que todos esquivan, acéptalo tú.

Sé el que apartó la piedra del camino, el odio entre los corazones y las dificultades del problema.

Hay la alegría de ser sano y la de ser justo; pero hay, sobre todo, la hermosa, la inmensa alegría de servir.

¡Qué triste sería el mundo si todo en él estuviera hecho, si no hubiera un rosal que plantar, una empresa que emprender!

Que no te llamen solamente los trabajos fáciles. ¡Es tan bello hacer lo que otros esquivan!

Pero no caigas en el error de que sólo se hace méritos con los grandes trabajos; hay pequeños servicios: adornar una mesa, ordenar unos libros, peinar una niña.

Aquél es el que critica, éste es el que destruye, tú sé el que sirve.

La comunidad ofrece oportunidades de involucrarse responsablemente en la búsqueda de soluciones a sus necesidades.

Fragmento de Gabriela Mistral

425. QUE LES IMPIDE A ALGUNOS ALCANZAR LA PLENITUD

Tengo un hermoso rosedal. Sus flores hermosas, coloridas y fragantes me dan constante placer. Pero a veces fijo mi atención en un rosal en particular. Muchas de las rosas se desarrollan como deben, mientras que uno de los pimpollos se queda atrás. Ha recibido el mismo alimento y cuidado que las rosas que le rodean. Lo favorezco, espero, pero no pasa nada. Finalmente, hago algo drástico. Lo corto y lo pongo en agua. Pero tampoco pasa nada. No se abre, no da su perfume. Por unos días sigue siendo un pimpollo perfectamente formado, teniendo dentro de sí todo el potencial para llegar a ser una rosa. Pero se seca y muere. No realiza su hermoso potencial. No cumple su principal propósito.

Lo mismo sucede con muchos cristianos en la actualidad que tienen un potencial y un propósito como el de la rosa: crecer, florecer, liberar su fragancia y brindar su belleza a todos los que se le acercan. ¿Qué frustra ese propósito?

Lucille Lavender

426. LOS FRACASOS NOS ENSEÑAN

Alguien ha dicho que el ejército cristiano es el único ejército en el mundo que dispara contra sus propios heridos. Trágicamente esto es verdad. Sin embargo, la persona que ha experimentado la caída es la que probablemente menos va a condenar o lanzar piedras contra otros.

Hace algunos años se me desarrolló una úlcera. Esto fue un fuerte golpe para mi ego. Las úlceras son frecuentemente el resultado de fuertes preocupaciones y tensiones y las tensiones y las preocupaciones indican escasez de fe. Yo había tenido la seguridad de tener más fe que aquello. Hasta entonces yo había estado seguro de ser la clase de persona que da úlceras, pero no las desarrolla. Tanto fue así que caí en una fuerte depresión. Llegué a pensar que la luz de la vida había desaparecido de la mía. Tenía el sentimiento de vivir en un oscuro túnel sin fin.

Si anteriormente a esa experiencia alguien me hubiera dicho que se sentía deprimido, le habría dicho: "Sal de ella", con la seguridad de que es así de fácil. Creía que cuando una persona estaba deprimida, todo lo que tenía que hacer es pensar en cosas felices, envolverse en actividades positivas y dejar de tener lástima de uno mismo, y la depresión desaparecía. A partir de entonces supe por propia experiencia que aquello no era verdad. Fue de mi debilidad, pecado y caída que aprendí a ser más comprensivo hacia los demás.

Fue necesario que pasaran varios años antes de tener ánimo suficiente para compartir mi experiencia con otras personas. Después de ello un sin fin de personas acudieron a mí en busca de consejo. Eran personas que querían hablar con alguien que entendiera cómo se sentían y que hubiera estado donde ellas estaban. Mi propio fracaso me enseñó a entender. Ahora soy más comprensivo de lo que lo fuera en otro tiempo.

El fracaso significó en mi vida una lección sobre el significado de aquel versículo, "Y sabemos que a los que aman a Dios, todas las cosas les ayudan a bien, esto es, a los que conforme a su propósito son llamados" (Rom. 8:28).

Paul W. Powell

427. DIOS LO HA PROMOVIDO

En el banco donde tenía mi cuenta corriente había un cajero que se destacaba por su amabilidad y cortesía, lo que me llevó a preferir tratar mis negocios bancarios con él. Un día, sin embargo, observé que no estaba en la caja. Creyendo que estaría enfermo o de vacaciones no dije nada. En otra visita al banco, pregunté a su reemplazante acerca del señor Martínez y me explicaron que había sido trasladado a una sucursal en la ciudad. Expresé mi pesar por no encontrarlo más allí. Entonces el nuevo cajero me dijo: "Si usted era amigo de Martínez, debe estar contento por él; pues ha sido ascendido."

¿No es algo parecido cuando estamos frente al fallecimiento de algún fiel cristiano? Podemos echarle de menos, pero también debemos recordar que "ha sido ascendido".

Cecilio McConnell

428. PREDICAR Y PRACTICAR

El diácono de una iglesia se expresaba bien y se le pidió que escribiera un artículo sobre un tema que el editor de una revista denominacional creía muy necesario entre los hermanos. Debía escribir sobre "No debáis a nadie nada, sino el amaros unos a otros" (Rom. 13:8).

El editor se sintió contento con el artículo, sobre todo por su énfasis en la importancia de evitar las deudas. Creyendo que el diácono merecía un crédito mayor que las iniciales con que el diácono lo había firmado. Al contar con el autor para quitar las iniciales y poner el nombre completo en el artículo, el hermano protestó: ¡No, no haga eso, por nada del mundo! Desde luego, no era por humildad, sino por verguenza.

Cecilio McConnell

429. ¿DE QUE CLASE ERES?

Cierto predicador ha comparado a tres clases de barcos la forma en que ciertos cristianos viven su experiencia con Dios: de remo, de vela y a vapor.

Barcos de remo: Son cristianos que desean vivir como Dios demanda, mostrar que pertenecen a Cristo, pero como dependen de sus propias fuerzas pronto se debilitan y caen.

Barcos de vela: Cristianos que, según el viento que sople, ya de sus propios pensamientos o de las tendencias que los rodean, van velozmente de un lado a otro. . .

Barcos a vapor: Cristianos que se encuentran listos a salir y mantienen una velocidad constante. Su fuerza no depende de ellos.

430. LA NECESIDAD DE ADORAR PUBLICAMENTE

Hace algún tiempo una señora, fiel cristiana, se preparaba el domingo en la mañana para ir al templo. Cuando estaba para salir llegó a casa uno de sus hijos, quien le invitó a ir con su familia a pasar el día de campo.

—No puedo, hijo —contestó la madre—. Voy a ir al templo.

El hijo se mostró disgustado y le dijo:

—¿Es que no pueden dejarte faltar ningún día? O, ¿es que eres indispensable?

—Escucha, hijo —contestó la madre manteniendo la calma—. Nadie me obliga a ir al templo a adorar y nadie cuenta mis ausencias.

Yo voy a adorar porque Dios sí me es indispensable, y él es tan bueno y yo estoy tan agradecida a él que no puedo faltar.

El hijo quedó desconcertado por la respuesta de su madre, pues no podía entenderla. Después de unos minutos se despidió y se fue.

En la actualidad, ese hijo que no podía entender los motivos de su madre para adorar en el templo también asiste con toda su familia y adora a Dios. Para él, ahora, la adoración tiene sentido, y un sentido profundo.

431. EL CULTO EN LA ACERA

Siendo un niño, cuando empecé a asistir a un templo evangélico, me resultaba difícil entender por qué la gente, al terminar el culto, formaba corrillos fuera del templo y permanecía charlando como si no quisiera alejarse del lugar. Con el conocimiento de la Palabra he ido entendiendo el porqué: al salir de adorar hay un espíritu de compañerismo, de fraternidad, que es necesario manifestar. La gente siente necesidad de charlar, de intercambiar impresiones, de saber más de los que son sus hermanos en Cristo. Se pregunta por la salud, por el trabajo, por los familiares. Se saluda a los visitantes del culto, se muestra aprecio a los que habían estado ausentes. El afecto se desborda y busca su cauce.

A un observador extraño esta práctica le parece rara, extraña. Tal vez una pérdida de tiempo. No hay tal. Tal vez los temas de conversación pueden ser insulsos, pero no la motivación interna, que es espiritual, como espiritual es el amor.

Un pastor, en tono de broma, en ocasiones decía: "Hemos terminado el culto en el templo. Ahora seguimos con el culto de acera." Era broma, pero es verdad.

La adoración al Dios de amor es la base para la expresión de amor fraternal con los demás de la iglesia.

432. ¿POR QUE NO VINISTE ANTES?

En las memorias de Hudson Taylor, primer misionero a China, se cuenta el siguiente incidente: Al fin de un servicio de predicación del evangelio, se levantó un chino principal y puesto de pie dijo con voz triste:

"Durante años y años he buscado la verdad, al igual que mi padre, quien la buscó sin descanso. He viajado mucho, he leído todos los libros de Confucio, de Buda, de LaoTsé, y no he logrado hallar descanso. Y hoy, por lo que acabo de oír, siento que al fin mi espíritu puede descansar. Desde esta noche yo soy un seguidor de Cristo."

Después dirigiéndose al misionero, con voz solemne le preguntó:

—¿Desde cuándo conocéis las Buenas Nuevas vosotros en Inglaterra?

—Por centenares de años —contestó Taylor.

—¿Cómo es posible que hayáis conocido a Jesús el Salvador por tanto tiempo y hasta ahora no nos lo hayáis hecho saber a nosotros?... Mi pobre padre buscó la verdad por tantos años y murió sin encontrarla. ¿Por qué no vinisteis antes, por qué no llegasteis más pronto?

Taylor agachó la cabeza y con profunda tristeza contestó:

—No habíamos entendido la autoridad de Jesús cuando dijo: "Id por todo el mundo y predicad el evangelio."

Solamente eso pudo decir.

433. LA NECESIDAD DE PERSEVERAR

Cada agricultor conoce bien el hambre voraz de la selva o del desierto. Esa hambre que ningún método ni maquinaria agrícola antigua o moderna ha podido controlar o eliminar completamente. No importa cuán preparada esté la tierra, cuán altas y sólidas sean las vallas protectoras, cuán pintados y conservados se hallen los edificios; en cuanto que el propietario se descuida un poco corre el riesgo de que sus valiosas tierras y propiedades sean invadidas y devoradas por la jungla o el desierto. La tendencia de la naturaleza es hacia lo salvaje o inhóspito, no hacia los campos fructíferos.

El corazón negligente, la vida con vallados que se desmoronan poco a poco, pronto será invadida y tragada por el mundo y el caos prevalecerá. Por eso no sólo hay que arrepentirse, hay que estar en permanente proceso de reconstrucción. ¡Perseverar siempre! ¡Nunca abandonar!

A. W. Tozer

434. EL CHILE Y EL INFIERNO

Se cuenta de un evangelista hispano, de origen mejicano, que residía y ministraba especialmente en Texas, que cuando le llamaban a predicar en una iglesia de habla inglesa, pensando que seguramente le invitarían a comer, y debido a que la comida nunca le sabía tan sabrosa como la mejicana, siempre llevaba unos cuantos chiles picantes en un bolsillo de su saco.

Una vez un pastor anglo le invitó a comer en su hogar. Allá se fue el evangelista hispano con sus chiles picantes en el bolsillo. Nada más sentarse a la mesa, sacó sus chiles y los puso junto al plato. Su anfitrión, llevado por la curiosidad y al ver lo a gusto que comía, le pidió un chile. Así lo hizo y pronto el colega anglo se metió, ni corto ni perezoso, un chile completo en su boca. Al poco de empezar a masticarlo notó que le ardía la boca y salió corriendo a la cocina para enjuagarse con abundancia de agua.

Al volver al comedor, puso la mano sobre el hombro de su buen amigo y compañero, y muy solemne le dijo: "¡Angel, yo sabía que usted creía en el infierno, pero lo que ignoraba es que lo llevara en el bolsillo!" Aquel buen hombre parece que sacó la conclusión de que así de ardiente y picante debía ser el infierno.

435. SOBRE LA EDAD

No importa cuán mayor sea, nunca es tan viejo que no pueda ser útil. Muchas personas han realizado grandes tareas cuando eran ya ancianas. Kant escribió algunos de sus mejores tratados fílosóficos cuando había pasado los setenta. Goethe escribió la segunda parte de *Fausto* a los ochenta.

Benjamín Franklin llevó a cabo sus mejores servicios a su país después de los sesenta años. Verdi escribía óperas después de los ochenta. Ticiano pintó su famoso cuadro de *La Batalla de Lepanto* a los noventa y ocho años y su *Ultima Cena* a los noventa y nueve. Miguel Angel producía todavía esculturas maestras a los ochenta y nueve.

Nunca somos demasiado viejos para vivir y servir.

436. LA MUERTE

Se cuenta que una vez un sultán oriental dio a su escriba la tarea monumental de escribir la historia de la raza humana. El escriba trabajó flelmente durante muchos años en esta tarea casi imposible. Cuando terminó, cargó los 500 volúmenes de historia a los lomos de 100 asnos y los llevó al sultán.

El sultán al ver aquella montaña de material, mandó al escriba que lo abreviara.

—¡Resúmelo! —gritó el sultán enfurecido—. Es demasiado largo para poderlo leer.

—Muy bien, Señor —replicó humildemente el siervo—. Estos quinientos volúmenes se pueden abreviar en una frase corta: "Los hombres nacen, sufren y mueren."

Esta es la suerte, como afirma la Biblia, de todo hombre nacido de mujer.

437. PERDON

Las puertas del perdón deben estar abiertas las veinticuatro horas. Si las cierras un solo instante alguien quedará fuera a merced de la soledad; y tú encerrado en la oscura celda del desamor.

Oscar Vargas

438. APARIENCIA

Si se valora a la persona por la apariencia de su sonrisa graciosa y de sus finos y delicados modales, entonces el diablo sería la persona más simpática del mundo. Hay bondades escondidas en lo profundo del alma que no puedes mirar en la superficie de la apariencia. Tienes que zambullirte dentro del alma y buscarlas allí.

Oscar Vargas

439. FELICIDAD

No hay felicidad en la tierra. Si alguno es feliz es porque está disfrutando anticipadamente la felicidad del cielo.

Oscar Vargas

440. COMO PEZ FUERA DEL AGUA

Will y Ariel Durant escribieron *Una autobiografía dual*. Esta famosa pareja de escritores exploró el reino de la filosofía y la historia. Ariel confesó que al empezar a hacer ella su investigación interiormente, se sintió atarantada de lo que descubrió. "Mis manos tiemblan mientras busco a tientas en la jungla de lo pasado y hallo las fuentes de esa dificultosa corriente que es mi vida. Ha habido tanto caos en mí; ha habido tantos absurdos y errores, tantos antagónicos elementos de bien y de mal."

"Tanto caos en mí", expresa muy bien la situación trágica que gira en la vida humana cuando la persona se halla lejos de Dios. Hay confusión, distorsión, fealdad, culpa y desesperanza. El hombre está fuera de su elemento. El fue hecho por Dios para Dios y a la imagen de Dios. El caos se vuelve orden solamente cuando la gente halla su camino a través de Cristo para regresar al íntimo compañerismo con Dios en el huerto.

Vernon D. Elmore

441. MAYORIA, MINORIA Y LA RAZON

Nunca tema unirse a la minoría cuando ésta tenga la razón, pues la minoría que tiene la razón será algún día la mayoría; siempre tema unirse a la mayoría cuando ésta esté equivocada, pues la mayoría equivocada algún día será la minoría.

William Jennings Bryan

442. TESTIMONIO

En el siglo XVI, el predicador John Bradford fue condenado a la hoguera en Inglaterra por proclamar el evangelio. Al ser llevado al martirio dijo: "Soy feliz, hoy encenderemos una hoguera que no se apagará jamás."

Arnoldo Canclini

443. PATERNIDAD DIVINA

La seguridad que tenemos de nuestra salvación no depende de nosotros, sino de las promesas divinas. En varios pasajes, y notablemente en Romanos 8, la experiencia cristiana se compara con el proceso de adopción. Cuando nosotros aceptamos a Cristo, Dios nos adopta como hijos. Todos nosotros necesariamente somos hijos de alguien y eso es un factor de nuestra vida que no podemos cambiar por más que queramos. Podemos cambiar el apellido, hacernos cirugía plástica en la cara, destruir nuestros documentos, etc., pero seguiremos siendo hijos de nuestros padres. De la misma manera, seguimos siendo hijos (desobedientes quizá) de nuestro Padre celestial.

Arnoldo Canclini

444. SALVACION Y VIDA

Los que visitan el Vaticano en Roma buscan la Capilla Sixtina donde contemplan maravillados los frescos de Miguel Angel Buonarroti que se extienden sobre el cielo raso. El panel más famoso representa *La creación del hombre*. A la izquierda está la figura de Adán, considerada la representación más perfecta jamás pintada de la forma humana. El cuerpo de Adán languidece de costado, expectante pero inerte, esperando la chispa que lo despierte a la acción. El ojo sigue la forma del cuerpo hasta el foco del dedo de Adán, colgado pasivamente en el extremo del brazo extendido. A la derecha está la figura de Dios, emanando tanto poder que parece estar moviéndose por el cielo raso. Aquí también el foco es el dedo de Dios, en el extremo del brazo extendido, ¡pero con qué diferencia! El dedo divino está tenso, con poder al ir al encuentro del dedo inerte de Adán.

El artista capturó el encuentro divino-humano en el momento de contacto en el cual se transfiere vida del Creador a la criatura. Al hacerlo, Miguel Angel representó en forma dramática la respuesta de las Escrituras a la cuestión central de nuestra existencia. Más que cualquier otra cosa estamos buscando la vida, no sólo la vida física sin la cual languidecería nuestra alma, como lo hizo la de Adán aun dentro de su físico magnífico. Por eso aborrecemos una iglesia "muerta" o una fiesta "sin vida" o un matrimonio "vacío". Siempre necesitamos vida, tan urgentemente como necesitamos aire para respirar, porque vida es sinónimo de energía, vitalidad y fuerza. A cada persona que busca una existencia dinámica, la Biblia declara lo que Miguel Angel pintó: ¡Dios tiene un toque que puede animar el mismo meollo de nuestro ser y darnos vida!

Esa sencilla palabra de cuatro letras, *vida*, es un concepto tan central y comprensivo que es usada en las Escrituras como sinónimo de la salvación. El dicho de Jesús: *"Yo he venido para que tengan vida, y para que la tengan en abundancia"* (Juan 10:10, itálicas del autor), es equivalente a decir: "Yo he venido para que tengan salvación, y para que la tengan en abundancia." En el Evangelio de Juan, el uso de *vida* por salvación está elaborado en la enseñanza de que Jesús es *"la vida"*

(14:6), de ahí que, las palabras que habló, ofrecen espíritu y *vida* (6:63) y si las aceptamos, nos dan vida que es "eterna" (3:15,16, 36). En otros pasajes del Nuevo Testamento, Pablo hizo un paralelo entre estas declaraciones al aseverar que Cristo es nuestra vida (Col. 3:4), que su evangelio es "la palabra de vida" (Fili. 2:16) y que somos resucitados en el bautismo para que "andemos en vida nueva" (Rom. 6:4, itálicas del autor). Con razón J. B. Lightfoot comentó que el cristianismo en esencia no es ni un sistema dogmático ni un código de ética, sino una Persona y una Vida.

William E. Hull

445. BAJO NUEVA ADMINISTRACION

En alguna parte leí acerca de un hombre de escasa educación y recursos, que fue ministrado y conducido al Señor por una iglesia de su comunidad. El se sentía desbordante con el gozo de su salvación y el compañerismo de sus nuevos amigos. Una noche le confesó a su esposa que tenía muchos deseos de pertenecer al equipo de softball de la iglesia, pero que no tenía camiseta grabada como la de los otros hermanos. Su amada esposa no podía leer mejor que él, pero decidió coserle una camiseta y ponerle algunas letras para que su marido estuviera uniformado adecuadamente como los otros. Un día, mientras estaba cosiendo, vio un letrero brillante que acababan de poner en la ventana de una tienda de abarrotes en la calle de enfrente. Las letras del anuncio le parecieron bien, aunque no tenía la menor idea de lo que decían. Así que ella cosió las mismas letras en la camiseta de su esposo y se la presentó con todo orgullo. Su esposo la usó con la misma satisfacción en el siguiente juego del equipo de la iglesia. Nadie se rió, porque todos sabían que el hermano realmente estaba "Bajo Nueva Administración", ¡desde el momento que entregó su corazón a Jesús! ¡Y eso es lo que significa el bautismo del Espíritu!

Earl C. Davis

446. DEFINICION DE PIADOSO

Samuel Miller, decano de la Escuela de Divinidades de Harvard, ya fallecido, describió muy bien a las personas cuyas vidas devocionales son ricas:

"En tiempos antiguos se solía decir de una persona que era un 'hombre piadoso'. Ya no estamos acostumbrados a usar la frase, o ciertamente no lo hacemos libremente como antaño, pero hay algo en la expresión que apunta a uno que se ha dado a conocer a sus compañeros como hombre que trata con cosas eternas. Puede no haber sido muy rico o muy prudente en los caminos del mundo; puede no haber sido honrado por sus logros o conocido ampliamente por su nombre en los periódicos, pero el mundo en el que vivió sabía que tenía dentro de su vida a uno cuya visión y sabiduría trascendieron sus pequeños límites."

Earl C. Davis

447. NUESTRA RESPONSABILIDAD EN LA ORACION

—¿Por qué no te unes a nosotros para participar en las oraciones familiares, Pablo? —preguntó un padre un tanto acaloradamente.

Este hombre era piadoso, aunque la comunidad se sentía más impresionada por su tacañería.

—Me disponía a orar para que Dios bendijese a nuestros vecinos cuyo granero y provisiones se quemaron anoche —le dijo el padre.

Pero el hijo estaba demasiado furioso como para contestar con cortesía.

—Si mis graneros estuviesen tan bien surtidos como los tuyos, no le daría la lata a Dios al respecto, contestaría yo mismo esa oración.

Fue una respuesta brusca, aunque no demasiado, ya que hemos de tener en cuenta que cada vez que oramos recae una obligación sobre nosotros. No cabe duda de que no le podemos pedir a Dios que haga que otros cristianos lleven a cabo algo que nosotros mismos no seríamos capaces de realizar. ¡A eso se debe, por ejemplo, que nuestra ofrenda ha de acompañar a nuestras oraciones en la iglesia! ¿Me atrevo yo a pedir una bendición en oración por el mundo cuando mi interés y mi deseo de ayudar se detiene en las puertas de mi propio templo? ¿Puedo yo pedirle a Dios en oración que envíe testigos a los lugares más recónditos de la tierra si yo pienso en las misiones en el extranjero como algo que solamente atañe "a los demás"?

De ninguna manera. Cuando oremos no debemos olvidar que hay medios para contestar esas oraciones y esos "medios" pueden incluir mis ofrendas y tal vez el que yo mismo vaya. El que yo ore pidiendo que haya un buen gobierno me exige a mí que yo me registre y dé mi voto. Mis oraciones a favor de los enfermos y de los que están necesitados deben ir acompañadas de mi deseo de ir a visitar a los que han quedado sin atender y a los enfermos. La verdadera oración es cara y Dios sabe cuándo nuestras oraciones son sinceras y merecen una respuesta.

John Bisagno

448. CONFIABILIDAD

La fe es el único fruto del Espíritu al cual Pablo se refiere como don espiritual (1 Cor. 12:9). Como fruto del Espíritu, la fe no es un poder, sino adorno de gracia del carácter. Es gracia de descansar en Dios, libre de toda ansiedad. Cada uno podemos pensar en amigos cristianos cuyas vidas llevan este fruto del Espíritu: que es fe que descansa y perdura, sin importar los presagios. Confiabilidad puede ser, quizá, una palabra que exprese mejor esta gracia. Esto es, el cristiano cuyo carácter está adornado por la fe es la persona que es digna de confianza. Los cuáqueros, históricamente, han sido ejemplos buenos del carácter de tal fe. Su confiabilidad e integridad, ¡fueron reconocidas hasta por quienes los perseguían! Cuando los ponían en la cárcel con frecuencia los dejaban sin custodia, porque su simple palabra de que no escaparían era suficiente. A veces eran transferidos de prisión en prisión sin escolta, ¡por la misma razón!

Earl C. Davis

449. CAMBIO DE VIDA

Al final de una reunión de la primera campaña de Billy Graham en Londres, un hombre se dirigió a un matrimonio que estaba a su lado y le dijo: "He resuelto aceptar a Cristo y pasar al frente." La pareja se extrañó de que se lo dijera, pero luego el hombre extendió su mano y dijo. "Pero antes tengo que devolverles el dinero que les saqué del bolsillo." Y así lo hizo.

Amoldo Canclini

450. MARTIRIO

El mártir es el que da testimonio hasta la muerte. Muchas veces el cristiano debe aprender a morir a sí mismo. Por ejemplo, cuando alguien con muchos dones, que puede llegar a ser famoso, lo deja todo para quedar desconocido, anónimo, por dedicarse a predicar la verdad de la Palabra, es realmente un mártir, pues ha muerto a su yo y al mundo.

Amoldo Canclini

451. CONOZCAMOS AL ENEMIGO

En uno de sus discursos sobre los requisitos para el éxito militar, el General Douglas MacArthur puso más énfasis en el conocimiento del enemigo que en ninguna otra cosa. "Cuanto mayor sea nuestro conocimiento del enemigo, mayor es la posibilidad de victoria", afirmaba. Entonces, empezando con Josué y terminando con la derrota del Mariscal Rommel en el Norte de Africa durante la Segunda Guerra Mundial, debido al buen trabajo del servicio de contraespionaje, MacArthur mostró este principio operando a todo lo largo de la historia militar.

Este principio tiene su paralelo en la guerra espiritual. Cuanto más conocemos a nuestro enemigo, más posibilidades tenemos de victoria. El apóstol Pablo tenía esta verdad en su mente cuando urgía a los creyentes a perdonarse el uno al otro y reconciliarse entre sí "para que Satanás no gane ventaja alguna sobre vosotros; pues no ignoramos sus maquinaciones" (2 Cor. 2:11). Tenemos, pues, que conocer los métodos y estrategias de Satanás si es que queremos ganar en la guerra espiritual.

Satanás puede atacarnos de muy distintas maneras. Puede hacerlo metiéndonos en componendas doctrinales; por medio del desánimo; de la impureza moral; llevándonos a concentrarnos en metas secundarias; mediante divisiones, etc. Se hace, pues, imperativo recordar constantemente el consejo de Cristo de "velad y orad".

Paul W. Powell

452. EL PASTOR

La palabra "pastor" como líder en la congregación se usa poco en la Biblia, sólo ocho veces en el Antiguo Testamento (todas en el libro de Jeremías) y cuatro veces en el Nuevo. Los significados son los mismos en griego y en hebreo: "atender un rebaño, dirigir, asociarse como un amigo, acompañar, como el pastor de ovejas."

El líder espiritual debe ser solamente el que atiende el rebaño. Jesús se refirió a sí mismo como el Buen Pastor.

En Jeremías 3:15 la palabra se usa en un sentido metafórico.

Después de que los reinos del norte y del sur se dividieran, Dios habló por medio de Jeremías, decepcionado y airado ante la conducta del que antes fuera un gran pueblo. Ruega a los hijos de Israel, que han sido menos fieles que Judá, que vuelvan a él: "Y os daré pastores según mi corazón, que os apacienten con ciencia y con inteligencia." Es obvio que no se dirige a ovejas de cuatro patas, sino a un pueblo quebrantado, cuyos sacerdotes corruptos y sacrificios de sangre habían perdido su valor. Necesitaban "pastores según mi corazón", llenos de compasión.

El pastor de ovejas tiene habilidades especiales: guiar, no aguijonear; advertir, no empujar; hacer que las ovejas avancen juntas, no separarlas, hasta llegar a los abundantes pastos. Dejarles descansar en el verde prado cuando están cansadas; beber de aguas mansas, no de las turbulentas. ¡Pero son las ovejas, no los pastores, las que producen corderitos! Nuestros pastores guían a las ovejas (creyentes) para que produzcan corderos nuevos para la manada.

Lucille Lavender

453. SOMOS SUS MANOS

En el patio de una pintoresca y pequeña iglesia en un pueblo de Francia, había levantada una bella estatua de Jesús con sus manos extendidas. Pero un día, durante la Segunda Guerra Mundial, una bomba cayó demasiado cerca de la estatua haciéndola añicos. Al final de aquella batalla, los ciudadanos del pueblo decidieron buscar todas las piezas de su amada imagen y reconstruirla. Pacientemente reunieron las piezas rotas y la armaron. Las marcas de la unión de las piezas en el cuerpo añadieron belleza, si bien encontraron un problema: No pudieron encontrar las manos de la estatua. "Un Cristo sin manos no es en ninguna manera un Cristo", se lamentaba alguien. "Manos con marcas, sí. Pero, ¿cómo puede haber una estatua del Señor sin manos? Necesitamos una estatua nueva." Pero alguien tuvo otra idea que prevaleció. Colocaron una placa dorada en la base de la estatua, que decía: "No tengo otras manos que las tuyas."

Nosotros somos hoy el cuerpo de Cristo. Como tal, él desea que seamos una extensión de sí mismo en el mundo. A través de nuestros cuerpos él ministra a las personas en necesidad. Dios quiere que seamos sus instrumentos entre aquellos que nos rodean.

La verdad que nos enseña esta historia es que lo mismo que podemos convertirnos en una extensión de lo bueno, podemos también ser una extensión de lo malo. Jesús lo evidenció cuando dijo a Pedro: "Apártate de mí Satanás; porque me eres tropiezo."

Pedro, en aquel momento, estaba encarnando a Satanás, siendo un estorbo en sus deberes.

Paul W. Powell

454. LA INFLUENCIA

No hay nada mas poderoso que la influencia. Uno no puede verla, ni olerla o manejarla, pero está siempre ahí, llevando a cabo su silenciosa obra.

Sócrates, el filósofo griego, hasta donde sabemos, nunca escribió un libro o una sencilla página. Todo lo que sabemos sobre él es lo que otros escribieron acerca de él. Pero esta influencia es muy fuerte todavía, a pesar de los muchos siglos que ya han pasado desde su muerte.

Aristóteles enseñó a un joven llamado Alejandro a razonar lógicamente. Olimpias, la madre de Alejandro, una mujer ambiciosa y fuerte, puso fuego en el corazón y espíritu de Alejandro. Con la lógica y el fuego dominando su ser, Alejandro marchó de Macedonia a la edad de veintitrés años y en diez años conquistó todo el mundo civilizado.

Una mujer apenas conocida publicó en 1852 un libro titulado *La cabaña del tío Tom*. Pero esta contribución literaria de Harriet Beecher Stowe corrió por América como un vendaval y fue uno de los principales elementos en el nacimiento de liberación de los esclavos. El libro de Harriet Beecher Stowe ha sido traducido a veinticinco idiomas y ha ejercido una tremenda influencia.

Un compañero de escuela de James Whitcomb Riley le llamó "el más célebre fracaso en aritmética en este país". Pero cuando una maestra sensible se dio cuenta de las posibilidades literarias de Riley, le inspiró para desarrollarlas. La influencia de aquella maestra ayudó a Riley a llegar a ser uno de los poetas más celebrados de América.

Tchaikovsky dijo una vez que él había dedicado su vida a la música gracias a Mozart. La inspiración e influencia de Mozart fue decisiva para Tchaikovsky.

Charles Jennens tenia escritas unas lineas a las que quería que George Frederick Handel les pusiera música. Pero Handel no estaba en casa cuando Jennens llegó, asi que éste dejó el material solicitando la ayuda de Handel.

Cuando Handel encontró el material de Jennens se sentó y lo examinó. Entonces, sin pararse a comer o dormir, el inspirado Handel escribió *El Mesías*, una de las más grandes composiciones musicales del mundo. Después de terminar aquella exhaustiva tarea, Handel cayó en su cama y durmió diecisiete horas seguidas.

¿Quién puede calcular la influencia de Jennens sobre Handel o la que Handel ha tenido sobre el mundo? Juntos crearon una pieza musical de extraordinaria belleza y calidad.

Dos jóvenes reparadores de bicicletas en Cayton, Ohio, soñaban con volar un día. Sacaron un libro de la biblioteca pública de su pueblo acerca de la vida y trabajo de un alemán llamado Lilienthal, quien había tenido éxito en volar con un planeador, y juntos, Orville y Wilbur Wright exploraron las posibilidades de un vuelo con un aparato más pesado que el aire. Todos sabemos que su sueño se hizo realidad en 1903 cuando volaron por primera vez en Kitty Hawk, en Carolina del Norte, y abrieron la era espacial. Fue la influencia de Lilienthal y de otros lo que inspiró a los hermanos Wright a intentar hacer lo imposible.

Nunca debemos minimizar el poder de la influencia para el bien o el mal. El fuego no la va a destruir, el agua no la va a hundir, el tiempo no la va a erosionar. Es permanente. Aun después de muertos, nuestra influencia continuará.

J. B. Fowler

455. EL MENSAJE DE LA HISTORIA

Frecuentemente los historiadores nos revelan las debilidades, flaquezas y contradicciones de los grandes personajes de la historia. Pero cuanto más miramos a Jesucristo más resplandece su carácter. El historiador Kenneth Scott Latourette nos recuerda: "Según va pasando el tiempo, la evidencia acumulada acerca de Jesús es que, medido por sus efectos en la historia, Cristo Jesús es la personalidad de más influencia que jamás haya vivido en el planeta." Y agrega: "Tal influencia parece crecer cada vez más."

Con la gran mayoría de gente sucede lo contrario. Su influencia mengua con la muerte y con el paso del tiempo. Algunas veces hemos oído a personas comparar a Mahatma Gandhi con Jesús, dando por supuesto que Jesús es sólo uno más entre los distinguidos de la tierra. Su gran error consiste en confundir a Dios con personas que reflejan algo de Dios.

El libro Mahatma Gandhi y sus apóstoles, escrito por Vedmethta revela algunas cosas muy interesantes, entre ellas que la influencia de

Gandhi casi ha desaparecido a los treinta años de su muerte. Esto es así a pesar de que sus discípulos grabaron cada palabra que dijo y de que se han escrito cientos de libros sobre él. Según el autor, los discípulos de Gandhi se han esparcido y dividido. Han encontrado inspiración en nuevos maestros y nuevas causas. El punto clave es que Gandhi era un gran hombre; Jesucristo era Dios.

Paul W. Powell

456. DIOS ES EL CENTRO DE LA VIDA

Cuando el astrónomo Copérnico descubrió que la tierra no era el centro del sistema solar, se produjo inmediatamente una revolución. Los hombres no podían aceptar esta verdad y se produjo una crisis porque los conocimientos se alteraban profundamente. ¿Cómo podía ser que el hombre y su mundo no fueran el centro de todas las cosas? ¿Cuál era el lugar del hombre? ¿Quién o qué es su centro?

Esta revolución copérnica sigue siendo inaceptable para muchas personas hoy. La tierra gira alrededor del sol, pero el hombre, ¿alrededor de quién o de qué gira? Al hombre le gusta pensar que él dirige su vida y movimientos, que va hacia donde él quiere. Se niega a aceptar que igual que la tierra gira alrededor del sol, el hombre gira alrededor de la luz de Dios. No puede incorporar a su vida los datos que la ciencia ha incorporado al mundo físico desde hace siglos.

El hombre sabe que sin el sol se terminaría la vida en la tierra, y sin Dios se termina toda esperanza para la criatura humana, pero se niega a aceptar esta realidad, le cuesta aceptar su limitación y dependencia. ¿Te crees tú el centro de tu vida? ¿Has reconocido la dependencia de tu vida del Creador?

Alberto D. Gandini

457. MISIONES

Bill Wallace sirvió como médico misionero de los bautistas del Sur de los Estados Unidos, en China, durante muchos años. Su talento como médico fue tal que fue elegido como miembro del Colegio Internacional de Cirujanos. Bill amó al Señor sirviéndole como misionero bajo tiempos muy difíciles, incluyendo dos guerras (con los japoneses y los comunistas).

Cuando los comunistas tomaron el poder, Wallace permaneció en China hasta ser finalmente arrestado como espía. Fue duramente interrogado, haciendo intentos para que renunciara a su fe y llevándole al borde de la locura. Por las noches, los guardas le torturaban cruelmente.

Finalmente, Bill Wallace murió manteniendo la bandera de la fe. Llegó a impresionar tanto a los chinos a quienes estuvo sirviendo que éstos levantaron un monumento sobre su tumba aun corriendo riesgos por ello.

El monumento consistía en una simple lápida mirando hacia el cielo, con la inscripción: "Para mí el vivir es Cristo." El resto del versículo dice, "y el morir es ganancia". Bill Wallace ganó la victoria, no únicamente por la muerte sino viviendo una vida llena de Cristo.

458. LA SEGURIDAD

Juan Wesley buscó desesperadamente seguridad para su vida. Durante los primeros años de su vida a Wesley le faltó en su corazón la seguridad del amor y la aceptación de Dios. Más tarde consiguió el título de maestro en artes en la Universidad de Oxford y fue ordenado en la iglesia de Inglaterra. Durante su tiempo de estudiante sirvió en obras sociales y durante las vacaciones se ofreció como voluntario para servir como misionero en distintas colonias. Pero fue en su viaje a América que él sintió la esterilidad de la religión tradicional y pudo observar la firmeza en la convicción de los alemanes. El notó que los alemanes no eran invadidos por el pánico en una tempestad. En esos momentos, por el contrario, ellos tenían una seguridad muy sólida que les permitía permanecer seguros.

Wesley se hizo amigo de un ministro llamado August Gottlieb Spangenberg, y como ministros tuvieron numerosas y profundas conversaciones acerca de tal seguridad, si bien ésta no llegó a Wesley durante el tiempo de servicio en la colonia de Georgia.

La seguridad cristiana llegó a Juan Wesley un año después de regresar a Londres. Fue después de un servicio en la Catedral de San Pablo, en Londres, que Wesley asistió a la reunión de un pequeño grupo en Aldergate Street. Eran las nueve menos cuarto de la noche cuando un laico leyó el prefacio del comentario de Lutero de Romanos. Juan Wesley se levantó y testificó al grupo que él estaba sintiendo cierto calor desconocido en su corazón. Empezó a sentir que confiaba en el Señor y que era salvo por la ley de la muerte al pecado. La seguridad de que Cristo murió por él le fue dada por el Espíritu Santo y desde entonces supo que era amado y aceptado por Dios. El Espíritu Santo da testimonio a nuestro espíritu de que hemos sido amados y aceptados por Dios.

Pablo describe este principio en Romanos 8:16: "El Espíritu mismo da testimonio a nuestro espíritu, de que somos hijos de Dios."

Harold Bryson

459. UN CORAZON DURO

Jeremy Bentham estaba tan impresionado por el hospital de la Universidad de Londres que dejó todos sus bienes a la institución. Después de aquello, el excéntrico filósofo se sentó durante noventa y dos años con una perfecta pero negativa asistencia en las reuniones de la junta del hospital.

Porque no quiso ser tan negativo, desde 1832 en adelante nunca hizo una propuesta o votó en favor de nada.

La filosofía de Bentham fue generalmente olvidada, pero nadie nunca pudo olvidar su presencia. El inglés permanecía frío y con un corazón tan duro como un cadáver puede ser.

Y no es que su cuerpo estuviera en malas condiciones. Para ser un hombre de más de cien años, Jeremy Bentham estaba extraordinariamente bien conservado, con el mejor embalsamamiento que el dinero podía comprar.

No extraña que estuviera sentado silenciosamente en todas las reuniones de la junta, estaba muerto como una piedra y presente únicamente en cuerpo.

Al aceptar las considerables propiedades de Bentham, el hospital tuvo que seguir al pie de la letra sus extrañas instrucciones. El cadáver de Bentham fue preservado en la posición de sentado, ataviado en un elegante traje y sombrero, y colocado en una caja de caoba con puertas de cristal. Reposaba en una silla con su mano derecha apoyada en su bastón favorito.

¿Insensato? Probablemente. Pero la lógica de Bentham era consecuente con su rechazo a creer en un alma o cualquier forma de vida aparte del cuerpo. Para Bentham era importante que su cuerpo fuera conservado en buenas condiciones porque no creía en la vida fuera de su cuerpo. El fue de esa clase de hombre práctico que pensaba que había encontrado la forma ideal para conservar su cuerpo por más tiempo.

¡Qué lástima! Cualquiera que vive nada más que en el cuerpo tiene una vida a la verdad muy limitada. Rechazar la posibilidad de vivir más allá de la muerte es una filosofía negativa y costosa.

Nosotros los cristianos estamos más seguros con nuestra fe que no teme lo que la muerte puede hacerle al cuerpo. "Y no temáis a los que matan el cuerpo, mas el alma no pueden matar; temed más bien a aquel que puede destruir el alma y el cuerpo en el infierno" (Mat. 10:28).

Porque Jesús nos dio la oportunidad para una nueva vida en el más allá después de la muerte física, nos sentimos afortunados de desprendernos de este cuerpo temporal que nos sirve para nuestra breve estancia en la tierra.

C. W. Bess

460. EL ENAMORAMIENTO

Seis meses después del fallecimiento de su esposa, Tomás A. Edison empezó a buscar una nueva compañera. Aquel hombre con mente práctica no dejaría cabos sin atar en una búsqueda sistemática que reflejaba su naturaleza científica.

Si bien le gustaba ser considerado por los periodistas como un genio que trabajaba solitario, Edison formó a su alrededor un selecto equipo para ayudarle en sus proyectos. Los miembros de dicho equipo eran hombres capacitados que multiplicaron su efectividad pero sin restarle nada de gloria.

Para su proyecto personal Edison buscó la ayuda de amigos en la cercana ciudad de Boston. Aplicó el principio de permitir a otros hacer los preparativos para el encuentro.

Aunque a Edison le molestaban los eventos sociales, aquellas cenas en hogares de amigos de Boston le ayudaron a conocer a muchas candidatas a un mismo tiempo. Se sentía orgulloso de los planes.

Pero, ¿qué ocurrió? Lejos de hacer una serena y racional elección, el inventor, de treinta y ocho años de edad, quedó perdidamente enamorado de una señorita de dieciocho, procedente de Ohio.

Ella tenía todo lo que a él le faltaba —era religiosa, culta y bella— ¡además de lo suficientemente joven para ser su hija!

Edison se olvidó de su acostumbrada prudencia. Hasta que Mina Miller accedió a casarse con él, Edison representó el papel de loco enamorado con un comportamiento turbulento más típico de un adolescente.

Aquella voluntad férrea, autodisciplinada y maníaco del trabajo se encontró a sí mismo picado por el insecto del amor. Era incapaz de concentrarse en sus investigaciones de laboratorio, dedicando semanas a escribir disparatadas notas a una joven de dieciocho años.

Afortunadamente, el futuro de la industria americana se aclaró cuando su amada señorita terminó consintiendo en ser la esposa de Edison. Pronto pudo asentarse de nuevo en su creativa rutina.

Lo curioso en cuanto a Mina Miller es que a ella nunca le molestó la escasez de audición de Edison y su halitosis crónica. Ella cepillaba la caspa de su abrigo y se enamoró de él.

Ese es un aspecto del amor que lleva a ver lo mejor en otros. Mina aceptó totalmente a Edison porque el amor no es siempre práctico y racional.

Nosotros los mortales hacemos cosas extrañas cuando nos enamoramos. Y así hace Dios. El nos amó siendo aún pecadores ignorantes de la entrega en sacrificio de su vida a través de Jesús en la cruz.

"Pero Dios mostró su amor para con nosotros en que siendo aún pecadores Cristo murió por nosotros" (Rom. 5:8).

C. W. Bess

461. LA CONVINCENTE CRUZ

Un explorador canadiense reconoció el montón de tierra como una tumba evidentemente la de un niño indio. La naturaleza había invadido aquel pequeño claro cerca del pacífico lago. Era aquella una escena sagrada.

Una pequeña cerca espinosa rodeaba la pila de rocas en donde descansaba una vieja bolsa de merienda. Curioso, aunque reverente, el explorador la abrió encontrando dentro los juguetes del niño, dejados allí pensando en la posibilidad de vida en el más allá.

Un silbato de latón, una crayola verde y varios animalitos de plástico eran todos los pobres preparativos que se habían hecho para la eternidad. Sabiendo esto, aquellos padres incluyeron regalos para el Gran Espíritu Indio. Un tarro de vaselina conteniendo un sobrecito de te y otro con tabaco y seis cerillas.

La tumba era un testimonio elocuente del amor paterno. Los padres eran pobres cazadores indios que hicieron todo lo que sus costumbres demandaban. Si bien, antes de dejar a su hijito, también hicieron una cosa más, tan sólo para por si acaso. Como tributo al Dios del hombre blanco, elevaron una cruz.

La cruz: algunas veces signo de supersticiones, otras malentendida, pero por siempre un símbolo de esperanza.

Al igual que una brújula apunta siempre hacia el norte, la esperanza del pueblo cristiano apunta hacia la cruz. Allí murió Jesús como perfecto sacrificio para toda la humanidad.

Aunque la muerte y la tumba aparezcan tan terminantes, no lo son con Jesucristo. ¡El resucitó! Su resurrección en aquel primer domingo en la mañana prueba su habilidad para salvarnos y guardarnos más allá de la tumba.

Si aquellos padres indios hubieran conocido al verdadero Dios, habrían sabido que éste no demanda regalos para poder ir a su presencia; al contrario, él nos da el regalo de la vida eterna, que nosotros debemos aceptar antes de morir.

La cruz simboliza no sólo la muerte y la oscuridad, sino también la esperanza y liberación. A través de Jesús la cruz es convincente.

462. EQUIVOCACION BENDECIDA

El jabón Ivory es un producto muy usado, por dos de sus cualidades poco comunes entre los jabones: Es "el jabón flotante" y es también el más antiguo entre los más solicitados en el mercado. Pero no fue siempre así.

Hace años el jabón Ivory era un producto más entre otros muchos. Su actual popularidad surgió de la equivocación de un capataz de la fábrica que dejó cociéndose sin vigilancia una masa de jabón nuevo durante la hora del almuerzo. Se retrasó en su comida y el jabón quedó demasiado cocido.

Lejos de informar de su error y correr el riesgo de ser despedido, el capataz decidió seguir adelante como si nada hubiera sucedido. Envió las pastillas de jabón tal como habían quedado. Resultó que aquel jabón, como consecuencia del tiempo de cocción, no sólo limpiaba mejor sino que blanqueaba inclusive más.

Los resultados sorprendieron a todos. En vez de recibir quejas, la compañía recibió un alubión de pedidos por su jabón flotante. El capataz no fue despedido sino ascendido en su cargo al cooperar con los químicos de la compañía para revisar y modificar la fórmula vieja para el jabón flotante.

No hay mal que por bien no venga. Siempre es posible sacar algo bueno de algo que no salió bien.

Esa es la manera como Dios trabaja con nosotros. Nosotros no hacemos todas las cosas bien desde el primer momento, pero él está siempre dispuesto a que resulte bendición de toda situación, sin importar cuán mal lo hayamos hecho.

La cruz es el mejor ejemplo. Aquel amargo instrumento de muerte agonizante representó el último rechazo. El hombre temía la cruz y volvía la cara hacia el otro lado. Era una tortura tan degradante que los ciudadanos romanos, aun los más culpables, tenían garantizada una ejecución más honorable.

Jesús no merecía esa clase de muerte, si bien "el cual por el gozo puesto delante de él sufrió la cruz" (Heb. 12:2) y cambió nuestros sentimientos hacia la muerte. Su verguenza y sufrimiento nos ofrecen un elocuente testimonio de amor sacrificante ofrecido por el Cordero de Dios sin pecado.

La cruz ya no significaría nunca más derrota. Jesús tomó la mayor maldición del ser humano y la tornó en algo mejor. "Porque la palabra de la cruz es locura a los que se pierden; pero a los que se salvan, esto es, a nosotros, es poder de Dios" (1 Cor. 1:18).

463. A DIOS LE INTERESA COMO HACEMOS LAS COSAS

Se dice que Dios toma más en cuenta en nuestra vida los adverbios que los verbos. ¿Cuál es la razón de tan curiosa preferencia? ¿Cómo explicarla desde el punto de vista gramatical? La respuesta es sencilla: El verbo indica una acción, el adverbio, el modo como la hacemos. Dios mira más el modo que la acción.

Antonio Gamiochipi

464. LA SOBERBIA Y LA HUMILDAD

El labrador recorría con su hijo los campos de trigo para ver si ya estaban maduros.

—Padre —preguntó el niño—, ¿por qué algunas espigas de trigo están inclinadas hacia el suelo y otras tienen la cabeza erguida? —y añadió—, estas últimas deben ser mejores, las que dejan caer la cabeza no deben servir para nada.

El padre tomando una de las espigas que se doblaban le dijo:

—¡Fíjate, hijo!, esta espiga que tan modestamente se inclina, es perfecta, está llena de semilla; pero esta otra que se levanta con tanto orgullo en el trigal, está seca, no sirve.

La marca del verdadero cristiano es la humildad.

Antonio Gamiochipi

465. LA AVARICIA

Se cuenta la historia de un hombre avaro que sufría de cataratas en los ojos. Consultó a un eminente cirujano, quien después de examinarlo le manifestó que si se sometía a una operación recobraría su vista.

—Pero, ¿cuánto va a cobrarme? —fue la ansiosa pregunta del avaro.

—Mil dólares por cada ojo —respondió el doctor.

El avaro pensó en su ceguera, pero también pensó en su dinero y se dijo a sí mismo: "Con un ojo sano podré ver y contar mi dinero y así me ahorraré la operación del otro ojo."

El avaro pasó el resto de su vida viendo por un solo ojo. El avaro es un hombre que se empeña en vivir pobre, para morir rico.

Antonio Gamiochipi

466. TODOS IGUALES EN LA MESA DEL SEÑOR

La historia del rey Arturo y su mesa redonda ha sido una inspiración para muchos a lo largo de los años. La leyenda dice que Arturo llegó a ser rey a causa de extraordinarias demostraciones de poder. Como rey, Arturo llegó a darse cuenta de que el verdadero poder no estaba en la fuerza sino en el derecho y la justicia. Basado en estos conceptos, surgió su famosa tabla o mesa redonda. En esta clase de mesa nadie se sienta el primero o el último porque no hay lugar de privilegio: todos son iguales, sin distinciones.

La mesa del Señor es también como una mesa redonda.

Nadie puede reclamar superioridad sobre los demás, porque todos están allí por dos razones: son pecadores y están invitados.

Existen, sin embargo, algunos requisitos para poder participar. Por esto Pablo urge a los corintios a que se examinen a sí mismos antes de compartir el pan y el vino. De manera que al sentarnos a la mesa del Señor debemos hacernos a nosotros algunas preguntas importantes y responderlas con toda sinceridad. Sólo esa actitud de corazón abierto y transparente nos permitirá participar dignamente.

467. LOGICA INFANTIL

En cierta ocasión, un hombre llevó de pesca a su pequeño hijo. Cuando llegaron al río, pusieron cebo a varios anzuelos en un sedal, los metieron al agua y allí los dejaron. Después de un buen rato, sacaron el sedal; varios peces habían mordido el anzuelo. El niño muy contento exclamó:

—Lo sabía todo el tiempo, papá, sabía que conseguirías atrapar algunos peces.

El padre volvió a poner cebo en los anzuelos y al cabo de un tiempo, volvieron para ver los resultados. Más peces habían mordido el anzuelo. Una vez más el niño gritó:

—Lo sabía, papá, lo sabía

El padre entonces le preguntó cómo es que lo sabía, y el niño le respondió:

—Oré al Señor para que pusiera peces en el sedal, y sabía que lo haría.

Una vez más tomaron el sedal y lo echaron al río. Después de un buen tiempo, lo sacaron y, ¡no había un solo pez en los anzuelos! Entristecido el pequeño dijo a su padre:

—Sabía que no habría peces esta vez, porque no oré para que hubiera.

—Y, ¿por qué no oraste esta vez? —preguntó el padre.

El hijo le respondió:

—Porque te olvidaste de cebar los anzuelos.

Parece que el niño había entendido bien la relación que hay entre la oración y la acción.

Antonio Gamiochipi

468. LO QUE SIGNIFICA SER BUENO

Estamos a veces confundidos acerca de lo que significa ser bueno. Pensamos frecuentemente que ser bueno es no hacer nada malo.

Un ejemplo lo tenemos en la manera tan común de expresarse las madres. Una mamá le dice a su hijo: "Pepito, pórtate bien mientras que estoy fuera de casa."

Lo que la mamá le está realmente diciendo es que no sea malo. Esto es, que no pelee con sus hermanos, que no rompa el cristal de la ventana con el balón, que no ate botes a la cola del gato, que no se coma el helado que guarda para el postre, etc.

Muchas veces pensamos y actuamos como la mamá de Pepito. Creemos que no ser malos es equivalente a ser buenos. Pensamos que al no hacer cosas malas, ya somos buenos. Así oímos decir: "Yo no fumo, no bebo, no robo, no miento, no hago esto o aquello", y la persona realmente cree que es buena.

Cuando la mamá de Pepito vuelve, le pregunta:

—Hijo, ¿has sido bueno?

—Sí, mamá —responde Pepito—, estuve todo el rato tumbado en el sofá viendo la televisión.

Pepito no realizó ninguna acción positiva en beneficio de otras personas. No hizo nada, y porque no hizo nada piensa que es bueno. Nadie es bueno sobre la base de no hacer nada.

Esta es la enseñanza de Cristo en Mateo 25:14-30. En los versículos 26 y 30 dedica tres palabras muy fuertes a aquel que no hizo nada malo, pero tampoco nada bueno. Le llamó malo, negligente, e inútil. Quizá nos parezca que son palabras muy fuertes en los labios del dulce Jesús, pero son exactamente las que hoy necesitamos oír. Los cristianos hoy no solemos hacer cosas malas, pero frecuentemente sucede que tampoco hacemos el bien que estamos llamados a hacer.

469. CLASES DE CREYENTES

Algunos son como carretillas, necesitan que los carguen...

Algunos son como pelotas, no se sabe con seguridad dónde van a caer en el próximo rebote...

Algunos son como los gatitos, que nunca están contentos a menos que se les esté acariciando...

Algunos son como los globos, llenos de aire pero listos a explotar en cualquier momento...

Algunos son como las canoas, necesitan que los lleven remando...

Algunos son como las bombillas eléctricas, que se prenden y apagan...

Pero algunos son como la estrella de la mañana, siempre listos cuando más los necesitamos, siempre en el mismo lugar, no varían el curso, además listos para guiar a otros.

Antonio Gamiochipi

470. ¿CON QUIEN NOS JUNTAMOS?

Una antigua leyenda narra de dos judíos, muy celosos en el cumplimiento de la ley, que un día encontraron una ave desconocida y no sabían qué hacer con ella. Decidieron llevarla ante el rabí para que les dijera si la tenían que considerar "limpia o inmunda". El rabí no pudo decirles qué clase de animal era, pero les dijo que la pusieran sobre el techo de la casa donde ellos vivían para ver con qué clase de animales se juntaba. La dejaron allí en el techo, mientras ellos observaban a la distancia. Después de un tiempo, vieron que descendió un cuervo y hacia amistad con el pájaro desconocido, y en vista de que el cuervo era considerado como animal inmundo, optaron por considerar al ave en cuestión como inmunda también. Dice el refrán: "Dime con quién andas y te diré quién eres."

Antonio Gamiochipi

471. NO ALIGERES TU CRUZ

Un hombre que tenía que ir por un camino largo y peligroso, preguntó cómo podría caminar sano y salvo por él. Alguien le dijo: "Toma la cruz y serás salvo." La cruz era muy larga y pesada, pero se animó a andar con ella. Habiendo hecho una parte del trayecto, vencido, desanimado por el cansancio, decidió cortar un pedazo del largo madero a fin de aligerar su carga. Mucho más animado echó a andar de nuevo y caminó hasta llegar a un puente que no era muy seguro, y tambaleante lo cruzó. En seguida el camino se convertía en una cuesta larga y pedregosa; allí notó que aumentaba el peso de la cruz, le dolían los miembros del cuerpo, tenía las piernas torpes, jadeaba y sudaba. Con la irreflexión de la impaciencia, dejó en el suelo su carga y nuevamente cortó el palo, después de un rato reinició su camino, alcanzó la cima de la cuesta y en seguida llegó a la orilla de un río sin puente. Sólo entonces observó que otros viajeros que habían también llegado allí, llevaban también pesadas cruces de largos palos, pero más resistentes y tolerantes, las conservaban intactas. Estos las extendieron de orilla a orilla y haciéndolas servir de puente, cruzaron sin peligro y se fueron. En cambio él, como había cortado el palo de su cruz, no pudo hacer lo mismo, intentó meterse dentro del río y desapareció, tragado por las aguas. Somos víctimas de los cortes hechos en el palo de nuestra cruz.

Antonio Gamiochipi

472. LA CRUZ QUE CRISTO NOS DA ES LA MAS CONVENIENTE

Un joven recién convertido al evangelio, dice una leyenda, recibió su cruz al igual que muchos otros y con ella la consigna de caminar llevándola consigo en su peregrinar hacia el cielo. Empezó su camino, acompañado de otros; sin embargo, al poco tiempo, le pesaba mucho la carga de la cruz que le había sido confiada. "¡Qué mala suerte la mía!", se lamentaba, "me dieron la cruz más pesada." Egoístamente pensó en cambiarla en la primera oportunidad, y así lo hizo. Una de las noches en que los demás dormían, muy despacio y sin hacer ruido, en la obscuridad, empezó a sopesar una por una las cruces de los demás, hasta que a su juicio encontró la más ligera y esa se llevó. Al día siguiente, iniciando su caminar, notó que nadie se había perjudicado por el cambio, sólo entonces pudo comprobar que la cruz que había escogido por ser la más liviana de todas era precisamente la suya. Existen muchos cristianos que en lugar de buscar cómo llevar mejor la cruz se pasan la vida ideando cómo evitarla.

Antonio Gamiochipi

473. UNAMOS NUESTROS CORAZONES Y MANOS

Se cuenta que una pequeña niña que vivía en una pequeña comunidad agrícola, se salió de la casa para jugar mientras sus padres y hermanos mayores trabajaban en el campo. Al volver a la casa los padres buscaron a la pequeña, pero no la hallaron. Solicitaron ayuda a los vecinos y todos se dedicaron a buscar a la niña, cada uno por su cuenta. Al final, desalentados, acordaron buscar juntos y bien coordinados. Unieron sus manos y registraron paso a paso una pradera de altas hierbas. En unos pocos minutos encontraron a la niña muerta. El padre, desesperado, lloraba diciendo: " ¡Dios mío! ¿Por qué no unimos antes nuestras manos?"

Esta es una de las grandes preguntas al sentarnos en la mesa del Señor: " ¡Dios mío! ¿Por qué no unimos nuestros corazones y manos en tu servicio? ¿Por qué cada cual va por su camino y hace las cosas a su manera?"

474. ¿CONSERVAMOS LA VISION?

Mientras caminaba hace unos días vi a un equipo de obreros trabajando en la reparación de una calle. La escena me recordó la vida de la iglesia. Era un equipo de seis hombres. Uno trabajaba, otro observaba, dos hablaban y fumaban y otros dos conversaban inclinados sobre unos papeles que parecían unos planos. Seis hombres en el equipo y uno solo estaba realmente trabajando.

¿Qué estaba sucediendo? Tratemos de formular alguna explicación: Quizá dos de ellos habían estado trabajando duro y en ese momento descansaban un poco fumándose un cigarrillo. Quizá el que observaba al que trabajaba simplemente estaba esperando que le tocara el "turno" de trabajar. Quizá los que examinaban los papeles estaban considerando lo que exactamente debía de hacerse. Quizá los demás estaban simplemente esperando que ellos decidieran. Posiblemente existía una buena razón (o razones) para que las cosas sucedieran así. Pero lo real y verdadero es que de un equipo de seis, sólo uno trabajaba.

¿No es esto acaso una parábola de la iglesia?

¿Qué enseñanza podemos sacar para la iglesia hoy?

Parecía que aquellos hombres no tenían visión y metas muy definidas. No parecía que buscaran ni procuraran realizar algo grande y digno, estaban simplemente pasando el día. Sólo buscaban tres comidas calientes al día y una cama para ellos y sus familias, y todo lo demás no les preocupaba en absoluto. Eso es hacer lo mínimo para seguir existiendo y funcionando.

¿No sucede que a veces en la iglesia también perdemos la visión y las metas y vamos a través de las rutinas semanales sin ilusión ni fuerzas, sin poner nuestro corazón en el servicio a Dios? ¿Puede esto de verdad ocurrir alguna vez?

Jesús dijo citando a Isaías: "Este pueblo de labios me honra; mas su corazón está lejos de mí" (Mat. 15:8; Isa. 29:13). Es decir, podemos estar haciendo las mismas cosas de siempre; pero ya sin sentido ni valor espiritual verdadero.

Es lo que el Señor señala también en el mensaje a la iglesia de Efeso, en Apocalipsis 2. Fue aquella una iglesia activa y de buen historial, pero había "perdido el primer amor" (2:4). El Señor de la iglesia le recomienda que se arrepienta para que no le sea quitado su candelero.

¿No sería conveniente auscultar nuestro corazón para averiguar cómo anda nuestra relación con el Señor?

Levi Price

475. DIOS OLVIDA

Se cuenta la historia de un sacerdote católico en las Filipinas, un hombre de Dios y amado en su parroquia, pero que llevaba una tremenda carga secreta en su corazón. El había cometido aquel pecado una vez, hacía muchos años, mientras estudiaba en el seminario. Nadie conocía su secreto. El se había arrepentido y había sufrido de años de remordimiento por ello, pero no tenía paz, no disfrutaba de gozo en su corazón ni del sentimiento del perdón de Dios.

Había una señora en la parroquia que amaba fervientemente a Dios y que decía que tenía visiones de Dios en las que Cristo y ella hablaban. El sacerdote se mostraba, sin embargo, escéptico acerca de esas declaraciones de visiones de la mujer. Un día le dijo:

—Dices que tienes visiones en las que hablas directamente con Cristo, pues permíteme pedirte un favor. La próxima vez que tengas una de esas visiones quiero que le preguntas al Señor qué pecado cometió tu sacerdote cuando estaba en el seminario.

La mujer estuvo de acuerdo y se fue a su casa. Cuando volvió al cabo de unos días, el sacerdote le preguntó:

—¿Se te apareció Cristo en tus sueños?

—Sí, señor —respondió la mujer.

—¿Le preguntaste acerca del pecado que cometió su sacerdote cuando era joven?

—Sí le pregunté.

—Bien, y, ¿qué te contestó?

—Me dijo que no se acordaba.

Eso es lo que Dios quiere que sepamos acerca del perdón divino, que él por gracia ofrece a todos. Cuando tus pecados son perdonados, son completamente olvidados. El pasado con su carga de pecados, heridas, verguenza y remordimientos es perdonado y olvidado. Cuando Dios perdona, olvida. Lo importante ahora es que nosotros también nos perdonemos a nosotros y olvidemos.

476. ¿CUAN POSITIVO ES USTED?

El doctor Herbert H. Clark, un sicólogo de la Universidad de Johns Hopkins, descubrió que "le toma a una persona un 48% más de tiempo entender una frase puesta en negativo que otra en positivo o afirmativo". Esta es la confirmación de algo que toda persona de éxito sabe: El secreto de la buena comunicación está en las afirmaciones positivas. No es lo que usted no quiere o no puede hacer lo que interesa a la gente, sino lo que puede o quiere hacer.

Quise compartir esto con mis compañeros de ministerio en la iglesia y lo escribí en la pizarra para que todos lo vieran, después lo comenté durante una de nuestras reuniones. Todos quedaron favorablemente impresionados por la cita, y lo tomaron con tanto entusiasmo que cada vez que hacía un comentario negativo me recordaban mi estupenda cita en la pizarra. ¡Yo mismo había preparado la cuerda para ahorcarme! Pues durante la semana continuaron recordándome la cita y resultó sorprendente la cantidad de veces que utilizaba frases negativas.

Aprendí una buena lección. Aprendí que hago muchas declaraciones y comentarios negativos sin que apenas me dé cuenta de ello, y que digo más frases negativas de las que yo pensaba. Soy básicamente positivo, pero ahora sé hasta qué punto lo soy. Le invito a que usted también averigüe cuán positivo (o negativo) es en su forma de hablar.

Levi Price

477. ACTITUDES HUMANAS

En octubre de 1529, los dos grandes reformadores Martín Lutero y Ulrico Zwinglio, se encontraban frente a frente. Habían sostenido una guerra de palabras escritas en relación con la cena del Señor. Lutero sostenía que la presencia corporal real de Cristo estaba presente en los elementos, lo mismo que el fuego en el hierro incandescente. Zwinglio, por su parte, sostenía que el pan y el vino eran sólo símbolos. Se habían intercambiado palabras duras en las disputas escritas. Finalmente, allí estaban sentados juntos aquellos dos grandes líderes. Ambos eran de cuarenta y seis años de edad. Lutero escribió sobre la mesa, "Esto es mi cuerpo", y rehusó ceder ni un milímetro de su opinión de la presencia corporal de Cristo en los elementos. Zwinglio tampoco cedió en su interpretación simbólica de la cena del Señor.

Un lunes los dos reformadores se encontraron por última vez en la tierra. Con lágrimas en sus ojos, Zwinglio se acercó a Lutero extendiéndole la mano de la fraternidad y del compañerismo cristianos, no la mano del compromiso teológico. Pero Lutero la rechazó y dijo: "Estoy sorprendido de que desees considerarme como tu hermano." Y agregó: "No perteneces a la comunión de la iglesia cristiana. No podemos reconocerte como hermano."

Hubo muchos grandes momentos en la vida y actuación de Martín Lutero, pero aquí aparece empequeñecido. Imaginemos a aquel gran predicador y reformador, Ulrico Zwinglio, con su mano extendida hacia Lutero, con el que estaba de acuerdo en casi todo lo esencial, pero aquella mano nunca fue aceptada ni estrechada.

Cuántas veces sucede esto entre cristianos, que estando de acuerdo en lo esencial, no se ven ni se consideran hermanos, ni se dan la mano. ¡Qué triste!

478. LA URGENCIA DE LA EVANGELIZACION

A veces hemos sabido de personas que, con intención de suicidarse, se han subido a un lugar bien alto y peligroso, y desde allí amenazaban matarse tirándose al vacío.

Ante una situación tan dramática todos en general suelen prestar atención y desean ayudar. Acuden los familiares y amigos con propósito de mostrarle amor y aceptación, y persuadirle de que no lo haga. Aparece también la policía, los bomberos y las ambulancias, con el propósito de ayudar en todo lo que sea necesario. Se produce una tremenda inversión de tiempo, medios y recursos emocionales. Reaccionamos así porque una vida humana es siempre preciosa.

Sin embargo, muchos van camino del suicidio espiritual y eterno al rechazar el don de la salvación provisto por Dios en su Hijo Jesucristo, y no les prestamos toda la atención que necesitan. ¿Es que acaso la muerte espiritual de una persona es menos importante que la muerte física? ¿Es que acaso la vida física y temporal vale más que la vida espiritual y eterna?

A veces estamos dispuestos a darle a las personas los regalos y dones más preciosos que podemos. Gastamos en ellos todo el dinero que sea preciso y estamos inclusive decididos a donar nuestra propia sangre si la precisan para salvar su vida. Pero parece que no nos damos cuenta de que el mejor regalo y la mejor obra que podemos hacer por ellas es llevarlos al conocimiento de Cristo Jesús como Salvador y Señor.

Hemos perdido un poco el sentido de la importancia y urgencia de la salvación del alma. La gente va camino del infierno, que es la separación eterna de Dios, y casi no nos preocupa. ¿No despertaremos y compartiremos a Cristo con mayor celo?

479. LA IMAGEN DE CRISTO

En la catedral de Turín, en el norte de Italia, se conservaba la famosa sábana de Turín, que se dice sirvió para amortajar el cuerpo de Cristo después que fue descolgado de la cruz. Presenta la sábana unas manchas que parece se asemejan a la silueta del cuerpo humano y que, se dice, son de sangre humana.

Algunos dicen que es la creación de un astuto artista medieval. Otros alegan que su origen es demoníaco. Algunos científicos han dicho que ellos creen que en realidad corresponde a la imagen de Jesucristo, que cuando fue amortajado con aquella pieza de tela, su cuerpo ensangrentado dejó aquellas marcas.

Yo no sé qué decir acerca de la sábana de Turín. De lo que sí estoy seguro es de que no es la intención de Dios dejar la imagen de su Hijo en una pieza de tela medieval, sino hacer que la imagen de Jesucristo crezca y se vea en cada uno de nosotros, a fin de que lleguemos a ser semejantes al Maestro. Es la meta del discipulado cristiano (Ef. 4:13).

480. VELAD Y ORAD

La libertad y el crecimiento espirituales tienen un precio que hay que pagar y es el de la vigilancia. Cristo Jesús, y las Escrituras en general, nos exhortan "velad y orad para que no caigáis en tentación". Muchos han pagado cara su falta de disciplina y vigilancia.

Sardis (Apoc. 3:16) fue considerada en la antiguedad una ciudad inexpugnable por el lugar y forma en que estaba edificada y, sin embargo, fue conquistada dos veces. Una por los persas y otra por los griegos.

Fue, setecientos años antes de Cristo, una gran ciudad, capital del reino de Lidia, donde reinaba Creso, con toda magnificencia, esplendor y lujos orientales. Creso fue considerado el rey más rico de la antiguedad.

Al ser derrotado por Ciro, rey de Persia, se refugió en Sardis y allí vivió confiado en que nadie podría conquistar la ciudad. Los persas pacientemente espiaron todos los rincones de la fortaleza confiados en que tarde o temprano alguien tendría un descuido y delataría algún punto débil que ellos podrían atacar. Y así sucedió. Una vez vieron a un soldado de Sardis que se le caía el armamento fuera de la muralla y al poco rato le observaron cómo bajaba a recogerlo y subía otra vez con facilidad.

Esta acción les descubrió que allí había un punto débil que los soldados persas podían explotar y utilizar. Cuando un grupo de soldados persas subió por el mismo sitio descubrieron para su asombro que estaba totalmente desguarnecido y sin vigilancia. Este tremendo descuido les sirvió para conquistar aquella ciudad inaccesible e inexpugnable.

Lo más lamentable es que la situación se repitió años después al ser atacados por Antíoco Epífanes, general de Alejandro Magno. Los de Sardis volvieron a cometer el mismo error de dejar sin vigilancia el punto débil de la fortaleza. Los hijos no habían aprendido en la cabeza de los padres. Bien se cumplen las palabras de que "aquellos que olvidan los errores de la historia y lecciones de la vida, van a repetir trágicamente las mismas equivocaciones".

La falta de vigilancia y el no aprender de los errores son frecuentemente las más trágicas equivocaciones que cometemos los humanos. Por esto Cristo nos dice: "Velad y orad." Y Pablo repite: "El que piensa estar firme, mire que no caiga" (1 Cor. 10:12).

481. CON APARIENCIA DE VIDA, PERO MUERTA

Algunos árboles pueden engañarnos porque los vemos con toda la apariencia de estar vivos, porque todavía dan hojas, pero en realidad están prácticamente muertos.

A veces resulta que el corazón del árbol está ya destruido, pero todavía le queda algo de sus recursos para florecer y dar hojas. Tiene apariencia de vida, pero en verdad ya está casi muerto.

Así sucede con algunas iglesias, como le ocurría a la iglesia de Sardis que aparece en Apocalipsis 3:16. Ante los ojos humanos tienen nombre y prestigio porque se mueven mucho y tienen apariencia de vida, pero en la evaluación y juicio del Señor están muertas.

Recordemos el cuadro tan patético de Sansón en Jueces 16:20. Una vez que Dalila consiguió cortarle el cabello, perdió la presencia de Dios y el poder del Espíritu. Cuando le avisaron que venían los filisteos, él se levantó pensando que todo seguía igual. El siempre había vencido por la presencia y poder del Espíritu, ahora quería luchar con su propio poder y fuerzas y fue vencido y capturado.

Así es a veces con los creyentes y las iglesias. ¡qué tragedia para una iglesia o creyente estar muerto y ni siquiera saberlo!

482. ¿DE DONDE SACAMOS NUESTRO SISTEMA DE VALORES?

Existen sólo dos fuentes de donde podemos sacar nuestro sistema de valores para la vida: De Dios o de fuentes humanas.

Los cristianos son personas que sacan sus valores de Dios y de su Palabra. Muchos que dicen ser cristianos están más influidos por lo que la gente dice que por lo que dice Dios. Su fuente de influencia está en la televisión, los periódicos, las aulas, los discursos de los políticos, etc. De ahí sacan su filosofía y sistema de valores para la vida. Los cristianos procuran sacarlos de Dios.

Hace unos días iba en mi automóvil escuchando himnos evangélicos y música suave. Tenía sintonizada una emisora cristiana. Paré ante un semáforo y a mi lado paró también otro automóvil conducido por un joven que llevaba su radio puesta a todo volumen. Escuchaba música rock y se oía en muchos metros a la redonda. El se movía al ritmo de la música e iba dando saltos en el asiento.

El tenía sintonizada una emisora y yo otra. El escuchaba una clase de música y yo otra bien diferente. Los resultados eran evidentes. Yo iba tranquilo y calmado y él manejaba moviéndose y saltando en el asiento.

No estoy criticando al otro conductor ni a la música rock. Simplemente digo, por vía de ilustración, que lo que comes y bebes a diario tiene su efecto en tu vida y comportamiento.

Los discípulos cristianos comen y beben a Cristo. Otros comen y beben en otras fuentes y los resultados son muy diferentes también.

483. POSIBILIDADES

Amado Nervo podía tomar un pedazo de papel sin valor, escribir en él un poema y hacerlo valer 1.000 dólares. . . eso es TALENTO.

Rockefeller podía firmar su nombre en un pedazo de papel y hacerlo valer millones de dólares... eso es CAPITAL.

El gobierno puede tomar cualquier papel, imprimirlo y hacerlo valer 100 dólares... eso es DINERO.

Un artesano puede tomar material con valor de 5 dólares y convertirlo en un producto con valor de 50 dólares. . . eso es HABILIDAD.

Un artista puede tomar un lienzo barato, pintar un dibujo en él y hacerlo valer 6.000 dólares. . . eso es ARTE.

Dios puede tomar una vida quebrantada, llenarla con el Espíritu de Cristo y convertirla en bendición para la humanidad... eso es REDENCION.

Entre Nos... C.B.P.

484. LA ORACION SACERDOTAL DE JESUS

Charles Haddon Spurgeon, el gran predicador bautista del siglo pasado en Inglaterra, considerado como el príncipe de los predicadores, dijo: "Algunos hermanos oran con oraciones de a metro; pero la verdadera oración es medida por su peso, no por su longitud." Y no se equivocó.

La más grande oración jamás pronunciada está registrada en Juan capítulo 17, y sólo nos toma siete minutos el leerla reverentemente en voz alta. No es muy larga, pero tiene sin duda mucha profundidad y peso. Hay cientos de oraciones registradas en las Escrituras, y miles recogidas en la literatura cristiana, pero ninguna se puede comparar con la de Jesucristo en Juan 17.

485. LOS SALMOS

Vivimos en una generación que está deslumbrada por la imagen. Hay personas que amasarán grandes sumas de dinero como creadoras de imágenes. Esa clase de imagen mediante la que personas y productos son empaquetados con mucha habilidad con el propósito de impresionar. Lo que cuenta o importa es lo exterior, se considera que la cualidad del producto o el carácter de la persona son menos importantes.

La televisión favorece esta tendencia. Sus personalidades son casi perfectas. El estudio, la cámara, los maquillajes, los editores usan toda clase de artimañas para ocultar los defectos. Por ejemplo, muchos de los grandes líderes del pasado no serían considerados hoy debido a la forma poco atlética de sus cuerpos.

En contraste directo con esta forma de pensar, la Biblia dice que "Jehová no mira lo que mira el hombre; pues el hombre mira lo que está delante de sus ojos, pero Jehová mira el corazón" (1 Sam. 16:7). La Biblia, y particularmente los Salmos, muestra que la prueba final y verdadera de la vida de una persona es la actitud de su corazón hacia Dios y hacia el hombre.

Los salmos penetran nuestro maquillaje y realizan una obra de confrontar, convencer y confortar el espíritu humano. En un sentido, los salmos son como un hospital donde cada uno recibe su diagnóstico y la medicina apropiada para su enfermedad. Son oraciones sinceras que nos ayudan a expresar nuestras alabanzas, quejas y necesidades delante del Dios vivo.

Un amigo cristiano abatido por la tragedia, en la hora de mayor tristeza y dolor, cuando las palabras comunes no eran apropiadas, simplemente solicitó que se le leyeran los salmos. Muchos cristianos ignoran los salmos. Olvidamos que ha sido el libro de oración de cristianos y judíos por miles de años, y que ha sido el modelo donde se han inspirado los compositores cristianos para componer los inspirados himnos que cantamos.

486. EL CAMINO DE LOS JUSTOS
Salmo 1

Un cristiano se vio envuelto en un accidente de automóvil que fue claramente culpa suya y que ocasionó daño considerable a la otra parte. El policía que se presentó en la escena del accidente levantó el informe correspondiente y citó a ambas partes para comparecer ante el tribunal. Aquel cristiano consultó con un abogado que era muy astuto y poco escrupuloso. El abogado revisó cuidadosamente la citación y descubrió un error. Fue ante el juez en representación del hombre cristiano y allí pidió que compareciera el policía para testificar o declarar. Y empezó el interrogatorio:

—Agente, ¿dónde ocurrió este accidente?

—En la esquina de las calles Hernán Cortés y la Avenida de Benito Juárez.

—¿Escribió usted esta citación?

—Sí, señor.

—¿Cuál es la fecha de esta citación?

—El 24 de abril, a la 1:30 horas del día.

El abogado se vuelve al juez y le dice:

—Señoría, según este agente de la policía mi cliente estuvo supuestamente involucrado en este accidente el 24 de abril. Mi cliente no se hallaba en la ciudad en ese día, ni siquiera estaba en el país.

El juez decide:

—No hay lugar para juicio, caso sobreseído.

Aquel hombre logra salir del apuro debido a un error o defecto de forma. El sabe que es culpable, el policía sabe que es culpable, la otra parte que quedó tan perjudicada sabe también que es culpable. Sin embargo, siguiendo el "consejo de los malos" logró salir airoso de la situación.

Muchos pensarán de algo así como muy inteligente, pero en realidad es algo sucio y retorcido. Es el consejo de los malos. ¿Qué resultado obtendrá y qué reacciones observará ese cristiano si trata de ofrecer un evangelio o palabra de testimonio de Cristo al agente de policía o al otro automovilista?

El Salmo 1 describe el camino del justo y el camino del impío. Dice lo que el justo no hace, y entre esos casos está "no recibir consejo de malos".

487. DIFERENCIA ENTRE UNA HORA DE TELEVISION Y UNA HORA CON EL SEÑOR

¿Sabe cuál es la diferencia entre una hora de ver televisión y una hora de estar con el Señor, leyendo su Palabra y orando y meditando en su presencia?

Televisión	*Iglesia*
1. Envidia por lo que ve y que que no tiene.	1. Gratitud por lo mucho que el Señor le da.
2. Pesimismo por las maldades del mundo (guerras, asesinatos, hambres, etc.).	2. Animo y energía para vencer con el Espíritu de Dios la maldad del mundo.
3. Aburrimiento porque no le ha gustado lo que ha visto, pero es su costumbre.	3. Estar lleno de vida por haber recibido del Señor la plenitud del Espíritu Santo.
4. Insatisfacción, descontento porque no es como le dice	4. Satisfacción porque para Dios es una persona única, creada

que debe ser (bella y delgada o fuerte y guapo).

5. Sentimientos de ser inútil y torpe, porque no es ni puede ser lo que el protagonista es y puede.

6. Una hora perdida. Que representa junto a muchas otras, una gran cantidad de tiempo que acorta la porción que ha sido designada por Dios como don sagrado para su vida.

y puesta en este mundo para una misión, según su voluntad.

5. Alegría porque sabe que para Dios es importante y que le ha preparado tareas importantes a realizar.

6. Una hora ganada, en la cual se ha llenado para continuar con éxito y victoria lo que le está esperando. Un tiempo precioso rescatado para alabanza y honra de Dios, y para servicio de su prójimo

488. IDOLATRIA

Aquellos que no pueden "dejar marchar" al ser querido que ha muerto, o que no pueden dedicar sus energías en otra dirección porque están sus pensamientos constantemente centrados en el difunto, vienen a ser culpables de idolatría. Wayne Oates describe esta "tentación a idolatría" como la inversión de una persona en alguien que ha muerto, hasta el punto de que ellos están en la incapacidad de reconocer el cambio en la realidad, producido por la muerte de esa persona. En vez de eso, ellos organizan y estructuran su vida alrededor de una persona muerta, por el hecho de continuar enfocando la atención sobre el evento de muerte.

Los padres que mantienen el cuarto del niño en el mismo estado como quedó, en el día de la muerte del hijo, es un ejemplo de esta idolatría. Ellos hacen un santuario del cuarto y adoran allí cada día, como si idealizaran al hijo e inconscientemente asumen que el niño regresará. Es como si ellos estuvieran congelados en el tiempo, y funcionan como si su hijo estuviera solamente dormido en dorado ataúd de vidrio, así como los siete enanitos hicieron de Blancanieves. Ellos viven como si el hijo pudiera en cualquier momento ser despertado por un beso y reasumir la vida como si nada hubiera pasado.

Otra ilustración de idolatría es el cónyuge que promete nunca casarse de nuevo después de la muerte del esposo o la esposa. Ciertamente, muchos cónyuges sienten de esta manera en los primeros meses después de la muerte de su compañero o compañera. Pero aquellos que no se vuelven a casar porque continúan preocupándose de que el volverse a casar "violará la memoria" de su primer matrimonio o, porque creen que nadie podría nunca tomar el lugar de su cónyuge anterior, han levantado al cónyuge muerto a una posición de ídolo.

Andrew D. Lester

489. LA ESCALERA PARA TUS SUEÑOS

Hace años un niño negro crecía en un hogar en Cleveland, que más tarde describiría él como "materialmente pobre, pero espiritualmente rico".

Un día un atleta famoso, llamado Charlie Paddock, visitó la escuela para hablar a los estudiantes. En aquellos días Paddock era considerado como "el corredor más veloz del mundo". En su plática dijo a los muchachos: "¡Escuchen! ¿Qué quieren ser en la vida? Menciónenlo por nombre y entonces trabajen duro y crean que Dios les va a ayudar a lograrlo." Aquel jovencito de color decidió que quería ser el corredor más rapido del mundo.

El niño fue a su profesor de gimnasia y le habló de su sueño. Su profesor le dijo: "Es grande tener un sueño, pero para alcanzarlo tienes que crear una escalera para llegar a él. Aquí te voy a dar la escalera para alcanzar tu sueño: El primer peldaño es determinación; el segundo es dedicación; el tercero es disciplina y el cuarto es actitud."

El resultado de tal explicación y motivación es que llegó a ganar cuatro medallas de oro en los Juegos Olímpicos de Berlín en 1936. Los récords establecidos por él tardaron en batirse muchos años. El nombre de aquel niño era Jesse Owens.

490. LA BIBLIA

Un ministro del evangelio tomó asiento en el vagón-restaurante de un tren. En el asiento opuesto se sentó una persona que no creía en la existencia de Dios. Al ver su ropa y cómo oraba antes de la comida, el ateo empezó la conversación:

—Parece que es usted un clérigo.

—Sí, —respondió el aludido— soy un pastor evangélico.

—Sin duda que usted cree en la Biblia.

—Sí, creo que la Biblia es la Palabra de Dios —respondió el ministro.

—Pero reconocerá que hay cosas en la Biblia que no tienen explicación.

—Sí —replicó humilde el pastor—, es cierto que hay pasajes de la Biblia difíciles de entender y explicar.

Con aire de triunfo, pensando que ya tenía acorralado y derrotado al fiel siervo de Dios, el ateo remachó:

—Y, ¿qué hacer entonces?

Sin inmutarse el pastor siguió disfrutando de la chuleta que le habían servido para comer, que, por cierto, tenía junto a una porción bien magra y sabrosa, un gran hueso. Cuando terminó, respondió:

—Señor, hago lo mismo que cuando como una chuleta o un pescado. Cuando llego al hueso o a la raspa lo dejo a un lado del plato y sigo disfrutando de mi almuerzo. Los dejo para que algún tonto se entretenga royéndolos.

491. LA BIBLIA Y CRISTO

Tenemos a veces una actitud casi supersticiosa acerca de leer la Biblia, como si tuviera alguna eficacia mágica. Pero no hay nada mágico en la Biblia o en su lectura. La Palabra escrita señala hacia la Palabra viva y dice "mira a Cristo". Si no vamos a Cristo hacia quien apunta y de quien da testimonio, perdemos por completo el propósito de la lectura de la Biblia.

Los cristianos evangélicos no somos, o no deberíamos ser, lo que a veces nos acusan de ser, es decir "adoradores de la Biblia", "idólatras de la Biblia". No adoramos la Biblia, adoramos al Cristo de la Biblia. Veamos un ejemplo: conocemos a un joven que está enamorado. Su novia lo tiene loco de amor. Al punto que en su cartera lleva una fotografía de ella para recordarla y verla cuando se halla lejos. Incluso, cuando nadie le observa, saca la foto de la novia y a escondidas le da un beso. Pero besar la fotografía es un pobre sustituto de lo que es real y verdadero. Y así es con la Biblia. La amamos sólo porque nos habla de aquel de quien habla y a quien de verdad hemos entregado el corazón.

492. LA PRUEBA DE FUEGO

Vive de tal manera que no tengas temor ni vergüenza de vender tu loro a la persona más chismosa de tu pueblo.

493. GUARDAR UN SECRETO

La prueba más severa del carácter no es tanto la habilidad para guardar un secreto que alguien nos ha confiado, sino no presumir de que ya lo sabíamos cuando el secreto es finalmente hecho público.

494. PLAN PARA UNA BUENA VIDA

Se le atribuyen a Tomás Jefferson las diez siguientes reglas para una buena vida:

1. No dejes para mañana lo que puedes hacer hoy.
2. No pidas a otro que te haga lo que tú puedes hacer.
3. Nunca gastes tu dinero hasta que no lo tengas en tu poder.
4. Nunca compres lo que no quieres, simplemente porque es barato, pues te resultará siempre caro.
5. El orgullo nos cuesta más que el hambre, la sed y el frío todo junto.
6. Nunca te arrepientas de haber comido poco.
7. Nada de lo que hacemos de voluntad nos es molesto.
8. Nunca permitas que te duela lo que no ha ocurrido y seguramente no ocurrirá.
9. Toma siempre las cosas por su parte más suave.
10. Cuando estés enfadado cuenta hasta diez antes de responder; y si estás muy enojado cuenta hasta cien.

495. ¿HIJOS O RIQUEZAS?

Una persona con seis hijos está mucho más satisfecha que una persona con seis millones de pesos. La razón es que la que tiene seis millones quiere tener más.

496. ¡DECIDETE!

Mi hijo Noé, de 10 años, estaba analizando con un compañero de escuela y juegos los problemas parentales que enfrentaba. Tenían un montón de quejas y comentarios. El amigo de mi hijo decía en tono enojado: "Primero te enseñan a hablar, después a andar, y tan pronto como lo empiezas a practicar te dicen: '¡Siéntate y cállate!' "

497. JESUS Y EL DILEMA DE LA VIDA

Según una vieja leyenda, un hombre se extravió en su camino y terminó cayéndose en un pozo de arenas movedizas. Confucio vio al hombre en su triste situación y dijo: "Es evidente que los hombres deben evitar lugares como este." Después apareció Buda, observó la situación y dijo: "Dejemos que la situación apurada de este hombre sea una lección para todo el mundo." A continuación llegó Mahoma y dijo al hombre que se hundía: "Es la voluntad de Alá." Al fin apareció Jesucristo, y tendiendo su mano al hombre, le dijo: "Toma mi mano, hermano, y te sacaré del pozo." Esta fue, también, la experiencia del salmista, relatada en el Salmo 40:13.

498. EL MILAGRO DEL NACIMIENTO VIRGINAL

Las bases para la fe y la incredulidad son las mismas hoy que hace dos mil años. Si José no hubiera confiado en Dios y hubiera tenido suficiente humildad para percibir la santidad de su joven esposa, habría dudado del origen milagroso del Hijo de María tan fácilmente como un hombre moderno. Todo hombre moderno que cree en Dios puede aceptar el milagro tan fácilmente como lo hizo José.

C. S. Lewis

499. NO SE NECESITA INVITACION

Un miembro de iglesia que espera a ser invitado a servir en su propia iglesia, es como aquel miembro de una familia que espera a ser invitado para ayudar en las tareas de su propio hogar.

500. FIDELIDAD PARA CON TU IGLESIA

A un pastor le pidieron que definiera lo que en su opinión era la "asistencia fiel a la iglesia". Su respuesta fue: "Todo lo que puedo decir es que apliquemos la misma medida de fidelidad que normalmente usamos en otras áreas de nuestra vida. Después de todo, no es mucho pedir. Veamos estos ejemplos:

"Si no se presenta con regularidad diaria al trabajo, ¿le llamará el jefe fiel? Si no paga sus deudas o atiende a sus compromisos con puntualidad, ¿le excusarán los demás y le llamarán fiel, o qué? Si su automóvil no funciona bien con regularidad o no quiere arrancar por las mañanas, ¿se sentirá feliz con él y lo considerará fiel? ¿Qué pensará de la esposa que frecuentemente inventa muchas excusas para no tener lista la cena?

"Si aparece por el templo las suficientes veces para mostrar que todavía sigue interesado, pero no todas las veces necesarias para involucrarse personalmente, ¿es usted fiel?"

501. HUMILDAD

Un gran predicador fue saludado con un tremendo y prolongado aplauso al subir al estrado para dirigir la palabra a los reunidos. El respondió a la cariñosa recepción diciendo: "Aplaudir antes de que empiece un orador es un acto de fe. Los aplausos durante el discurso son un acto de esperanza. Y aplaudir cuando ha terminado es un acto de amor."

502. VIVIR CON GRATITUD

Cuando Robinson Crusoe se vio a sí mismo encerrado en la isla solitaria, tomó una hoja de papel y redactó dos columnas encabezadas por lo que él llamaba "lo bueno" o "lo malo" de la situación. Se encontraba aislado en aquella isla desierta, pero estaba todavía vivo, no ahogado como los demás compañeros. Estaba lejos de la sociedad humana, pero no muriéndose de hambre. No poseía mucha ropa, pero estaba en un clima en el que realmente no la necesitaba. No disponía de armas para defenderse, pero allí no existían bestias salvajes como las que había visto en Africa. No tenía nadie con quien hablar, pero Dios había enviado el barco cerca de la playa de forma que pudo hacerse con todo lo de verdad necesario. Así que concluyó que no hay condición en la vida que sea tan miserable en la que no pueda encontrar algo por lo que estar agradecido.